照破

太陽花運動的振幅、縱深與視域

●

策畫◎台灣教授協會
主編◎林秀幸、吳叡人
作者◎吳叡人、
蔡宏政、吳鴻昌、
林峯燦、湯志傑、
吳介民、廖美、
何明修、陳吉仲、
Nakao Eki Pacidal、
黃丞儀、林佳和、
彭仁郁、林秀幸

TO

Benedict Anderson, 1936–2015

獻給班納迪克・安德森

目錄
Contents

林秀幸
導論　因經濟而起，卻生起了國家與社群的命題……7
吳叡人
黑潮論……23
蔡宏政
世界體系、中國崛起與臺灣價值……49
吳鴻昌、林峯燦、湯志傑
冷戰結構視野下的太陽花……75
吳介民、廖美
占領，打破命定論……115
何明修
政治機會、威脅與太陽花運動……163

陳吉仲
太陽花運動的經濟論證……207
Nakao Eki Pacidal
特別邀稿　投幣式卡拉OK——部落點唱「湯蘭花」……229
黃丞儀
未完成的革命：三一八運動迎接的公民共和曙光……261
林佳和
一場重新定義法律的運動……297
彭仁郁
反叛中建構的主體：三一八運動的象徵秩序傳承……321
林秀幸
太陽花的美學與政治實踐……369
相關大事年表……399

導論

因經濟而起，卻生起了國家與社群的命題

林秀幸

馬克思在生產關係與階級結構裡，是這樣理解社會的：

「在古代社會以及中世紀裡，財產一直大部分被拘限在社群的範圍內，階級支配的關係亦復如此。這是說政治力量的運作主要仍以一種鬆散的方式在共同體（communitas）中進行的。而現代資本主義卻是『取決於龐大的企業以及全球性的競爭，而揚棄了所有社群性組織的外貌。』現代國家是伴同資產階級與封建殘餘之間的鬥爭而一起出現的，但同時也是受到資本主義經濟需求的刺激而興起的。」紀登斯這樣解釋。（紀登斯，《資本主義與現代社會理論》，頁八一。雙引號的部分，係紀登斯引自馬克思《德意志意識形態》的文字）

「現代國家……它的生存變成全然地仰仗於財產的擁有者……」（紀登斯，頁八一。引自馬克思《德意志意識形態》的文字）「資產階級社會的普遍性趨向，使得它不同於以前所有的社會組織。資產階級社會以分工來取代前此之社會類型所特有的相對自主的地方社群，……資產階級社會第一次將整個人類帶入一個歷史上從未曾有過的單一社會秩序範疇裡，……」（紀登斯，頁一一七）

從這裡，「社群」就被馬克思逐出他對資本主義社會的論述，一直到最後以彌賽亞的姿態重新復活，但是是以去除私有財產的形式，一個共產主義的理想社群：「私有財產即人的自我異化的積極的揚棄，……人向自身，向社會的人的復歸，這種復歸是完全的、自覺的而且保存了以往發展的全部財富的。」（紀登斯，頁四五。原文係紀登斯引自馬克思《一八四四年經濟

「社群」穿梭在「國家」和「資本」之間……

換言之，「社群」在馬克思的歷史觀裡，以一種來去自如的形式，從歷史的某一點被放逐，又完好無缺地自另一個點以完全自足的姿態回來，一個分裂的二元論的複製。對馬克思而言，「資本主義社會」取代了「社群」，國家因此受制於「資本」，也等同了單面向的存在：「資本」。然而我們必須質疑的是，「社群」、「資產社會」和「國家」為何不能以非二元對立的方式，如織紋般穿插在我們的社會與象徵空間？這是「民族」做為方法的真正價值所在。出缺的主角：「社群」或說「共同體」，猶如歷史叢林裡的游擊戰士，穿梭在國家和資本結合的順勢坡裡。這也是安德森（Benedict Anderson）卓越之處：以「想像共同體」來稱呼民族。恰是這個「共同體」帶給國家一個外於制度的動力。它既可能，以國力為名，成為國家和資本結合的推力；也可能阻撓國家和資本的結合，後者或許就是太陽花運動隱藏的動力所在。這是為何安德森開宗明義地闡明：有民族英雄的紀念碑，卻沒有馬克思主義者的忠烈祠。馬克思主義者終究無法解決民族國家的議題，究其因，「社群」被馬克思逐出唯物論的歷史觀或許是關鍵。

不令人驚訝地，這也是太陽花運動的詮釋分裂點所在。眾所爭執的是：這個運動是全球化系統下，「未來」被剝奪的臺灣新世代階級意識的覺醒，還是青年對國家這個政治社群界線的保衛。這樣兩者不能共容的提問，等同陷進馬克思製造的資本主義和社群在歷史場景互斥的陷阱。事實上，「社群」或是人們感受她的方式「社群感」，從來沒有自歷史退場，也不會因為我們的歷史論述而自動消聲匿跡。她一直存在於社會的實存當中，沒有被資本主義驅逐，也和國家以某種方式共存，以不同的名目和尺度。

在這場爭論裡，「社群」是關鍵字。她先於制度，難以定型，能量來自於象徵和文化的豐富性。她偶爾被制度收攏，效命於國家；偶爾卻又衝撞而出，質疑國家的正當性。這也是太陽花的精采所在：當「國家機制」過度被「資本」左右，往「物化」方向前進時，以生命炮製的生活「社群」，躍上歷史的舞台，發揮動力。卻又要令人擔憂這個能量過度為民族界線所圈限……。這樣的張力、政治、美學、精神結構……構成本書各篇章梳理的對象。是的，社群（communitas）在當代，以一種和國家交織共存的方式，啟動我們的生命力進行協商創造，這是政治哲學家埃斯波西托（Roberto Esposito）論及的「生命政治」（Biopolitics）。

從「社群」到「生命政治」

埃斯波西托論及的「社群」，不是過去認為的「歸屬的所在」。她既非前提，也不是目標，而被視為一種「情況」和「處境」(a setting)。換言之，「人」做為具有生命的存在，必須在這個處境裡，進行當下的抉擇，感受自我的生命力。因此個體在社群中的「現在式」必須被強調。

過去學術界過度把「社群」和當下「人」的「生命」分離，視她為一種晶化的「概念」，或是追求的「物」。因此叢生烏托邦的意象(未來式)，或是界線分明的「擁有物」(過去式)。很容易讓社群成為極化兩端的二擇一：一端強調「歸屬」的所在，另一端則是「自由與平等」，論述也擺盪於「自保排外」或是「開放界線」之間：常見的自我圈限的二擇一。

相反地，埃斯波西托認為，社群不是「物」，而是兩種態度的穿插存在，人在其中協商和抉擇。他說，社群community的字源有兩種意象，一個是希臘字根munus，另一個則是免疫的意涵immunity，兩種意象共存。前者意味著「義務」、「禮物」和「債」；後者「免疫」意味抵擋侵犯。當西方哲學對「自由」這個概念的打造，逐漸朝免疫方向前進時，「自由」被當做需要防備被拿走的「物」，從此衍生了一切保護個人自由相關的法律。社群和個人因此逐漸以「法律」的面向存在，也使得現代國家越來越制度化。但弔詭的是，這樣朝向制度性存在的發展，逐漸危及她原意要保護的「人的生命」。因此物化與固化的社群概念，是一個認識論或本體論的謬誤，她導致了「封閉或開放?二擇一」的偽命題。一如對太陽花的輿論：「是反新自由主義？還是反中？」潛台詞似乎是：反中，就必須反新自由主義，否則等同封閉?!

當馬克思把「社群」視為一種前現代的社會型態：義務性（munus），將之驅離於資產社會，最後又以「均質性擁有」：免疫（immunity）為前提，將她光榮地迎回歷史時，恰是社群被「固化」為一種形象，非「義務」（munus）即「免疫」（immunity），而導致的學術歷史上的繞路。極為諷刺地，馬克思所極力避免的物化，唯物史觀卻又不由自主地陷入其中。也一併禁錮了馬克思主義者對於經濟和政治社群關係的想像。

如果參考人類學界裡社群「界線」（boundary）概念的演變，也逐漸擺脫僵化的社群概念。巴特（Fredrik Barth），這位發明「界線」概念的族群研究者，最初把「界線」定義為區辨她者、建構文化的原動力（1982）。三十年後，他反省到這樣的概念過度圈限於西方文化，並非「當地觀點」。後者經常只有「區域」（zone）的意象，而非切割分明的一條線。界線從巴特和科恩（Anthony P. Cohen）視作區辨他者的防衛線，逐漸被擴充想像為內、外互相滲透的所在。界線不必然是「隔離」，而成為「關係」發生的場所，是一個認知他者和自我的參考點，人在其中衡量協商。人類學家醉心的「當地觀點」某種程度匡正了西方中心造成的僵局。在這個視野之下，生命的發揮才是核心，而非界線。（Cohen, 2002）

這些「意象的雙重性」穿插性共存，也出現在赫茲菲爾德（Michael Herzfeld）以人類學的角度，論述國家、民族主義和日常生活的關係（2005）。這位人類學家認為，「集體性」和「個體」的關係，不是簡單的壓迫者和被壓迫者的二元對立。事實上，對「集體性」的追求存在於我們本體論裡，究其根本是對「永恆性」的期待。人在自我定義時，需要意義的定泊，使得「認同」易於朝「物化」而行。然而巧妙的是，「個人」每日偶然地、難以預言的實踐，卻不斷地挑戰被定格或本質化的「認同」。這是社會實踐所具有的雙重性。我們既需要定格的集體認同，又生活於關係脈絡之中，後者又反過來顛覆前者。這樣的雙重性可以無限增生：集體性帶來侷促不安（immunity），但是又叢生休戚與共之感（munus）；瞬間 vs. 永恆；「實踐」與「物化」。這些看似矛盾的「對立」其實共生於每個個體內，藉著日常場域的實踐，我們每日都在穿插活用兩者，進行個人和他者在權力與文化上的協商。

如果民族國家是當代最突出的集體性之一，我們得說，民族國家不是外在的，卻存於我們的本體裡。她是個體對「永恆性」的追求，然其本身也內含一個日常生活的實踐面向，這樣的雙重性互相之間挑戰協商。因此，民族、國家和個人的日常生活，不是切割的概念，反而互相滲透顛覆。偶爾集體性取得優先，偶爾日常性挑戰成功。這也是赫茲菲爾德稱的「社會詩意」（social poetics）。社會「詩意」來回穿梭於民族國家的「本質化」和個人的「親近性」與「能動性」之間，構築了當代最突出的辯證性，也是個體最具生命力的展現。太陽花運動的系譜應該坐落在這樣的微妙互滲的場域。

這幾位思想家，皆觸及了「社群」，「社群」的集體性和個人性，和個人在其中的協商創造。國家以「制度面」出場，民族以「社群」為場域。前者易於「物化」，後者被賦予雙面動力，在集體的物化和個人的實踐之間進行挑戰、協商和創造。如果進一步結合埃斯波西托和赫茲菲爾德，一幅更生動的意象破繭而出：制度化的「國家」，是容易被定格的「永恆」物，產生了集體性的困窘，由之衍生了「免疫性」（immunity）存在——法制。而成員的日常判斷、協商和展演，是在關係中鋪陳，來回於「社群」的「義務性」（munus）和「免疫」（immunity）之間，進行對國家制度的挑戰質疑。再度回扣到我們最初的命題：社群與國家並存，社群也對國家挑戰。民族既有「義務」（munus）也有「免疫」（immunuty），做為國家的正、反動力而存在，一如羅馬神話裡的雙面神傑納斯（Janus）。對社會運動也必須朝向更加動態的解讀。

因此單視「國家」為「資本」的存在，而絕望地控訴它時，其實忘了它的另一面向——「社群」的存在。前者傾向於永存的「物」，後者則表現在日常的「實踐」。兩者構築的張力，實是社會運動動力的來源。而後者對前者不間斷的挑戰，揭露了國家制度和常民生活之間的「正當性距離」，也是個體得以宣稱「成之在我」的生命力表達。論述太陽花的理論和實踐場域隱然成形。

基於「免疫」（Immunity）和「義務」（munus）的雙面性，社群在界線面臨威脅時，成員的「關係性存在」（munus）易於轉化為「集體的單一性」（immunity）。因而看起來是為了國家而戰，實則為個體創造性空間而戰，為那個生產生命經驗、生活空間的社群而戰。因此這兩種面向因不同時空而倒轉不同相位。也是社會運動易於被指控以單一目的的原因。穿透辨識出「社群」和國家制度的「距離」、成員日常創造性的活躍，是本書論文得以超越過去相關論述之處。

不管是「本質化」vs.「實踐」，或是「免疫」（Immunity）vs.「義務」（munus）的方法，都是企圖將歷史的主角重新拉回到社群成員的「創造性」，這是埃斯波西托所謂的「生命政治」，也是赫茲菲爾德所言的「社會詩意」：不是全然的上位與下位，不是壓迫者和被壓迫者，而是如齊美爾（Georg Simmel）的異鄉人，一半在裡面，一半在外面。（1971）個體同時具有物化「集體性象徵」的能力，也具有不受概念約束，實踐出「正當性」的能力。這就是本書多篇論文把「生命」放回歷史、把「生命」放回研究視野的意義。

把生命放回「歷史」，生命主導「政治」

因此，本書把社群視為「處境」，人的生命力做為核心價值。社群不是「概念」，而應該是「方法論」。人做為創造者，在各種「關係」的場域中，感知「他者的差異性」。既叢生「自我保護」，也理解成員之間的互相依存的「義務」。在這樣的視野之下，「自由」不是被物化的「擁有物」，而是如古希臘的字源，是友愛、延伸、綻放……社群也因此不該讓法律成為「代言人」，否則反被法律和秩序所禁錮或隔離（Esposito, 2013: ch. 4）。這樣的動態延伸的視野，是本書詮釋太陽花運動的重要貢獻。

讓人的生命重新主導政治，而不是政治主導生命。讓人回到歷史場景，而不是結構或概念。是本書論述社會運動和歷史場景時所運用的方法和態度。由人的生命力來實踐出歷史，在關係中與異質性共容之下，理解到「差異」和「友愛」的協商和溝通。本書各篇將政治的、藝術的與美學匯流在一起對話，「偶然性」和「現在進行式」進入研究的視野，幫助我們拉開觀看社會運動豐富的角度。

肯定「現在式」，是美學理論家布希歐（Nicolas Bourriaud）在「關係性美學」（Relational Aesthetics）進行與古代哲學對話的動機——對現代性前提的反省：「線性歷史觀」和「烏托邦」。他認為後兩者構成當代憂鬱（melancholy）的來源。（2002）「現代性」與「烏托邦」想像的結合，主導了某些大理論的生產，帶來的卻是對「人現在就在場景中」的否認，對「偶然性」的漠視。而「當下」與「偶然」的背後真正主角是「人」，場景中具有創造性的人。因此美學和政治哲學，在這裡交會：把「生命」重新引回「當下」，引回「場景」，構成歷史的動力。而不是遙遠的、被打造的烏托邦。這是本書多篇論文處理運動現場的動能與結構之間對話的主要方向。人們為了與他者互動，努力創生新的形式，一個延長的「相遇」。而任何被看到的「形式」，實是從厚度中攫取平面做為可見的形。（Bourriaud, 2002）政治地景亦復如是，在我們可以察覺到的形式轉變背後，是一個視覺難以穿透的厚度。以下是對本書十一篇文章所做的簡單導讀：

首篇，吳叡人以非常個人的風格，向讀者敘述「帝國的碎片」和「黑潮」撞擊的史詩——一首臺灣命運交響曲。帝國的力道由資本主義和地緣政治的結構所發動和擠壓，黑潮卻是島國文化的生息與島民生命的熱所能傳導。兩者的相會，隨著不同的歷史階段有不同的際遇和政治塑形。在國際政治地貌的長期擠壓下，造成島嶼內部的分化和融合，給予住民積累出特殊的歷史感和共同體經驗，終於在二十一世紀強權厚顏的催拉之下，迸發出生命驚人的光與熱。隨著時間之流抵抗帝國的類型學，正好是島國漫長的自我認知之旅。

接著蔡宏政以他專擅的政治經濟史告訴我們，臺灣今日的危機，如何鑲嵌在一個以資本主義、國際政治以及區域貿易架構出來的剃刀邊緣。雖然都採世界史的宏觀取徑，和吳叡人相異的是，蔡宏政以民族國家和資產階級的互依或逆反做為觀察動線，並佐以資本主義世界體系的結構性，來看臺灣今日何以落入中國的依賴路徑。而中國必將重蹈的金融危機，更可能加深臺灣沉淪的深度。面對這樣的結構性依賴和暴力，臺灣必須重新確認自由、民主和人權的價值，以及深思他們和其所賴以植根的物質力量之間的關係。

當我們說：「美國『重返亞太』」。這句話無疑得落在後冷戰格局的脈絡之下，才能解讀出它的歷史深度。吳鴻昌、林峯燦和湯志傑的論文強調，要從冷戰和後冷戰的脈絡，才能更加聚焦地看出臺灣、美國和中國之間的關係，而這組關係就是激發太陽花最直接的力道。這樣的格局下的判讀，太陽花也必然就是針對「中國」而爆發。作者言，冷戰所布下的結構，並未從歷史退場，臺灣從被當做防禦線到美、中之間的籌碼，也從未離開過這個格局。然而美、中之間的聚攏，如果是一條壓迫臺灣的死線，那麼臺灣也從這樣令人窒息的格局中，絕地而起，開始懂得面向世界，走出絕境。

社會科學的理論對在地者是什麼意義呢？權威的地緣政治和經濟學者曾經對臺灣預言一個不堪的處境。然而，太陽花運動卻某種程度逆轉了這個預言。吳介民和廖美告訴我們，做為在地的知識分子，不可能只是一個客觀的理論生產者，他的知識論述帶著實踐和倡議的動能。「客觀」不但接受了具有「能動性」的政治實力刻意搭建的結構，甚至幫忙加強那個結構繼續結構化。只有一面挪動結構，一面得到新的視野，後者又再賦予拆解結構的動能……，如此不間斷地接續分析與行動，是夾在國際體系當中，小國的知識人應有的認識力和實踐力。

社會運動的理論模型也許可以解釋事件的大致輪廓，然而不同地方的社會運動，卻是由「人」在其特殊的歷史情境和政治環境中發動。正因為運動是活的，不可能完全由模型決定，才有可能一再「發生」。何明修稟持這點，對太陽花運動過程的政治脈絡、歷史情境和「人際」互動的補充，完整化這個運動更細緻的圖像，並對理論模型加以修正。

激發三一八運動最直接的因素，就是和中國的服務貿易協定（簡稱服貿）。但是服貿不只是服貿，陳吉仲透過經濟學方法的抽絲剝繭，剝開這個衝突內部的層層迷障：和中國簽服務貿易的特殊性，以及評估自由貿易的有效方法。簽自由貿易協定實是一個動態性衡量經濟和政治的鑲嵌效應。最後，到底是自由貿易還是人民幸福才是目的？經濟真正的根基在哪裡？恰恰透過這個衝突，我們才得以找出「人」、「政治」和「經濟」的相互關係。

由於這是一場有關反抗和展現生命力的運動，我們特別邀請Nakao Eki Pacidal從原住民的位置來看太陽花。縱然為了反思運動，本書採取了論文的討論形式，但是這篇特別邀稿從「形式」的自我「越線」來體現「動能」的持續；並對「反叛」加以反叛，把「太陽花」轉化為「湯蘭花」——將內部矛盾轉為創造動力。這朵運動現場碰撞出的奇葩提醒我們，政治不是對一個「物」或固定「像」的追求，而是一個永恆辯證的動能。臺灣內部歧異的動力，才是島國動人的詩篇。

三一八是一個對憲政危機的防禦行動嗎？黃丞儀告訴我們，這個問題不僅是法學也是政治哲學的議題，還必須回到「我們」憲法鍛造的歷史脈絡來談。三一八除了舉發服貿協議涉及的法律矛盾，還一舉揭開了臺灣憲法的阿基里斯腱——憲法本文。然而憲法這個死點恰恰也是臺灣共和意志的創生之所。如此昂揚的政治動力，卻又必然受到歷史資產的絆縛：一個具有「例外狀態」和「民主困局」的特殊憲政格局。我們如何既要反叛又要依脈絡而行，將考驗我們的意志力對「民主」和「共和」的承諾。

林佳和以施密特（Carl Schmitt）的名言：「將政治問題法律化，政治將所獲無幾，而法律全盤皆輸」開始，以「三一八學運，合法或違法？」當做行李，帶領我們進行一趟從法學到法哲學的學科史旅行。到底，這趟旅行增加了三一八在法律口袋的資糧，還是不斷地流失資產？答案卻外溢於這樣的提問：流失的不是三一八的法律籌碼，而是「法律」本身的「信用資產」。正因為這個法學和法哲學的考察之旅的參照者，不是一個「中性」的法律主體，而具有其歷史、政治、經濟、社會的背景值，因此，注定了這場旅行是一趟弔詭之旅。

第一次，在臺灣以精神分析理論談論一場劃分歷史的社會運動。彭仁郁從拉岡和克里斯蒂娃（Julia Kristeva）提供的視野，讓讀者領略「反叛」所發動的一場精細的「主體化」過程，如何和太陽花以及後續的社群建構息息相關。太陽花的正當性問題，不是只停留在表層的政治倫理，而是直入微細的「野蠻驅力」、「欲望」和「認同」的深層心理世界和社會集體史的交錯。

林秀幸企圖以社會詩意和空間詩學來看太陽花的政治伏流。這個政治行動背後隱藏的動能在哪裡？而詩意如何是全球化下，當代臺灣的重要美感經驗？如果本土化曾經被偏讀為「閉鎖」，太陽花卻一舉擊破視野的限制，令我們思索「回返」和「開放」的美學政治。一個從空間現象學辯證而來的政治解讀，讓維護親近性空間成為正當性的美學行動。而在當下的地理政治，這樣的動能又為何推擠出臺灣獨立的政治地景和歷史方向？

從埃斯波西托到赫茲菲爾德，我們看到學術社群方法論的轉向。不再強調定義分明的概念，不是對立的知識陣營。而是把研究視野拉回到具有創造性的人，透過其自身的多面向存在，進行自我協商和判斷。是人的生命主導政治，人的才智實踐出形式。把「當下」的時間性放回視野，看到「實踐」埋身於「偶遇」，創生出新的形式，歷史場景中的人並非典範規格的追求者。這樣的研究方法開展出的研究視野，正是本書十一篇文章綻放出的想像與圖像。

參考書目

安東尼・紀登斯（Giddens, Anthony）著，簡惠美譯（一九八九）。《資本主義與現代社會理論：馬克思・涂爾幹・韋伯》（*Capitalism and modern social theory:analysis of the writings of Marx, Durkheim and Max Weber*）。臺北：遠流出版公司。

班納廸克・安德森（Anderson, Benedict）著，吳叡人譯（二〇一〇）。《想像的共同體：民族主義的起源與散布》（*Imagined communities: reflections on the origin and spread of nationalism*）。臺北：時報。

Barth, Fredrik, ed. (1982[1969]). *Ethnic Groups and Boundaries*. Prospect Heights, Ill. : Waveland Press.

Bourriaud, Nicolas, Simmon Pleasance and Fronza Woods, trans. (2002). *Relational Aesthetics*. Paris: La Presses du réel.

Cohen, Anthony P. ed. (2002). *Signifying Identities: Anthropological perspectives on boundaries and contested values*. New York: Routledge.

Esposito, Roberto,and Rhiannon Noel Welch trans. (2013). *Terms of the Political: Community, Immunity, Biopolitics*. New York: Fordham University press.

Herzfeld, M. (2005). *Cultural Intimacy: Social Poetics in the Nation-State*. New York: Routledge.

Simmel, Georg, and Donald N. Levine eds. (1971). *On individuality and social forms : selected writings*. Chicago: University of Chicago Press.

黑潮論

吳叡人

中研院臺史所
副研究員

臺大政治系畢業，芝加哥大學政治學博士。知識興趣在比較歷史分析、思想史與文學，關懷地域為臺灣、日本，以及世界，喜愛詩，夢想自由。

黑潮！掀起浪濤，顛簸氾濫，搖撼著宇宙。……

時想引黑潮之洪濤，環流全球！把人們利己的心洗滌得乾淨。

——楊華，《黑潮集》（一九二七）

……臺灣之政治運動自始亦可稱為民族運動，從民族發達史立場而言，雖不中亦不遠矣。

——連溫卿，《臺灣政治運動史》（一九八八）

一

三．一八運動的歷史性格：二〇一四年爆發的三．一八反服貿運動預示了臺灣民族國家形成逐漸進入成熟階段，以及在臺灣民族國家範圍內新一波左翼（階級）政治的出現（或者說，臺灣民族主義社會基礎的向左移動）。它同時展現了反帝國主義（中國）、反資本主義、民主鞏固與深化，以及新世代青年層政治主體形成等相互關連的複雜面相。做為臺灣民族國家成熟的表徵，以及反新自由主義資本全球化的在地型態，三・一八運動同時具有全球的，民族國家的，階級的，以及世代的多重意義，然而我們只有經由近百年臺灣民族國家與資本主義形成的歷史脈絡，才能正確理解這個運動的深層歷史性格。

二

關於臺灣的國家化與資本主義化：直到清領時代為止，臺灣主要處在統治力（國家權力範圍與穿透深度）薄弱的封建農業官僚國家（agrarian bureaucratic state）與某種初期的商業資本主義統治之下。現代國家的出現與資本主義化的進行，是在日本統治之下開展，然後在國民黨統治下完成的。這個過程乃是世界性民族國家與資本主義形成之歷史運動後期發展的一環，因此具備了這個歷史運動的普遍性格，但它同時也展現了臺灣基於特殊地緣政治位置所產生的獨特地方性。

特殊性：臺灣做為「**多中心的共同邊陲**」或多數強權之間的「**介面**」（interface）之特殊地緣政治位置，深刻形塑了臺灣之民族國家形成與資本主義形成的軌跡，使這個過程產生了臺灣的特殊性格。處在諸帝國夾縫之中，臺灣數百年來一直是君臨東北亞之不同中心（清帝國、日本、中華民國、美國）相互爭奪與先後試圖兼併、吸收、模塑的對象（筆者稱之為

「帝國的碎片」(fragment of/f empires)[1]），因此它的民族國家與資本主義形成深受外部因素之影響。臺灣的民族國家形成經驗具有以下兩組二元對立的特徵：**政治史的斷裂 vs. 社會史的連續**，以及**政權的不連續 vs. 制度的積累**[2]。第一組二元對立意味著政權更迭下，移民社會的持續整合過程；第二組對立則意味著先後外來政權之間制度繼承、積累與發展所導致的政治整合。整體而言，這兩組特徵說明臺灣民族國家形成之迂迴、晚熟、未完成與不穩定性格。與此相較，臺灣資本主義形成則具有深刻的依賴與國家主義（étatisme）性格。[3]

三

邊陲民族主義與資本的不平均發展：在他的論文〈蘇格蘭與歐洲〉（Scotland and Europe，一九七四）中，蘇格蘭馬克思主義者、民族主義者與理論家奈仁（Tom Nairn）從馬克思主義政治經濟學的角度，申論蓋爾納（Ernest Gellner）的工業化社會論證[4]，主張邊陲地區民族主義的出現，是全球資本主義「**不平均而合併的發展**」（uneven and combined development）模式的產物。資本主義工業化的時間差創造了地理上核心（先進）與邊陲（後進）的二元結構，核心地區運用優勢之政治經濟力量支配、剝削後進地區，同時阻礙其發展，這就是核心對邊陲的帝國主義。邊陲的新興資產階級為抵抗核心帝國主義，保護自身階級利益，在邊陲低度發展的條件下，除動員本土群眾（「人民」）力量之外別無選擇；而為動員本土群眾，則必須進行本土主義的文化動員（「民族」）。這就是邊陲地區民族主義的起源。此種因資本主義不平均發展所激發的邊陲民族主義，和資本主義工業化浪潮一樣，也是由西歐向中、東歐與南歐、北歐、愛爾蘭等地一波一波擴張，再擴散到日本與全球各地，形成一個同心圓式的政治地理學軌跡。毫無疑問，邊陲地區的民族主義是世界體系理論家阿里吉（Giovanni Arrighi）、霍普金斯（Terence K. Hopkins）與華勒斯坦（Immanuel Wallerstein）（一九八九）所說的**反體系運動**（antisystemic movements）的一種型態。

1 Wu, Rwei-Ren, "Fragments of/f Empires: The Peripheral Formation of Taiwanese Nationalism." In Shyu-tu Lee and Jack F. Williams ed. *Taiwan's Struggle: Voices of the Taiwanese*. Lanham, Maryland.

2 Wu, Rwei-Ren, "Nation-State Formation at the Interface: The Case of Taiwan." Paper prepared for the International Conference on *Taiwan in Dynamic Transition*, May 24-26, University of Alberta, Edmonton, Canada, 2013。吳叡人，〈重層土著化的歷史意識：日治後期黃得時與島田謹二的文學史論述之初步比較分析〉，《臺灣史研究》十六（三），二〇〇九，頁一三三～一六三。

3 Alice H. Amsden, "Taiwan's Economic History: A Case of Etatisme and a Challenge to Dependency Theory." *Modern China* 5(3), 1979, pp. 341-379; Bruce Cummings, "The Origins and Development of the Northeast Asian Political Economy: Industrial Sectors, Product Cycles, and Political Consequences," *International Organization* 38(1), 1984, pp. 1-40.

4 蓋爾納在一九六四年首先提出民族主義在工業化社會興起的著名論證，後來他將這個古典論證做了更完整的發展，寫成了一九八三年的《民族與民族主義》（*Nations and Nationalism*，聯經譯本將書名譯為「國族與國族主義」）。

四

資本的不平均發展與臺灣民族主義：奈仁關於邊陲民族主義的論證，為前述帝國夾縫中臺灣的民族主義與民族國家之興起、發展與形成提供了一個宏觀而動態的理解架構。我們可以從現代資本主義「不平均而合併的發展」的政治地理學形成軌跡中，將現代臺灣形成過程劃分為以下幾個資本／帝國主義支配階段：（一）日本正式帝國（formal empire）的殖民統治期（古典帝國主義時代）；（二）冷戰二元體系下美國的非正式帝國（informal empire or imperium）支配期；（三）後冷戰新自由主義美國霸權期；（四）中國崛起後的新帝國主義時代。臺灣民族主義與民族國家形成起源、胎動於古典帝國主義時期，其後歷經冷戰與新自由主義的塑造，以及對中國附庸化的過程，最終在三．一八運動中顯現其當代面貌。

五

日本殖民統治（古典帝國主義時代）：日本民族主義出現於一八六〇年代，最初是後進地區回應西方資本－帝國主義向東亞擴張的典型「反帝」邊陲民族主義，但卻迅速轉化成防衛性擴張主義。矢內原忠雄在《日本帝國主義下之臺灣》（帝国主義下の台湾）明確地指出，一八九〇年代的日本資本主義依然低度發展，領土擴張主要出於地緣政治邏輯，並且由國家主導，所以日本因中日戰爭而獲得臺灣，「應視為具有早熟的帝國主義，在帝國主義前期憑藉政治軍事行動而展開帝國主義時代的性質，所謂非帝國主義國之帝國主義的實踐」[5]。經此一役，日本加入了十九世紀後期的古典帝國主義陣營[6]。一九二〇年代興起的第一波臺灣民族主義應該視為對於這波古典帝國主義的間接（經由對日本帝國主義）反彈之產物。

六

一九二〇年代初期臺灣民族主義的興起——《臺灣青年》的創刊（一九二〇）、臺灣文化協會的成立（一九二一）與臺灣議會設置請願運動的發軔（一九二三）——大體而言，是日本殖民統治前期制度性差別（「差序的吸收」）、臺灣的社會整合，以及一次大戰以來全球民族自決思潮影響的產物。[7]這一波運動的主要領導階層，就是若林正丈所說的「臺灣土著

5 引自矢內原忠雄，《帝国主義下の台湾》，東京：岩波書店，一九八八（一九二九）。

6 漢娜・鄂蘭將十九世紀後期興起的帝國主義定性為「布爾喬亞階級政治統治的第一階段，而非資本主義發展的最後階段」，大衛・哈維據此將本階段（一八七〇～一九四五）界定為「布爾喬亞帝國主義」（bourgeois imperialism）時代。參見Harvey, *The New Imperialism*, Oxford: Oxford University Press, 2005 (2003)。

7 「差序的吸收」（differential incorporation）是筆者所提出之概念，用以描述包含日本帝國在內的帝國擴張前期治理與吸收新領土的模式。關於此一概念及其對臺灣民族主義興起之催化作用的詳細分析，參照Wu, Rwei-Ren, *The Formosan Ideology: Oriental Colonialism and the Rise of Taiwanese Nationalism, 1895-1945*, chapter 2. Unpub-

地主資產階級」[8]。臺灣第一代左翼運動者與思想家連溫卿在戰後完成的《臺灣政治運動史》手稿中指出：「臺灣文化協會是以少數資產階級的進步分子為其代表，而以新興智識階級的進步分子為其中心……勞動者及農民尚未加入」，而議會請願運動是「『臺灣民族的資產階級以臺灣民族的名義進行的運動』」，儘管這個運動有其階級限制，但「他們無意識地將意圖反日本帝國主義的行動統一起來」，喚起了臺灣民族意識。[9]

一九二五年以後左翼（農民）運動興起，這是臺灣史上第一波左翼臺灣民族主義。這個以蔗農為中心的臺灣左翼運動之興起，是臺灣米農獲益上升，導致飽受剝削的蔗農期待升高，從而向日本糖業資本反彈的表現。一九二六～二七年間臺灣民族運動的左右分裂，除了日本與全球左翼運動與意識形態的影響之外，也局部反映了日本統治下臺灣米、糖的結構性相剋關係。因輸出稻米獲利的土著地主階層開始和利益一致的日本米作出口商結盟，與日資壟斷的糖業資本對立，然而糖業內部卻依然保持日資壓迫本地蔗農的民族對立結構。[10]日本勞農派馬克思主義創始人山川均在一九二六年的〈弱少民族的悲哀〉（殖民政策の下の台湾：弱少民族の悲哀）首先將這個米作內的跨民族階級聯盟以及糖業內的民族壓迫，詮釋為**臺灣民族內部的階級分化**，而深受山川均影響並在左右分裂中扮演關鍵角色的連溫卿，日後則在乃師分析基礎上，進一步將米作內的跨民族階級結盟解釋為臺灣民族的新興資產**階級被吸收到日本資本主義之中**[11]。

七

冷戰期美國霸權下國民黨統治（美國非正式帝國時代），一九五〇～一九八九：韓戰後美國出於圍堵共產主義，保護資本主義的戰略考量，協助日本復甦，恢復其在東亞經濟的領導地位。另一方面，美國也將臺灣、南韓定位為日本的經濟邊陲或腹地（hinterland），亦即以政治力創造出兩個國家，給予武裝軍援，令其防禦冷戰最前線，並援助、引導兩國經濟發展，使其重新與戰前宗主國日本經濟整合，在某種程度上重建戰前日本正式帝國之結構。於是，東北亞整體形成核心（美國）－半邊陲（日本）－邊陲（臺、韓）的三重結構。這個容許向上經濟流動的非正式帝國結構，導致日本在一九七〇年代逐漸上升，與美國競爭

lished doctoral dissertation, Department of Political Science, University of Chicago, Chicago, IL, 2003。

8 若林正丈，〈総督政治と台湾土着地主資産階級——公立台中中学校設立問題，一九一二～一九一五年——〉，《アジア研究》三十九（四），一九八三，頁一～四一。

9 連氏手稿寫於一九五四到五五年之間，三十三年後才由史學家張炎憲、翁佳音編校出版。參見連溫卿，《臺灣政治運動史》，臺北：稻香出版社，一九八八，本段連氏引文引自該書頁六〇～六一，八七。

10 柯志明，《米糖相剋：日本殖民主義下臺灣的發展與從屬》，臺北：群學出版，二〇〇三。

11 連溫卿，〈台湾に於ける日本植民政策の実態〉。《史苑》，三五（二），一九七五，六一～八三。

（經濟）核心位置，最終形成經濟上的雙霸權態勢，而臺、韓則上升到半邊陲位置，東南亞則漸成為邊陲。儘管如此，在地緣政治與軍事上，日、臺、韓三國仍然高度依賴美國。[12]

從國家形成的角度觀之，冷戰期美國非正式帝國對臺灣的影響是創造了一個經由「**外來政權本土化**」的**民族國家形成模式**。韓戰後，美國實質上創造了一個以臺灣（以及澎湖、金門、馬祖）為範圍的領土國家（territorial state）。臺灣經濟史家黃紹恆指出，真正以臺灣為範圍的「國民經濟格局」與「一國資本主義」，要到一九五〇年代才在這個領土基礎上首度形成。[13]然而這個以臺灣為範圍的領土國家最初帶有殖民地式社會結構之特徵（亦即族群與階級分歧重合），美國在六〇年代初期主導的出口導向政策轉向（即所謂「十九點財經改革措施」）促成了本地中產階級的興起，而同一時間有大批基層大陸籍軍人退伍，向下層階級流動，形成族群與階級分歧的交錯，社會結構才開始變化。[14]一方面，本地中產階級的興起導致所謂「本省人」對政治權力的要求（民主），並且誘發族群動員與新一波臺灣民族主義（「臺灣人出頭天」）。另一方面，族群與階級交錯意味著社會開始脫離殖民式結構，進入另一個整合或融合階段。政治面的族群動員以及社會面的族群整合兩個矛盾的過程相互激盪，誘發了自七〇年代中期以來臺灣政治複雜而不穩定的構圖（最鮮明地表現在九〇年代以來的國家認同衝突與藍綠對立之上），必須要再經歷一個世代的民主化（亦即透過政治參與機制來整合、強化認同）與移民的土著化（所謂「外省第三代」的出現），才會逐漸穩定下來。

整體而言，冷戰後期，一九七〇年代興起的這波臺灣民族主義（亦即所謂的黨外民主運動與日後之民進黨運動），是臺灣從資本主義世界體系邊陲上升到半邊陲階段（**被核心收編**）的產物，與古典帝國時代的第一波邊陲民族主義（**對核心的反彈**）的反體系運動性質有所差異。

八

後冷戰期美國新自由主義霸權，一九九〇～二〇〇四：在這段時間，李登輝對內在政治上推動**消極革命**（passive revolution）與**務實民族主義**（pragmatic nationalism），先後收編舊政權部分外省菁英與民進黨所代表的激進民主／民族主義勢力，主導改良主義式民主化，在「中華民國」主權國家架構內進行政治本土化（政治的去殖民化），限縮轉型正義範圍，最終確立「在臺灣的中華民國」的折衷性國家認同，並透過對外記者訪談機會**非正式宣告臺**

12 Bruce Cummings, "The Origins and Development of the Northeast Asian Political Economy: Industrial Sectors, Product Cycles, and Political Consequences," *International Organization* 38(1), 1984, pp. 1-40.

13 黃紹恆，《臺灣經濟史中的臺灣總督府：施政權限、經濟學與史料》，臺北：遠流出版公司，二〇一〇，頁二六～二七。

14 Hill Gates, "Ethnicity and Social Class," in Emily Martin Ahern and Hill Gates ed. *The Anthropology of Taiwanese Society*. Stanford: Stanford University Press, 1981, pp. 241-281.

灣獨立（「兩國論」）[15]。經濟戰略上，面對中國的巨大磁吸效應，李一方面借自由化之名重組政商集團，然後以此集團為基礎試圖塑造屬於「在臺灣的中華民國」的民族資本家階級。亦即，把資本框限在臺灣（中華民國）國家架構內，防止其外流中國（「戒急用忍」），以重商主義（南進）為其擴張尋找出路，再透過全球化（APEC與WTO）的多邊主義規訓與牽制中國。這是明顯的經濟民族主義與地緣政治的思考。

同一時間，民進黨主席許信良出版《新興民族》（一九九五），力主臺灣資本「大膽西進、經略中國」。這是順應新自由主義邏輯，試圖收編出走中的臺灣資產階級，並將之轉換為國家主導下向中國輸出資本，進而尋求政治上支配中國的自由帝國主義（liberal imperialism）之大膽視野。二〇〇〇年之後的民進黨陳水扁政權，大體上仍試圖依循李登輝的消極革命路線，但因國家能力（state capacity）下降，只能順應資本外流中國之勢（例如小三通）。陳也曾試圖創造親民進黨的政商－民族資產階級（如獲聘為「國政顧問團」成員之奇美集團許文龍、大陸集團殷琪與長榮集團張榮發等）。

整體而言，在此階段的民主化與本土化浪潮下，某種折衷式的臺灣民族主義逐漸抬頭，成為主導臺灣政治的意識形態。更重要的是，無論是李登輝，許信良，還是陳水扁，都曾試圖駕馭新自由主義邏輯以重構臺灣民族主義的階級基礎，使資本與新興的臺灣民族國家結合，因此我們觀察到臺灣民族主義的社會基礎在這一階段有明顯向右移動的趨勢。

九

中國崛起與新帝國主義時代，二〇〇五～：中國在兩千年代中期乘加入ＷＴＯ之勢崛起，是美國後冷戰時期試圖將中國整合到新自由主義全球經濟秩序，進而規訓中國之戰略失敗所致。與此同時，美國在伊拉克戰爭泥沼化與金融風暴之後國力明顯衰退。美國政府在國家情報委員會二〇一二年出版的《全球趨勢二〇三〇》（*Global Trends 2030*）報告中，已經坦承美國正在喪失全球霸權的地位，國際政治將在可預見未來中進入複數區域性霸權相爭的多極體系[16]，而中國則可能在東亞成功挑戰美國霸權，重建新的區域性「華夷秩序」或天

15 「消極革命」為二十世紀初義大利共產主義理論家葛蘭西（Antonio Gramsci）用來分析義大利建國運動的概念。根據葛蘭西的詮釋，法國資產階級實力強大，因此得以在大革命中成功建立共和國，但是義大利資產階級太弱，建國運動的主導權落入保皇派的加富爾手中，因此最終建立了新舊共治的君主立憲國。筆者在另一篇文章中，借用此一概念分析李登輝主導的民主化過程：臺灣本土資產階級部分被國民黨威權侍從體系收編，導致一分為二，無力從外部（即黨外運動）單獨取得政權，最終由身處舊政權之內的李登輝取得主導權。「務實民族主義」則是筆者對李登輝折衷的「獨台」路線的定性。參見 Wu, Rwei-Ren, "Toward a Pragmatic Nationalism: Democratization and Taiwan's Passive Revolution," in Stephane Corcuff ed., *Memories of the Future: National Identity Issues and the Search of a New Taiwan*, Armonk, London: M.E. Sharpe, 2002, pp. 196-218。

16 美國政治學者布瑞莫（Ian Bremmer）稱這個多極體系為「G-Zero world」，意指在國際政治體系內權力極端分

朝秩序。後冷戰時期樂觀的新自由主義秩序，正在悄悄轉換為強權以「自由貿易」之名合縱連橫，爭奪劃分勢力範圍（TTP、RCEP等）的古典權力政治格局。從地緣政治的小國角度觀之，新一波帝國主義時代無疑已經到來。

新帝國主義時代的來臨，就是中國國家權力近年向臺灣積極擴張的背景。二〇〇〇年以來，臺灣對中國貿易依賴結構逐漸形成，中國開始運用此一優勢對臺商進行政治規訓，企圖將他們轉化為政治兼併的島內代理人。二〇〇五年三月十四日中共通過並實施〈反分裂國家法〉。三月二十六日，九〇年代曾多次高聲催促李登輝宣布臺灣獨立的奇美集團總裁許文龍發表〈退休感言〉，宣稱「臺灣、大陸同屬一個中國」，「我們不搞臺獨」。九〇年代驚鴻一瞥現身的新興臺灣民族資產階級就此解體，轉化為買辦資本（comprador capital），亦即政治學者吳介民所說之「跨海峽政商集團」之一部[17]。二〇〇八年總統大選，本土政權瓦解，九〇年代以來臺灣民族主義試圖駕馭新自由主義邏輯以馴服或結合資本、抗拒中國的計畫以失敗告終。繼之而起的馬英九親中政權，其社會基礎即為本土買辦資本階級。二〇〇八年年底中國特使陳雲林來臺，七大工商團體發表聲明熱烈支持。二〇〇八年旺中集團試圖購併中嘉與壹傳媒。二〇一二年總統大選過程中，臺灣大資本家階級（鴻海郭台銘、長榮張榮發、台塑王文淵、遠東徐旭東、潤泰尹衍樑，以及聯電宣明智、宏達電王雪紅等）全面公開表態支持馬英九與九二共識。在本土買辦資本階級支持下，馬英九先後與中國簽訂

ＥＣＦＡ（二〇一〇）與服貿協議（二〇一三），進一步制度化、深化對中國之依賴結構。中國民族主義反向操作新自由主義邏輯，以吸納、收買、規訓臺灣資本與國家的「以商圍政、以經促統」戰略，至此已經獲致重大成果。

政治經濟學家赫緒曼早在一九四五年的依賴理論經典《國家權力與外貿結構》（*National Power and the Structure of Foreign Trade*）中，就對此種大國運用貿易依賴，對小國進行政治滲透與支配的「新馬基維利主義」作為，做過透徹分析。[18] 他說：

> **經濟戰爭可以取代轟炸，經濟壓力可以取代揮刀舞劍。事實上我們可以證明，縱使戰爭可以被廢止，外貿還是會造成兩國之間的依賴與影響關係。（15）**

散，無力形成領導核心的狀況下，先前所謂Ｇ７或Ｇ20的先進工業國集團的概念將喪失意義。參見Ian Bremmer, *Every Nation for Itself: Winners and Losers in a G-Zero World*, New York: Portfolio, 2012。

17 參見鄒景雯，〈星期專訪—吳介民：跨海峽政商集團　正掌控這個國家〉，《自由時報》，二〇一四年一月六日。http://news.ltn.com.tw/news/politics/paper/744402。在最近的論文中，吳介民改採「跨海峽政商關係網絡」一詞，將有形的「集團」進一步細緻化為一個成員可流動的關係網絡。參見吳介民，〈中國因素的在地協力機制：一個分析架構〉，《臺灣社會學會通訊》八十三，二〇一五，頁四～十一。為彰顯此概念出現時的脈絡，本文選擇使用最初的「集團」一詞。

18 本文關於赫緒曼貿易依賴理論之討論，最初得之於大學時代以來的好友吳介民教授之提示，特此致謝。

一九三〇年代納粹德國先造成東、南歐鄰國如保加利亞等之對德貿易依賴，再運用此一依賴結構要脅、支配這些鄰國，就是強權利力用外貿做為國家權力工具最著名的例證。中國挾貿易依賴，創造代理人，滲透、介入臺灣政治，試圖達成領土兼併的地緣政治目的，則是此種「不流血侵略」（bloodless invasion）的當代例證。這種具有領土擴張意圖的經濟侵略形式，是中國近年以貿易之名在亞、非、拉等地掠奪資源，輸出資本，擴張市場之新殖民主義作為的一種地區性變形，[19]可以視為當代中國在全球進行自由貿易帝國主義（free trade imperialism）擴張的一環。[20]

例如，藉由高利息借款給財政困難的厄瓜多爾反美政府，在惡劣的勞動、工安與環保條件下，中國石油（PetroChina）與中國石油化工（Sinopec）至今在厄國每日開採原油量已占該國總產量四分之一，兩公司並長期控制該國石油出口近九成，做為清償債務之用。厄瓜多爾前能源部長阿科斯塔（Alberto Acosta）說：「問題在於，我們正在嘗試以中國帝國主義取代美國帝國主義。」[21]

在資本與帝國雙重圍困下，臺灣似乎已成籠中之鳥，無路可出。新興民族國家在帝國夾縫中降生，卻立即面臨附庸與解體的危機。面對此一嚴峻現實，即使連強烈主張中美兩國存在結構性衝突的現實主義智者如米爾斯海默（John Mearsheimer），竟也不由發出「Say Goodbye to Taiwan!」的悲嘆。[22]

十

魯蛇的逆襲：然而新興的臺灣民族國家終於沒有解體。以二〇〇八年陳雲林「黑船來航」所引爆的野草莓學生運動為發端，資本與帝國的入侵在其後六年間激發出一波波來自臺灣公民社會的抵抗行動，而這些行動所蓄積的能量則在二〇一四年春天連續發生的三．

19 胡安．巴勃羅．賈勒德納、埃里韋托．阿拉伍侯（Juan Pablo Cardenal & Heriberto Araújo）著，譚家瑜譯，《中國悄悄占領全世界》，臺北：聯經出版公司，二〇一三。

20 John Gallagher and Ronald Robinson, "The Imperialism of the Free Trade." *The Economic History Review*, New Series Vol.6 No.1, 1953, pp. 1-15.

21 Clifford Krauss and Keith Bradsher, "China's Global Ambitions, With Loans and Strings Attached." *The New York Times* (http://nyti.ms/1MoUBLM, accessed: 2015/7/29).

22 蔡英文在其選舉著作《英派》（二〇一五，頁一九六～一九七）中記述二〇一五年六月訪美時曾赴芝加哥大學會晤米爾斯海默，米爾斯海默向她澄清「Say Goodbye to Taiwan」之標題為*National Interest*編輯所下，並非他文章本意。事實上，這個澄清並未改變該文的意旨：中國崛起之勢已成，美國協防臺灣不僅將付出愈來愈高代價，同時也將日益無效，因此未來極有可能終止美臺同盟，而臺灣屆時將別無選擇地接受一國兩制。換言之，這篇文章依循米爾斯海默一貫的、攻擊的現實主義邏輯，申論美國未來幾乎必然棄臺的結構條件，不管作者本人主觀上是否贊成棄臺論，該文事實上為棄臺論提供了有力的客觀論據。蔡英文宣稱溝通之後化解「誤會」，但這只是政治語言，從頭到尾就不曾有過誤會，米爾斯海默的分析確實會導出「say goodbye to Taiwan!」的合理預期，該刊編輯所下標題並無錯誤。

一八反服貿運動與四月反核運動中一起爆發，不只擋下服貿與核四，並經由年底的九合一大選轉化為巨大的政治能量，使親中的馬英九買辦政權面臨崩解，主張獨立之民進黨進入准執政態勢，整個改變了臺灣的政治地景。就地緣政治而言，這波運動不只推遲了中國吸納臺灣的時程，同時也對東亞局勢發揮了微妙的潛在影響。

這波臺灣公民社會抵抗資本與帝國入侵，要求自決命運的運動，具有明顯的**公民民族主義**（civic nationalism）特質，而其社會基礎也由前一階段的資產階級大幅地向左移動。我們可以從三重系統性因素來解釋這一波公民的，而且是左翼的臺灣民族主義的興起：前兩者涉及奈仁所說的「資本的不平均發展」之當代型態，也就是新自由主義全球化，第三個因素則涉及臺灣本地特殊的民族國家形成軌跡。

民族國家與民主：第一個系統性因素，是新自由主義資本全球化的內部矛盾。前哈佛經濟學者羅德里克（Dani Rodrik）在批判全球化的傑作《全球化矛盾》（*The Globalization Paradox*）中指出，全球化創造了一個「三者擇二」（trilemma）的根本性政治難局：我們無法同時追求民主、民族自決和高度經濟全球化（hyper-globalization）這三個目標，因為全球化必然要求限縮國家主權與壓制國內民意。如果想追求深度全球化，我們或者必須放棄民族國家，接受跨國治理，或者必須放棄民主政治，接受國家菁英與科技官僚強制遂行跨國經濟整合的寡頭統治。如果想保持與深化民主，我們或者必須選擇放棄跨國整合，保有民族國家，或者必須選擇放棄民族國家形式，接受跨國整合與治理。同理，如果我們想保有民族國家，就必須在深化民主和深化全球化之間作抉擇。面對全球市場與一國範圍內民主（national democracy）之間的內在衝突，我們有三組選項：或者限制民主、或者限制全球化，或者嘗試將民主全球化（globalize democracy）。第三組選項理想動人，但卻無法實踐，因為世界各地巨大的差異多元使全球規模的民主治理不可能。換言之，我們一旦選擇全球化，伴隨而來的不會是無國界的普世民主，而是一個反民主的，或者民主高度受限的民族國家形式。[23]民主全球化不可能，限制民主不可欲，帝國主義不正當，羅德里克因此明確主張：

> 民主和民族自決應該勝過高度全球化。民主國家有權保護他們的社會體制，而當這個權利與全球經濟的要求衝突之時，讓步的應該是後者。（xviii-xix）

馬英九政權與跨海峽政商集團所欲強加於臺灣的全球化模式——經由與中國經濟整合進入世界經濟，由於中國對臺灣明言之領土野心，以及極度不民主的壟斷結構，因此與臺

23 或是一個不民主的跨國治理形式——也就是帝國的統治。這是隱含在羅德里克論證的邏輯後果之一。事實上，十九世紀的資本全球化就是建立在帝國統治的基礎上。

灣的民族國家與民主體制之間存在著深刻而根本的矛盾，很容易誘發出「中國vs.臺灣」的民族主義式抵抗。三・一八所代表的這一波公民民族主義運動，因此可以視為一種全球反新自由主義運動的臺灣在地型態。

階級：第二個系統性因素也與資本全球化有關。正如經濟學家史迪格里茲（Joseph Stiglitz）（二〇一一）著名比喻所顯示的，資本全球化加速各國內部財富集中，導致貧富日益懸殊，造成「百分之九十九的貧困者對百分之一的富人」此種極端的階級分化模式。如果全球化的「三者擇二」難局容易誘發在地民族主義式抵抗，那麼「百分之九十九對百分之一」的階級結構則為此種在地民族主義抵抗提供了全球化受害者（中下層階級）的社會基礎。

社會：第三個系統性，或者結構性因素，是臺灣特殊民族國家形成模式所創造的社會自主性。近百年來臺灣民族國家形成主要是三個宏觀的歷史社會學過程（macro historical-sociological processes）交互影響的結果：（先來後到移民群體的）社會整合與土著化，（連續外來國家之間的）制度積累，以及最近三十年來民主化過程。社會整合與土著化創造了民族（nation）的母體，外來國家的制度積累與繼承則創造了主權國家（state）的形式，而民主化則透過參與機制整合住民政治認同、連結社會與國家，同時也創造了一個擁有進步本土價值之共識，並且高度自主的公民社會。換言之，臺灣民族國家的形成，並非完全遵循古典的「國家塑造社會」途徑：**過去三十年民主化過程「由下而上」的認同形成過程，深刻塑造了臺灣民族國**

家中「社會自主」(societal autonomy)的性格。[24]這種社會的自主性與能動性(agency),說明了當前兩個過程所創造的nation共同體和state諸體制遭受跨海峽政商集團的侵蝕,當傳統意義下的進步/民族主義政黨與政治菁英(民進黨)喪失了正當性,當臺灣看似已面臨「亡國」危機之時,手無寸鐵的臺灣公民社會卻能夠起而承擔抵抗與自我防衛的行動主體角色。

十一

一個本土左翼政治象徵的形成:黑潮為北太平洋環流系統之一部,北赤道暖流在菲律賓外海分支為二,北上者成為黑潮,以東北走向流經臺灣島、琉球群島、日本列島東岸,與親潮交會後匯入北太平洋洋流,循環不息,連結整個北半球環太平洋地域。黑潮水質潔淨,甚少陽光反射,水色較深,故名「黑潮」。黑潮水溫高,流速快,傳輸量大,蘊藏大量熱能,將熱帶高溫能量輸送至寒帶,平衡南北溫度氣候,使生物得以發榮滋長,也是迴游魚類之迴游輸送帶,故多有漁場。黑潮同時也是文化傳輸帶,亦即日本民俗學之父柳田國男所謂「**海上之道**」,自南而北,將黑潮諸島連結為一個共同文化圈。

24 關於民主化與公民社會對臺灣國家性格之深刻形塑作用,參照吳叡人,〈社会運動、民主主義の再定着、国家統合——市民社会と現代台湾における市民的ナショナリズムの再構築(二〇〇八~二〇一〇年)〉,收入沼崎一郎、佐藤幸人編,《交錯する台灣社會》,千葉:日本貿易振興機構アジア経済研究所,二〇一二,頁三一一~三六六。

臺灣是黑潮之子，在黑色暖流擁抱下孕育生命、開展歷史、連結外部，成為世界之島。對臺灣而言，地理的黑潮象徵純淨、生命、與連結。

在現代政治激進主義傳統中，黑色是反權力、無政府的象徵。在臺灣政治史與思想史中，黑色是戰前左翼運動的核心象徵之一。一九二六年的臺灣黑色青年聯盟首揭黑旗，爭取自由，反抗權力、資本與國家。[25]一九二七年，曾參與臺灣初期社會主義運動的詩人楊華在獄中書寫《黑潮集》系列詩篇，批判資本與帝國主義，渴望「引黑潮之洪濤，環流全球，把人們利己的心洗滌乾淨」，首度為臺灣地理上的「黑潮」賦予明確的左翼政治與美學意涵。經過八十年的壓抑、塵封與歷史轉折，黑色的本土反權力象徵終於又在二〇〇八年的野草莓學生運動中現身，並成為此後數年臺灣公民社會抵抗資本、帝國與國家暴力，追求民主自決之主要色彩符號。二〇一四年三月三十日，當五十萬人的巨大黑潮在當代黑色青年的持續召喚動員下湧現臺北街頭，當長期受地盤擠壓、蓄積已久的暖流能量終於爆發，一個臺灣本土左翼傳統的政治象徵於焉形成。

十二

黑潮與臺灣民族國家形成的辯證：黑潮湧現，是現階段臺灣民族國家形成逐漸成熟的表徵，同時也在其自身埋下自我否定的種子。黑潮體現的是臺灣社會在資本主義與地緣政治雙重擠壓下渴求自由、平等、認同，以及與世界連帶的解放意志——一種洗滌、淨化污濁與不正義的意志，它具有公民民族主義的團結特質，但也包含分裂與越界的因子（族群、階級與其他新興認同），以及無政府的驅力（社會的自主）。如果新的臺灣民族國家無法實現這個渴求解放的意志，如果新的臺灣民族國家竟然扭曲、壓抑這個意志，那麼新一波黑潮必將再起，試圖衝決既有的政治形式與邊界，重新尋找可以許諾解放的，新的政治形式與邊界。這是數百年來臺灣民族國家形成的辯證：它的起源是他律的、外部的、由上而下的，然而它的完成卻是自律的、內部的、由下而上的；它被賦予了國家（polity），但也創生了社會的意志（will）。

讓我們傾聽黑潮。

十三

只要是新生的火，她便能燃起已死的灰燼。

——楊華，《黑潮集》

（二〇一六年一月三十日草山）

25　參見臺灣黑盟母體——日本本土的黑色青年聯盟對「黑色」意義之詮釋：「黒旗は自由のシンボルである。…黒色青年は自由を愛し、権力に屈せず、富者に憎悪の念を抱く。」，〈黒色青年〉，《黒色青年》二，一九二六年五月五日。

參考書目

中文

吳介民（二〇一五）。〈中國因素的在地協力機制：一個分析架構〉，《臺灣社會學會通訊》八十三，頁四～十一。

吳叡人（二〇〇九）。〈重層土著化的歷史意識：日治後期黃得時與島田謹二的文學史論述之初步比較分析〉，《臺灣史研究》十六（三），頁一三三～一六三。

柯志明（二〇〇三）。《米糖相剋：日本殖民主義下臺灣的發展與從屬》。臺北：群學出版。

連溫卿（一九八八）。《臺灣政治運動史》。臺北：稻香出版社。

黃紹恆（二〇一〇）。《臺灣經濟史中的臺灣總督府：施政權限、經濟學與史料》。臺北：遠流出版公司。

許信良（一九九五）。《新興民族》。臺北：遠流出版公司。

鄒景雯（二〇一四）。〈星期專訪—吳介民：跨海峽政商集團　正掌控這個國家〉，《自由時報》，一月六日。http://news.ltn.com.tw/news/politics/paper/744402

楊華（一九三七）。〈黑潮集〉，《臺灣新文學》二（二），頁六六～七〇。

蔡英文（二〇一五）。《英派：點亮台灣的這一哩路》。臺北：圓神出版公司。

日文

〈黒色青年〉，《黒色青年》二，一九二六年五月五日。

矢内原忠雄（一九八八〔一九二九〕）。《帝国主義下の台湾》。東京：岩波書店。

吳叡人（二〇一二）。〈社会運動、民主主義の再定着、国家統合——市民社会と現代台湾における市民的ナショナリズムの再構築（二〇〇八～二〇一〇年）〉，收入沼崎一郎、佐藤幸人編，《交錯する台灣社會》。千葉：日本貿易振興機構アジア経済研究所，頁三一一～三六六。

若林正丈（一九八三）。〈総督政治と台湾土着地主資産階級——公立台中中学校設立問題，一九一二～一九一五年

——〉，《アジア研究》三十九（四），頁一～四一。
連溫卿（一九七五）。〈台湾における日本植民政策の実態〉，《史苑》三十五（二），頁六一～八三。

英文

Amsden, Alice H. (1979). "Taiwan's Economic History: A Case of Etatisme and a Challenge to Dependency Theory." *Modern China* 5(3), pp. 341-379.

Arrighi, G, T. Hopkins, and Immanuel Wallerstein (1989). *Antisystemic movements*. London; New York: Verso.

Bremmer, Ian (2012). *Every Nation for Itself: Winners and Losers in a G-Zero World*. New York: Portfolio.

Cardenal, Juan Pablo & Heriberto Araújo（譚家瑜譯，二〇一三）。《中國悄悄占領全世界》。臺北：聯經出版公司。

Cummings, Bruce (1984). "The Origins and Development of the Northeast Asian Political Economy: Industrial Sectors, Product Cycles, and Political Consequences," *International Organization* 38(1). pp. 1-40.

Gallagher, John and Ronald Robinson (1953). "The Imperialism of the Free Trade." *The Economic History Review*. New Series Vol.6 No.1, pp. 1-15.

Gates, Hill (1981). "Ethnicity and Social Class," in Emily Martin Ahern and Hill Gates ed, *The Anthropology of Taiwanese Society*. Stanford: Stanford University Press, pp. 241-281.

Gellner, Ernest

1964, *Thought and Change*, Chicago: The University of Chicago Press.

1983, *Nations and Nationalism*, Ithaca: Cornell University Press.

Harvey, David (2005[2003]). *The New Imperialism*. Oxford: Oxford University Press.

Hirschman, Albert O. (1945). *National Power and the Structure of Foreign Trade*. Berkeley, Los Angeles, London: University of California Press.

Krauss, Clifford and Keith Bradsher (2015). "China's Global Ambitions, With Loans and Strings Attached." *The*

New York Times. (http://nyti.ms/1MoUBLM, accessed: 7/29)

Mearsheimer, John J. (2014). "Say Goodbye to Taiwan." (*National Interest* March-April:http://nationalinterest.org/print/article/say-goodbye-taiwan-9931)

Nairn, Tom (1974). "Scotland and Europe." *New Left Review* I/83, January-February, pp. 57-82.

National Intelligence Council (2012). *Global Trends 2030: Alternative Worlds*. http://www.dni.gov/index.php/about/organization/global-trends-2030

Rodrik, Dani (2011). *The Globalization Paradox: Democracy and the Future of the World Economy*. New York & London: Norton.

Stiglitz, Joseph (2011). "Of the 1%, by the 1%, for the 1%." *Vanity Fair*. May Issue. http://www.vanityfair.com/news/2011/05/top-one-percent-201105

Wu, Rwei-Ren

2002, "Toward a Pragmatic Nationalism: Democratization and Taiwan's Passive Revolution," in Stephane Corcuff ed., *Memories of the Future: National Identity Issues and the Search of a New Taiwan*, Armonk, London: M.E. Sharpe , pp. 196-218.

2003, *The Formosan Ideology: Oriental Colonialism and the Rise of Taiwanese Nationalism, 1895-1945*. Unpublished doctoral dissertation, Department of Political Science, University of Chicago, Chicago, IL.

2013, "Nation-State Formation at the Interface: The Case of Taiwan." Paper prepared for the International Conference on *Taiwan in Dynamic Transition*, May 24-26, University of Alberta, Edmonton, Canada.

2014, "Fragments of/f Empires: The Peripheral Formation of Taiwanese Nationalism." In Shyu-tu Lee and Jack F. Williams ed. *Taiwan's Struggle: Voices of the Taiwanese*. Lanham, Maryland: Rowman & Littlefield, pp. 27-33.

世界體系、中國崛起與臺灣價值

蔡宏政

中山大學
社會系教授

臺灣大學哲學系，哲學碩士，美國紐約州立大學賓漢頓校區社會學博士。研究領域為發展社會學與政治經濟學，不過比較喜歡在不同知識領域與時空之間穿梭，希望能拼湊出一些有意義的世界圖像。

一、自由的應然與實然

自由是一切價值中最重要的，主要有兩個理由。第一是生命存有的道德形上學理由。人因自由的選擇而成為完整的人，因為唯有在自由的選擇中，人得以體現自己的主體性，而不成為純粹的工具。第二是政治與社會生活的實踐理由。自由乃一切價值的園地，不管是民主、和平、各種認同，或是社會正義，各種價值在不同條件下的複雜意涵只有在自由地思考、討論與行動中才能被不斷的釐清與定義，因此「目的的王國」（人的存在皆為其自身之目的）必須預設自由的實踐。第一原則是第二原則的指導價值，第二原則是第一原則的具體實踐，邏輯上雖然清楚，但是實踐上衝突不斷，資本主義世界體系下的臺灣－中國關係就是一個具體例子。

現行國際體系中沒有高於國家之上的司法管轄權，國家主權成為護衛集體自由的最高權力，其目的在保護國民自由免於他國之專斷意志，這就是為什麼臺灣的國家主權是兩岸關係中最重要的目標。但是現實的國際政治中，國家主權經常無視於人民之自由意志而被更易，主要的改變方式有兩種，這兩種方式主要是對應當代資本主義世界體系而來。

二、資本主義世界體系下主權改變的兩種方式

現代世界體系的基本結構是一個全球化的資本主義與諸多主權相互獨立的民族國家。資本主義社會表現為「龐大的商品堆積」，但這個推動世界改變的力量，源自於日益精密的分工與貿易。主權國家之間相互競爭，但是競爭所需要的大量物質積累卻需要跨國的生產、貿易與資本流動；相對的，資本家跨國移動以追求更大的資本積累，但是利潤的實現卻必須依賴於主權國家在實質司法管轄上的協作。由此產生兩種解釋世界發展的觀點，自由主義者強調生產要素在全球市場的自由流動將帶來最大多數的最大效益，自由市場最重要歷史意義是以和平、自願合作的方式，將人類全體帶往自由與共同富裕的社會。另一方面，保守的國家主義者（重商主義，以及東亞國家領導發展模式）則強調，市場運作必須從屬於一套對國家忠貞的價值體系，毫無節制的商品化只會破壞最重要的政治穩定。所以保守的國家主義者認為好的市場不是自由競爭的市場，而是一個能被政府管制的市場，勞工在經濟中扮演的功能就如同士兵之於軍隊，是共同獻身於一個以偉大民族之名而運作的國家機器。也因此，個別民族國家與全球連結的市場，在資本主義世界體系下處於一種相互需要，卻彼此征戰的結構性位置。

世界體系下沒有高於國家之上的司法管轄權威，傳統上一國之意志要強加於他國意志

之上，最快的方式就是發動戰爭，直接改變一個國家的主權狀態，但是純粹的武力壓迫通常無法建立穩定而有效率的統治。相對地，通過跨國市場影響國內市場，從一國之社會基礎改變這個國家選擇的可能，雖然作法較為間接，也較費時費力，但因為市場在形式上是自願的契約行為，因此這種影響一旦形成，會產生一種基於和平自願的吸引力，而不是戰爭暴力的脅迫，這種統治方式的效果更持久，經濟分工更穩定而有效率，其社會與文化的影響力也更全面與深入。

中國對臺策略就是從第一種方式逐漸進入到第二種方式，通過穿透國界的市場力量進入臺灣，以經濟力量累積中國印象，建立中國標準，從而改變臺灣主權根植的社會基礎，達到改變臺灣之意志，和平解決臺灣問題。中國一方面不履行兩公約或人權憲章，另一方面卻持續輸送觀光客到高雄，等到有一天臺灣要邀請熱比婭、陳光誠或達賴來臺，就中止觀光客客源。或者，中國繼續在「內地」舉辦高規格的「我是歌手」，但排除非常有臺灣味的江蕙、伍佰等人，再由臺灣渴求利潤的電視台播出。最新的攻勢則是簽署服務貿易協定，通過系統性的資本與人員往來，將中國因素根植於臺灣的社會經濟土壤。這些「公民社會」的交往最終的目的是讓臺灣人保持形式上的主權自由，但在實質上漸次地侵蝕、乃至於限縮臺灣社會的自由選項，它將使得公民投票產生帶有欺瞞性的政治幻覺，臺灣人以為他們在自由地選擇自己的政治前途，但實際上，這種公民投票只是慶祝統一的政治儀式，而這正是馬政府盡力配合的施政主軸。這種策略之所以有效，一方面是因為資本主義世界體系已為兩岸發展下了結構性的定義，另一方面也是臺灣與中國在國家發展上因各自特點所造成的歷史多重因素的匯聚結果（historical conjuncture）。

三、臺灣主權與全球資本主義

一九七一年七月九日美國國務卿訪問中國，日本隨即在九月與中華民國斷交；十月二十五日，中華民國被逐出聯合國，席次由中華人民共和國取代。這個外交災難對中華民國的國家主權造成幾乎致命的打擊，對內則挑戰了國民黨政府動員戡亂時期臨時條款的威權統治基礎。面對這個災難，蔣經國開始「中華民國在臺灣」的經貿外交，通過強化臺灣在世界市場上的經濟力量，來替代中華民國失去的政治機會。雖然因此讓資產階級進一步的壯大，但當時的資產階級是由威權國家牢牢控制，所以經貿外交實為國家控制市場力量以維護主權的操作範例。

然而，自一九八〇年代以來有三個因素在歷史中交疊，產生經貿外交的逆反效果，使得中國可以通過世界市場的經濟力侵蝕臺灣的主權。第一個因素是全球新自由主義經濟所造成的區域投資、產業分工與貿易的重組。一九七〇年代以降，原本因二戰而產生空缺的產能已被逐漸填滿，新投資帶來的生產力卻日益下降，失業問題浮現，過去因為經濟榮景而上升的薪資則不斷累積通貨膨脹的壓力。一九七三年的石油危機則給這個不穩定的世界經濟再加一記重擊，油元一方面增添了海外美元的游資規模，增加全球過度投資的壓力，另一方面又因為石油成本提高，推升物價，二者共同產生了凱因斯主義所無法解決的「滯脹」(stagflation）問題。面對戰後資本積累的難題，國家與市場這組政治經濟學的基本命題又開始被重新檢驗，只是這次情勢逆轉，鑲嵌式自由主義中的國家領導角色開始被質疑，政府的決策不見得比一般大眾的市場行為更不追求私利（例如尋租或貪污），即使政府決策是出於公共利益，也不見得能做得比市場更有效率。一九七九年英國柴契爾所採取的政策變革就是這種思

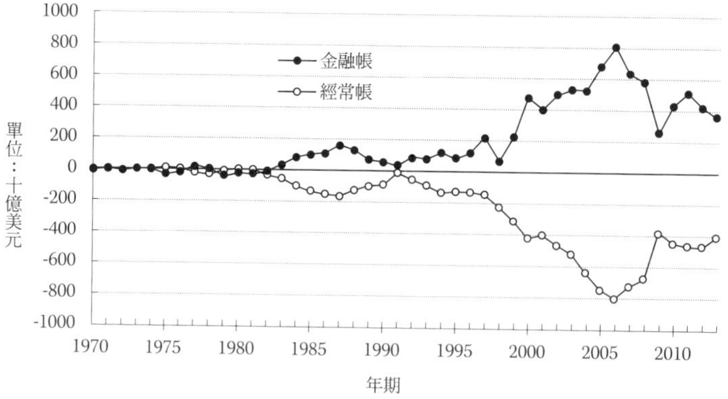

圖一——戰後美國的金融帳與經常帳

資料來源：International Financial Statistics, IMF Statistics Department。

維邏輯下的結果。通貨膨脹的癥結被認為是政府負擔過多公共任務與福利供給，以至於貨幣發行過多。解決之道首在縮減政府支出，提高市場的紀律與分配功能，產生更具有生產力的供給面，使經濟繁榮，才能從政府的「人為」干預中解脫，帶領大眾走出這一波的景氣衰退。一九八〇年美國的雷根政府採取更全面性的政府干預以促進自由市場，也就是賦稅減免，以利資本做出比政府更有效的投資。

以美國為首的全球新自由主義之虛偽性至為明顯，在邊陲與半邊陲國家被要求縮減政府支出以讓位市場的同時，雷根政府自己卻大肆擴張政府與貿易赤字政策，導致美國的金融帳盈餘（也就是反映其經常帳赤字的規模）[1]在一九八三年首波飆漲（圖一）。為了改善國際收支，雷根政府對高美元儲備的東亞貿易夥伴施加壓力，要求這些國家降低關稅，以及貨幣對美元升值，以建立更為「自由」的貿易市場。一九八五年九月，在美國的策畫下，七大工業國中的美、英、西德、法、日五國財長與中央銀行行長，在紐約「廣場飯店」簽訂《廣場協議》（Plaza Accord）。以日本為首，東亞四小龍（香港除外）的幣值在一九八〇年代下半開始大幅上升，並在一九九五年以前維持這波升值的幅度。東亞區域匯率的調整引發東亞

1　因為美國以發行國債吸引國外資金進入，藉以融資貿易順差，因此金融帳的盈餘（國外資金的進入）反映的其實也就是經常帳的赤字。

國外直接投資與產業分工重構，導致亞洲區域內投資與貿易量的增加，降低東亞對美國市場的依賴度，形成亞洲經濟區域化。

第二個因素是在這種區域經濟結構轉型中，臺灣的民主化過程造成威權國家退位，資產階級力量上升，務實外交日益走到另一個邏輯的終點：國家的利益依賴資產階級的利益，而資產階級的利益就代表人民的利益。美國金融帳的飆升導致美方要求關稅降低[2]與臺幣升值，由上而下的臺幣升值加重資本家的匯損[3]與對外投資的壓力，但由下而上的政治與社會反抗運動卻使得土地與勞動力成本日益上升，整個一九八〇年代，臺灣的超額儲蓄迅速地上升。一九八九年王永慶因六輕計畫受挫，邀集八大資本家在經濟日報發表「資本家之怒」一文，宣布暫停國內投資，凍結人事，充分表現典型的投資罷工，也標誌了臺灣資產階級已經有明確的自為階級（class for itself）之集體行動。

為了因應這個結構性改革，行政院在一九八九年設立「公營事業民營化推動專案小組」，過去由政府直接控制的壟斷性國營事業以自由化為名，開放資本家投資，展開私有化的轉換過程。百大企業集團營收占GNP比重從一九八一年的百分之二十八點七七，上升到一九九八年的百分之五十三點八八，雇用人數占臺灣地區就業人口比例則從百分之四點六二，上升到百分之八點二九。[4]同年也開放外匯管制，開始了臺灣通過對外投資與區域經濟整合的過程，從此臺灣正式成為世界經濟中的半邊陲國家。一九八九年也開始修改「銀行法」，在舊有國家獨占性地掌控信用分配外，開始允許私人資本進入全國性金融領域，一方面消化超額儲蓄，另一方面提供一個新的投資領域以進行資本積累。十九家申請者中通過十五家，其股東幾乎涵蓋國內主要大企業，可以說是資產階級再一次的集體亮相。[5]

一九九〇年代後期以來，資產階級的力量更因為區域經濟轉型而逐漸增強，以全球化為名，通過增強中國投資規模，達到對臺灣政府與社會對投資罷工的讓步。在提高產業創新（所以需要提高租稅優惠）與生產競爭力（所以必須降低勞動成本）下，不斷迫使政府與社會必須對市場的商品化邏輯讓步。首先，臺灣在二〇〇二年加入WTO，此舉使臺灣產業必須在更大幅度上符合自由貿易的開放條件。但是由於WTO是多邊組織，而且有國民待遇原則，所以臺灣還能在相對公平的世界經濟結構下競爭與產業升級。但是隨著二〇〇一到二〇〇五年WTO杜哈回合貿易談判失敗，各國逐漸轉向雙邊自由貿易協定（FTA），中國以香港的CECA模式，與臺灣展開ECFA的談判，並排除臺灣加入區域多邊貿易協定（如

2　一九八〇年代關稅大幅調降了三次，其中一九八七年上半年的調降項目就多達三千多項。請參見吳挺鋒，《財政政治的轉型：從威權主義到新自由主義》，東海大學社會學系，博士論文，二〇〇四。
3　從一九八五到一九八七年，臺幣升值幅度達百分之四十。
4　參見瞿宛文與洪嘉瑜，〈自由化與企業集團化的趨勢〉，《台灣社會研究季刊》四十七，二〇〇二，頁三三～八三。
5　參見王振寰，《誰統治台灣：轉型中的國家機器與權力結構》，臺北：巨流，一九九六。

ASEAN），臺灣經濟就隨著中國經濟兩位數的成長規模，逐漸被鎖入依賴中國的處境。二〇一二年總統大選尾聲，一群大資本家逐次列隊出場，支持一個他們也說不出具體內容的九二共識，清楚地表明務實外交已走到歷史的反面位置，讓中國得以通過世界市場的經濟力侵蝕臺灣的主權。這就來到第三個因素，也就是中國在區域經濟的權重增加對臺灣的影響。

四、世界體系下的中國夢

一九九二年之後的中國決定繼續朝向與世界經濟整合的路線發展，這一決定引發中國國外直接投資在一九九三到一九九七年間如同直昇機般上升，進出口占GDP的比重同步擴張，對美貿易比重、以美元為主的外匯儲備也相應地急速上升。[6]東亞區域經濟的形成與中國經濟規模權重的改變，下列三個因素相輔相成，首先是發生在一九九七到九八年的亞洲金融危機，這場危機起因於自由化之後的跨國資本投機性地進出工業化體質脆弱的東南亞國家，將過去東亞引以為傲的國家領導發展模式轉變為「裙帶資本主義」（crony capitalism），也暴露出東亞區域經濟相互間缺乏支持的風險，因此，強化東亞區域內的經濟整合變成具有重要現實意義的發展策略。其次是二〇〇一到二〇〇五年WTO杜哈回合貿易談判失敗後，各國轉向難度較低的雙邊或較小範圍的多邊自由貿易協定，二〇〇二年東協與中國正式簽署了「東協與中國全面性經濟合作架構協定」（Framework Agreement on Comprehensive Economic Cooperation between ASEAN and China），「東協加一」模式遂因應而生。中國因為經濟規模巨大，很自然地成為各種雙邊貿易協定的軸心。最後，中國三十年來兩位數的經濟成長，特別是從二〇〇一到二〇〇八年的GDP就增加了三兆美元，相較之下，二〇〇八年由美國所引發的次貸金融危機，導致傳統核心國家經濟地位下降，「北京共識」儼然代表世界經濟的制度創新，所以可以說過去二十多年來，國際經濟結構已經偏向對中國有利的局面進行。但是這個轉變的政治意涵卻被右派的自由市場與左派的「亞當斯密在北京」（如阿里吉）共同掩蓋住其腐臭的味道。

不管中國強調它的經濟發展是如何「具有中國特色」，呈現在貧富差距、階級支配、資產私有化，以及相對應的社會階層化上，中國都清楚地走向一個極權管制的資本主義經濟。博蘭尼所謂「自律市場乃是一個神話」在中國這個案例表露無遺，中國邁向新自由主義化的資本積累不是去管制化的結果，恰恰相反，它是在國家嚴格的管制中才得以高速發展。

改革開放之前，進口替代重工業化的資本積累主要是依賴對農業剩餘的高度榨取。在人口年增率為百分之二點四的情況下，第一個五年計畫（一九五二～一九五七）中國民所得

6　參見蔡宏政，〈全球化、區域整合與中國崛起的條件〉，《思與言》四十五（二），二〇〇七，頁一～二九。

依然可以達到百分之八點九的年平均成長率，投資增長率則由戰前的百分之五陡增到百分之二十，是同時期印度的兩倍，大約等同於一九二八年蘇聯在史達林時期的最高峰。[7]這個驚人的成就來自於壓縮對農業部門的投資，同時又要求農業產出必須成為工業資本形成的來源。因此中國的農民事實上是承受雙重的剝削，因為除了面對全球市場的競爭，他們還必須忍受國家刻意壓低到維生水準以下的實物工資。其壓榨如此之嚴厲，以至於國家機器必須嚴格執行戶籍制度，以阻絕農村人口往都市遷移。計畫經濟的基調就是以犧牲農民來換取高度工業資本積累的城市工業／鄉村農業，相互隔絕的二元發展。[8]

一九九二年之後，中國經濟突飛猛進的「比較優勢」，就是國家配合跨國資本，以戶籍制度維持階層化的公民身分，使農民工在都市受到歧視性勞動條件的不平等對待，工資被看得見的手，制度性地壓低到「廉價」程度。農民工的再生產成本幾乎都由自己負責，低工資與低福利是中國勞工廉價公開的祕密，也就是馬克思所謂「閒人莫進」的剝削機房。中國農民，這個維持計畫經濟高積累率的法寶，在改革開放後繼續擔任「具有中國特色的社會主義市場經濟」所需要的高積累率之墊腳石。從早期心虛的「市場是社會主義的有益補充」，到中期遮遮掩掩的「姓社姓資，存而不論」，以至現今昂首高歌的「中國特色的社會主義市場經濟」，張茵，一個全國政協委員，同時也是東莞富商與富比士榜上的富豪，如今已經可以毫無愧色，甚至於受盡委屈般地公開說出「血汗工廠是遭人忌妒」[9]，有些「新自由主義」

學者甚至強調，血汗工廠是中國的「後進發展優勢」[10]。

不斷追求資本積累的資本主義有一個內在的緊張性。一方面，積累的要求會將人類社會與周遭環境不斷商品化；但另一方面，做為勞動力來源的人，卻不可能只以勞動力商品的方式存在，因為人同時也是道德、宗教與美學上的存有者，後者才是構成人類存在的終極價值。理應成為人類存在的終極價值，卻被資本積累的日常運作凌越踐踏，構成了資本主義社會的根本矛盾。

對於資本主義的工具理性為何會凌越人類存在的價值理性，韋伯在《新教倫理與資本主義精神》中提供了一個饒富深意的論證：工具理性之所以凌越人類存在的價值理性，是宗教因素，它讓資本積累成為具有終極價值意義的象徵，換言之，工具理性之所以能轉化成為終

7 Nicholas R. Lardy, "Economic Recovery and the 1st Five-Year Plan." In Roderick MacFarquhar and John K. Fairbank (eds.) *The Cambridge History of China*. Volume. 14, 1987, pp. 155-156.

8 參見蔡宏政，〈中國社會福利體制階層化的政治經濟學根源〉，《臺灣社會學刊》五十，二〇一二，頁一一一～一六三：Mark Selden, *The Political Economy of Chinese Development*. New York: M.E. Sharpe, 1993.

9 參見張茵，〈「血汗工廠」風波是遭人嫉妒〉，《廣州日報》，二〇〇九年三月十一日。

10 參見秦暉，〈學習西方的「社會主義」〉，連結：http://www.caijing.com.cn/2010-09-26/110530341.html。擷取時間：二〇一五年三月十八日。

極的價值理性，是由於人們的自我定義而成。人類在資本積累中找到他們皈依的終極價值。

事實上，資本積累被轉化為俗世的終極價值，有比韋伯論證更為普遍的世界史意義。從重商主義開始，「資本積累」一直都是民族國家發展策略中主要的政治經濟學邏輯。只是這個終極價值不是由宗教母體破繭而出的自利動機，而是一種被想像成道德共同體的民族主義；人們義無反顧地碾碎自我身心，奉獻於國家的資本積累，以便在民族興盛的英靈殿中獲得永生。不管是計畫時期或改革之後，中國高速積累所造成的巨大犧牲得以達成，都有賴於「偉大民族復興」這個政治宗教，在這樣的莊嚴偉大之下，個人的選擇自由可以被棄之不顧，因為唯有「昇華」到更高的大我中，個人「真正的」、「永恆的」自由才能圓滿達成。

用國家專斷的權力犧牲大多數低階層人民的生活福祉，以求得超常速度的資本資累，這就是「具有中國特色的社會主義市場經濟」，右派強調用國家專斷的權力排除任何自由市場的障礙，以達到最大積累；左派則強調用國家專斷的權力「發達國家資本」，才能有計畫的達到高速資本積累。左右合鳴，由威權國家機器這隻看得見的手強力介入，改造社會，迫使社會配合高速資本積累。關於這點，北京清華大學歷史系教授秦暉有頗為生動的描述：「咱們的左派鼓動國家向老百姓拚命收錢，不收就是該死的『新自由主義』；而咱們的右派就說國家不必為老百姓花錢，否則就是可惡的『福利國家』」、「中國『左』起來給政府擴大權力很容易，但追問它的責任卻很困難；中國『右』起來呢？那推卸政府的責任很容易，但限制它的權力卻很困難。這樣搞，當然也有優越性，那就是原始積累的速度快」、「現在西方經濟學的左右派都覺得中國模式的確有吸引力，左派表揚中國低自由，右派表揚中國低福利，出現了一場大合唱」。[11]

余英時教授曾論斷，原始儒家立基於道統，對君主專斷的權力持批判的態度，但是漢朝之後儒家逐漸法家化，原始儒家批判性的「仁義之道」被代換成法家「尊君卑臣」的君主權力壟斷。陽儒陰法的結果是，君王們可以用儒家仁義禮教的道德理由，遂行他們「賞罰不測，群臣震恐」的權力專斷，而知識分子則必須「與時俱進」、「曲學阿世」，為這種傳統中國權力差序格局構築各式精巧的詭辯，成為附庸權力、「以經術潤飾吏事」的紹興師爺。[12]如果我們說這個「君」指的是一個無須人民同意的權力壟斷集團，而「臣」指的是底層農工勞動者，那麼今天「具有中國特色的社會主義經濟」所體現的，還是以「尊君卑臣」邏輯，進行重商主義式的資本積累，只是它現在的響亮的外號是「納貢體系的歷史復歸」或者更通俗地說是「中華民族的偉大復興」。

11 參見秦暉，〈中國模式特點是非民主平台〉，連結：http://www.caijing.com.cn/2010-09-25/110529684.html。擷取時間：二〇一五年三月十八日。

12 參見余英時，《歷史與思想》，臺北：聯經出版公司，一九七九。

五、世界體系的轉型與臺灣沉重的未來

一九五〇年馬歇爾（T. H. Marshall）提出社會權（social right）概念。他指出人民有公民權（civil right）、政治權（political right）與社會權（social right）三種權利。十八世紀首先出現公民權，法律之前人人平等，保障個人言論、宗教與財產的自由；十九世紀中葉，勞工開始爭取結社權、參政權，直到一九一〇年代勞工與婦女取得參政權後，人們擁有的權利才從公民權進展到政治權。[13]馬歇爾提出社會權的重要性在於，對經濟弱勢者而言，在沒有社會權保障基本生活條件之前，個人自由與參政自由都是可望不可及的空洞之物，因此，唯有國家保障人民的基本經濟安全、完全享有社會保障、生活在一個普遍標準的文明條件下，才能在實質上確保公民權與政治權。從這個觀點延伸，「自由」在實踐上涉及兩個層次，一個是自由主義民主（liberal democracy）的概念，另一個是社會民主（social democracy）的概念。前者指稱的是法律保障的形式平等，後者牽涉到維持平等的社會經濟地位；前者的概念支撐了《公民與政治權利國際公約》，後者則構成《經濟、社會與文化權利國際公約》的基本理念。法律保障的形式平等當然重要，但如果欠缺實質的平等，那麼形式上擁有的權利不但是空洞的，甚至還帶有欺瞞性。因此，自由市場不會導向自由社會，恰恰相反，以自由市場做為社會組建的原則只會走向自由社會的反面，因為在自由市場中，只有資本家擁有

完整的自由，包括剝削勞工的自由、污染環境的自由、壟斷價格的自由、要求政府租稅補貼的自由、金融不動產炒作的自由……。

通過專斷威權的國家控制所產生的「廉價勞動力」，如今經由自由化的商品貿易與資本流動形成全球性的勞動力「中國價格」，大大強化了全球資產階級對抗國家的投資罷工力量；也構成一九九〇年代末期以來，形塑臺灣國家與社會的主要力量。在臺灣，一九八〇年代末期，國民黨主政下的行政院展開國營事業民營化，將壟斷性的上游產業與金融電訊業開放給私人大資本家，後者是長期依賴國家特許而獲利豐厚的資產階級，也因此成為支持國民黨威權壟斷政權的盟友。當中共政府試圖用經濟力量買下臺灣，它所委託仲介的正是國民黨過去建構起來的裙帶資本主義。所以，真正統一的是兩岸的權貴資本主義，在中國崛起的民族口號下，共同剝削兩岸基層民眾的血汗。

這個結構的困局未來會有什麼轉變？對中國與臺灣而言，關鍵性的轉變因素是什麼？這些問題，我們必須從東亞發展模式在資本主義世界體系中的位置來理解。東亞的「出口帶動成長」模式依賴對美國的大量出超，這些出超國持有大量的美元儲備會在該國的中央銀行進行匯兌，轉化為本國貨幣進入該國，由此產生了兩種相互依存現象，第一種是各國

13 T. H. Marshall and Tom Bottomore, *Citizenship and Social Class, and Other Essays*. London: Pluto Press, 1992.

央行持有的美元外匯要求一個適當的再投資管道，以確保其價值與盈利。在安全性與流動性的考量下，現實的情況是持有大量美元外匯的國家大多選擇購買美國的公債、公司債或股票，美國就以這鉅額的金融帳收入來融資貿易與預算赤字，繼續維持其購買力。第二種，當美元儲備進行匯兌，轉化為某一國家的貨幣而進入該國時，它就造成該國的貨幣供給上升，其作用一如該國央行注入強力貨幣（high power money），會在銀行體系不斷的借支與儲存中產生信用創造的效果，從而提高該國的投資強度，當外匯流入的速度過快，就會發生過度投資與產能過剩的現象。過剩的產能更加依賴美國的購買力吸收，因此也加強了出超國對美國融資的必要性。換言之，美國以不斷印製的美元交換對美出超國源源輸入的商品，而這些輸出的美元又有一大部分回流到美國，用以支撐美國對其他國家的購買力；美國由於其獨特的金融地位，得以用賒借的方式使用全球的資源。

這個「美元循環」的過程是以美國不斷高築的債務為動力，最終這個循環一定會遇到美元發行過多而導致美元貶值與美國清償能力的問題。每一次的美元貶值調整就會導致主要貿易伙伴幣值上升與對美出口下降，此時，這些依賴對美出超帶動成長的國家就必須加強其資本輸出，以及尋求其他的出口市場。一九八〇年代中期的《廣場協議》正是這樣一個結構性的轉折點。這一因應美國金融危機的升值行動引發了東亞區域一波波由上往下的對外投資流動。一開始只有對東南亞的投資，但一九九二年中國確定對外開放政策，加上關鍵性的一九九七到九八年的亞洲金融危機，加速東亞資本以國外直接投資（ＦＤＩ）的形式進入中國。在全球由開發中國家吸收的百分之二十五的投資中，中國吸收ＦＤＩ占全世界的比例由二〇〇〇年的百分之四點一穩定而快速地上升到二〇〇四年的百分之九點四（UNCTAD, *World Investment Report, 2000-2004*）。

中國通過這個雁形產業資本的方式融入世界體系，所以它是東亞，特別是臺灣與香港，對美國三角貿易的海外生產基地。因此，原物料、ＦＤＩ、技術的輸入，以及最終產品的對外輸出，這種「兩頭在外，大進大出」的模式不是中國特有發展的狀況，而是東亞自戰後以來的典型模式，通過製造業的跨國投資轉移到中國。中國因此具有雁形體系國家的幾個主要特徵：對外市場依賴、外匯儲備上升造成的生產過剩、技術依賴。中國善加利用雁形體系分工轉型的機會，增加經濟成長的動能，但中國所累積的貿易順差與外資將如同過去雁形體系國家一般，對國內造成金融泡沫與生產過剩的危機，只是這次將以更大的規模衝擊世界經濟結構（圖一，頁五四）。[14]

結構上而言，中國很可能會重蹈一九八〇年代東亞國家的金融泡沫，而在這次金融泡

14 由於中國繼承的是東亞的出口導向工業化資本，因此也同樣以美國市場為大宗。所以美國的貿易赤字與中國的貿易盈餘在很大的程度上是一個硬幣的兩面，也就是學界所討論的，中美貿易失衡（unbalanced trade）的問題。

沫之後，生產力與利潤率過低的投資都將被掃入金融壞帳的歷史灰燼中，只有高生產力的產業能存活下來，並利用經濟衰退之後空出來的產能重新出發。因此中國經濟的未來可以是重建內需，成為世界市場領導世界體系，也可以是產業升級，從供給面再次帶動成長。後者似乎更重要，也是中國政府目前更為著力的政策方向。

那麼臺灣呢？一九八〇年代中期就在談產業升級，但從歷史的後見之明看來，臺灣走上了一條短期有利，如今卻承受苦果的發展方式。臺灣的製程技術在中國自主供應鏈快速追趕之下，臺灣資本家逐漸往幾種方向發展。中低階技術的中小企業在中國勞動成本上升情況下，要不就轉進東南亞尋求更低廉的勞動成本，要不就結束營業，回臺投資房地產與股票市場。另一種製程技術同樣不高，但依靠量產取勝者，如鴻海，因為短期內難以大規模移動，而且營收一半來自中國，與中國形成命運共同體，不得不轉往中西部尋求發展。至於擁有較高技術者，如台積電，現在則再度面臨中國以「國家冠軍隊」模式進行蠶食鯨吞。臺灣在民主化的過程中，逐漸喪失過去國家主導的產業政策，依憑中國廉價生產要素來維持利潤，卻缺乏產業升級的動力，最後逐漸面臨被中國製造技術追趕的窘境，並付出自己社會內部發展不均的代價。

臺灣對中國的投資在一九九〇年代已經展開，但是在二〇〇〇年政黨輪替後才急速上升，二〇〇二年超過臺灣對外投資比重六成，之後就不曾下降，二〇一〇年之後持續上升，甚至達到八成以上（圖二）。勞力密集產業快速移出產生「臺灣接單，海外出貨」之三角貿易成長模式，至今海外生產比例已超過百分之五十，其中九成的生產基地在中國大陸（圖三）。通過這種商品與資本流通的自由化，中國「廉價」的勞動力價格對臺灣勞工的就業條件與薪資加重了競相沉淪（race to the bottom）的作用。由於勞力密集產業移出，臺灣產業工會會員組織率由一九九四年的百分之二十七下降到二〇〇五年之後的百分之十五上下，對應工會虛弱化的則是失業率上升、實質薪資停滯與勞動條件惡化。臺灣的失業率在一九九五年上升到百分之二點六以上，二〇〇〇年之後再次上升到百分之三點九一，其中非自願性（結構性）失業率（百分之三十二點一六）在一九九九年超越首次超越自願性失業率（百分之三十點三九），在二〇〇二年與二〇〇九年甚至達

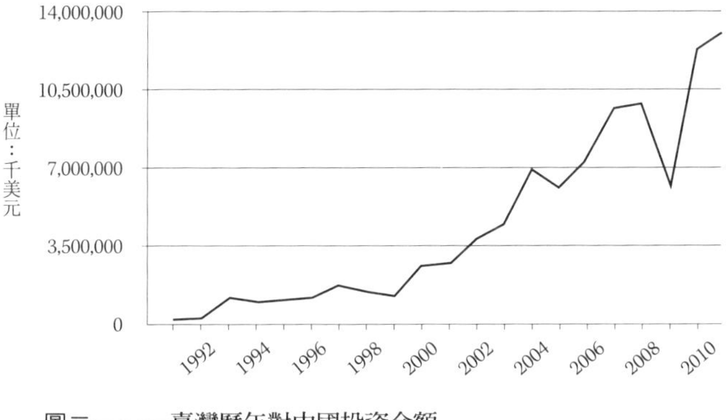

圖二——臺灣歷年對中國投資金額

資料來源：經濟部投審會。

到百分之五十上下[15]，明顯反應臺灣失業與產業外移的關係。至於實質薪資方面，一九九一年之前還維持跟經濟成長率相同水準的成長，一九九一到一九九九年經濟成長率為百分之六點三，實質薪資成長率已經降為百分之三點八，二〇〇〇到二〇一一年，經濟成長率為百分之三點四，但實質薪資成長率卻負成長百分之零點六！[16]

勞資雙方力量的結構性變化還表現在國家財富的分配。如果我們將ＧＤＰ分解成受雇人員報酬、間接稅淨額、固定資本消耗、企業營業盈餘，那麼第一項是國家財富以薪資方式分配給勞工的份額，第二項則是由政府獲得的稅收，第三與第四項都是資本利得，由資產階級獲得。由此觀察，政府的稅收占ＧＤＰ比例從一九八〇年代就持續下降，薪資所得比例則是從一九九〇年開始日漸下滑，資本所得反之快速上升，直到二〇〇二年

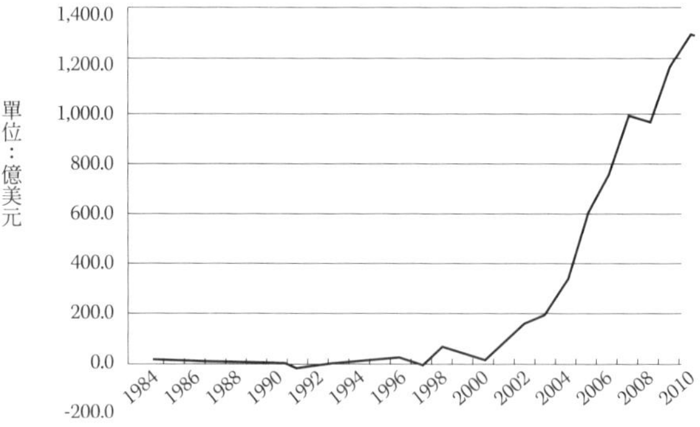

圖三———臺灣三角貿易金額的上升

資料來源：財政部。

呈現逆轉，至今的趨勢是持續溫和擴大（圖四）。以全球化為名的自由化不可避免會造成資本集中、貧富差距，以及由之而來的社會差距。臺灣的資產階級跟中國的資產階級一起分享自由化果實的同時，臺灣的勞工則越來越趨近中國勞工的勞動條件。

臺灣依循資產階級賺取利潤的路徑，依賴中國廉價生產要素來維持短期利潤，卻棄長期產業升級的動力於不顧，將所賺取的利潤以資本利得的方式回到臺灣進行金融與不動產的炒作，一起加入中國帶起的金融泡沫中。在泡沫破裂之後的衰退期，如果臺灣的產業技術慢於中國，那麼臺

15　主計處就業與失業統計，http://www.dgbas.gov.tw/np.asp?ctNode=2829。擷取時間：二〇一三年四月二十日。

16　林宗弘等，《崩世代：財團化、貧窮化與少子女化的危機》，臺北：台灣勞工陣線協會，二〇一一。

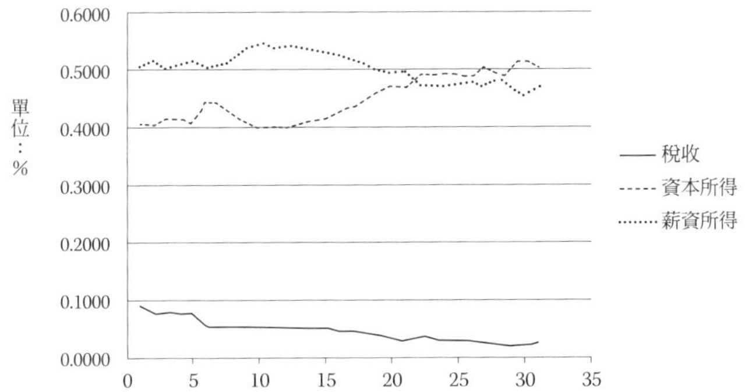

圖四——資產階級在財富分配上的上升

資料來源：財政部國稅署。

灣經濟從金融到產業將無可避免地通過兩岸政治與經濟菁英的中介，全面依賴於中國經濟發展的方向。臺灣實質（de facto）的獨立也就轉成實質的統一了。屆時，人權、民主、自由失去物質力量的植根母體，將會如同離根的落葉，沒有生活的內容，只有抽象空洞的憑弔意義。臺灣的太陽花學運抗爭必須提到這個歷史高度才能探觸到臺灣歷史的主旋律。

參考書目

中文

王振寰（一九九六）。《誰統治臺灣：轉型中的國家機器與權力結構》。臺北：巨流。

余英時（一九七九）。《歷史與思想》。臺北：聯經出版公司。

林宗弘、洪敬舒、李健鴻、王兆慶、張烽益（二〇一一）。《崩世代：財團化、貧窮化與少子女化的危機》。臺北：台灣勞工陣線協會。

吳挺鋒（二〇〇四）。《財政政治的轉型：從威權主義到新自由主義》。東海大學社會學系，博士論文。

蔡宏政

二〇〇七。〈全球化、區域整合與中國崛起的條件〉，《思與言》四十五（二），頁一～二九。

二〇一二。〈中國社會福利體制階層化的政治經濟學根源〉，《臺灣社會學刊》五十，頁一一一～一六三。

瞿宛文與洪嘉瑜（二〇〇二）。〈自由化與企業集團化的趨勢〉，《台灣社會研究季刊》四十七，頁三三～八三。

英文

Lardy, Nicholas R (1987). "Economic Recovery and the 1st Five-Year Plan." In Mac Farquhar and John K. Fairbank (eds.) *The Cambridge History of China*. Volume. 14.

Marshall, T. H. and Tom Bottomore (1992). *Citizenship and Social Class, and Other Essays*. London: Pluto Press.

Selden, Mark (1993). *The Political Economy of Chinese Development*. New York: M.E. Sharpe.

冷戰結構視野下的太陽花

吳鴻昌

中研院社會所博士後研究員

臺灣大學社會所博士。研究領域是社會理論、政治社會學、經濟社會學與文化社會學。

林峯燦

中研院社會所博士後研究員、東海大學通識教育中心兼任助理教授

臺灣大學社會所博士。研究旨趣為巫術與宗教社會學、日常生活社會學。

湯志傑

中研院社會所副研究員

德國Bielefeld大學社會科學博士。以今日臺灣何以如此為核心研究關懷，近作如〈現代性的實驗室：從多元現代性的觀點詮釋臺灣在世界史的意義之嘗試〉。

一、從歷史視野觀察太陽花運動的意義與必要

二〇一四年的三一八太陽花運動對於臺灣社會的衝擊可以說石破天驚。不僅運動本身訴求的暫停服務貿易協議與通過兩岸監督條例，都一定程度獲得了執政當局的回應（即便是在被迫與不情願的狀態下）。此外，二〇一四年底九合一底大選執政黨的挫敗，以及青年參政、組織國親兩黨以外第三勢力態勢的浮現（也同時表現在二〇一六年初的總統暨立委選舉），太陽花運動對臺灣社會的改變可以說是立竿見影。然而，正如同世界史上的法國大革命、六八年學運、中國的六四天安門事件、臺灣的野白合學運等重大事件一樣，這些運動不僅成為歷史的重要轉折點，同時也是人們難以越過同時又不斷翻新意義的集體記憶節點，我們相信太陽花運動也會取得如是的地位——公民力量改變政經結構的里程碑。因此，雖然太陽花運動的效果與意義仍在持續發酵中，尚難以全面蓋棺論定。但是，我們或許可以從歷史的眼光來審視太陽花運動，探究其所帶來的衝擊與意義，並探討它為臺灣的未來發展打開了怎樣的契機。

我們之所以選擇從歷史觀點來審視太陽花運動的意義，主要的原因有三個：其一、我們相信國內對於太陽花運動的研究，絕對不缺乏從社會運動角度來討論太陽花運動所面臨的政治機會結構、內部的動員機制與構框方式（framing）等議題（例如本書其他作者吳介

民、廖美與何明修），然而，我們也確信太陽花運動的意義絕對不僅於此，特別是太陽花運動對於**東亞地緣政治**所帶來的衝擊。其二、承上，太陽花運動對於東亞地緣政治的衝擊，不單因為它牽涉到臺、中之間的互動，更在於它的的確確牽動到了臺灣在世界中的定位問題。為了能清楚掌握臺灣當前的位置，則勢必得從二戰以來的歷史脈絡，以及臺、中在冷戰格局裡的起伏升降談起。其三、正如同新興社會運動理論家阿爾貝托．梅露奇（Alberto Melucci）所指出的，**運動即訊息**，社會運動不僅有其組織、結構面向，更有其認同、文化與論述面向。[1]因此，延伸他的說法，我們相信從歷史性脈絡來定位太陽花運動的意義，不僅是正當的，而且也是必要的。而且，就社會科學所具有的**雙重詮釋學**性質來看，[2]我們一方面希望能從歷史脈絡來刻劃太陽花運動的意義，另一方面，我們也希望這樣的刻劃能夠助產出太陽花的歷史意義，進而影響了人們對於臺灣現狀的認知。

總而言之，本文主張惟有把太陽花運動放到後冷戰的世界格局中理解，我們才可真切了解到它的歷史意義，也唯有把太陽花的故事場景安放到更大的歷史脈絡，安置於更巨幅

1 Alberto Melucci, *Nomads of the Present: Social Movements and Individual Needs in Contemporary Society*. Edited by John Keane and Paul Mier. Philadelphia : Temple University Press, 1989.

2 Anthony Giddens, *New Rules of Sociological Method: A Positive Critique of Interpretative*, 1976.

的政經變革的脈絡中，將不僅可以掌握到太陽花運動所開展出來的潛能與契機，也可經由透徹地了解臺灣的過去，而實實在在地掌握到臺灣的現在，勇於開創臺灣的未來。準此，以下我們將依序透過冷戰到後冷戰格局的轉變、東亞地緣政治的變化（美中臺三角關係的轉變）、太陽花運動的爆發（結構、能動性與文化效應）的分析架構，來揭示太陽花運動展現出怎樣的「歷史性」，彰顯其所發揮的「能動性」不可抹滅的歷史意義。

二、從冷戰歷史反思臺灣在後冷戰世界格局中的定位

正如同汪宏倫等人所指出的，臺灣基本上是一個戰爭所孕育的社會。[3]然而，相關的社會科學研究，基本上都把焦點擺在國共內戰，而忽略冷戰對於東亞、乃至於臺灣社會的形塑。[4]因此，底下就讓我們從冷戰到後冷戰的轉折，來討論臺灣在世界格局中的定位與轉變。

一般而言，對於冷戰，既有的研究充滿著一種習以為常的說法，大多數的研究泰半是從美國，或更精確地說，交雜著「美國勝利」與「美國失敗預言」的觀點出發。[5]這些研究多著重二次大戰後美國軍事力量的獨霸，並把此直接等同於美國世紀的到來。換言之，相關研究常把冷戰的起源與衰微，視為舊歐洲勢力的消解與美國崛起的過程，並相應地預設了現代世界從歐洲中心過渡到美國中心的歷史圖像。並且，在一九八九年後，隨著蘇聯體

制的瓦解，美國取得了世界單一霸權的地位，並主宰了一九九〇年代以降的全球化過程。然而，在這樣的敘事框架裡，中國的崛起似乎變成了一個格外引人遐想的異例，特別是中國會不會變成下一個挑戰美國的霸權之問題。因此，在這種既有的框架下，所謂的中國崛起或中國模式便打開了一個想像的空間，吸引著西方人，更不斷地誘發中國人，進行符合自身立場的詮釋，以致時有淪為空談之嫌。[6]

如果我們跳出舊有習以為常的冷戰敘事架構，改依晚近以解密檔案為基礎的最新研究成果來反思冷戰歷史，將發現以往可概略簡化為美蘇對立的冷戰情節，[7] 明顯地忽略了不同

3 汪宏倫（主編），《戰爭與社會：理論、歷史、主體經驗》，臺北：聯經出版公司，二〇一四。

4 吳鴻昌、湯志傑，〈臺灣無可迴避的議題：欣迎《戰爭與社會：理論、歷史、主體經驗》的面世〉，《臺灣社會學刊》五十六，二〇一五，頁二四三～二四八。

5 一九九〇前後的兩本暢銷書或許佐證這種情況：一是，法蘭西斯・福山（Fancis Fukuyama）（一九九二）的《歷史終結與最後一人》（*The End of History and the Last Man*），另一本便是保羅・甘迺迪（Paul Kennedy）（一九八七）的《大國的興衰》（*The Rise and Fall of the Great Powers*）。

6 對於中國的崛起，研究者的態度也恰恰分成態度對立的兩種立場，對立的情形十分相似於對美國國勢的判斷。喬納森・芬比（Jonathan Fenby）兩本暢銷書（*Modern China: The Fall and Rise of a Great Power, 1850 to the Present*. 2008; *Tiger Head, Snake Tails: China Today, How It Got There, and Where It Is Heading*. 2013.）正好說明這種立場的轉換情況。

7 近來關於冷戰歷史的翻案，可參考萊弗勒（Melvyn P. Leffler）與韋斯塔（Odd Arne Westad）於二〇一〇年編纂的三卷冷戰史。

地區的差異，以及與此緊密關連的冷戰前後期差異的問題。傳統的主流敘事忽略了，在一九七〇年代前，所謂的第三世界不論在政治、經濟與文化上，仍依附於如英國、法國、荷蘭、葡萄牙等舊的帝國宗主國，而非由美國主導。同時，對不同地緣政治區塊來說，冷戰展現出不同的內含，實際的效果也有所不同。像撒哈拉沙漠以南的非洲在二戰後雖也直接或間接受冷戰影響，但主要是在一九七〇年代以後。這除了涉及美國和蘇聯的外交角力，也跟當地的政治、經濟局勢有關。因此，一些研究者將非洲各地的解殖過程劃分成兩個階段，即二戰後的獨立，及一九八〇年代以降的後殖民時期。

上述這些例子所給予我們的啟示是，如果我們繼續著重雙元對抗的局勢、國際現實的利益、核武擴張與限制……等，將無法看到舊歐洲勢力並未如以往研究者所宣稱的消失於一九四五年，而美國也未在冷戰初期（至少在一九六〇年以前）便主導整個世界，更不用說美國當時根本就未發展出一套關於「世界」或「現代世界」的替代性說法（亦即無從去論斷所謂美國霸權的建立）。更重要的是，我們將無從認知到東亞與臺灣，以及不同地區在冷戰格局中各自的特殊位置。特別是美國如何基於冷戰在東亞的布局與經驗所發展出的現代性計畫與美國中心主義想像，以及，東亞乃至於臺灣基於冷戰格局與美國的援助，所採取的特定模式的現代化想像。

且讓我們從頭講起。從意識形態的角度來說，冷戰的根源或可追溯至一九一七年。[8]然而，一直要到一九二二年蘇維埃體制建立，共黨政權才真正全面掌控俄國領土，而美國正式承認蘇聯更是一九三三年的事。二次大戰爆發後，美蘇並未減緩敵對，要到一九四一年，兩國幾同時面臨德國與日本侵略，始結為同盟。一九四四年後，因戰後局勢規畫的問題，美蘇又開始有摩擦。到一九四六年，對立之勢益烈，先是有喬治・凱南（George Kennan）（一九四七）的長電報，再來是蘇聯介入伊朗，最後則是希臘與土耳其的問題，以致觸發邱吉爾、杜魯門、日丹諾夫各自發表「鐵幕」、「紅色法西斯主義」及「兩種生活方式」的說法，冷戰雙元對立的局勢因此誕生。但這時雙方的爭議焦點仍圍繞在歐洲問題上，尤其是德國與東歐的勢力劃分。一九五〇年六月韓戰的爆發，一夕間把原來非美蘇勢力所爭奪焦點的韓國，乃至整個東亞，變成隨時可能爆發戰爭的熱區。[9]

這種局勢一直延續到一九七三年，越戰停戰協定簽訂之後。在一九七三年以前，除東亞有兩次越南戰爭、多次臺海危機等衝突外，古巴與中東亦是衝突的焦點。但其他地區在此階段並未直接捲入冷戰的正面衝突，例如美國在非洲一直採不介入的態度，僅時而利用

8 Eugene P. Trani, and Donald E.Davis, *The First Cold War:The Legacy of Woodrow Wilson in U.S.-Soviet Relations*. Columbia: University of Missouri Press, 2002.

9 David Halberstam, *The Coldest Winter: America and the Korean War*. Hyperion. 2007.

隱蔽行動或小規模戰爭的方式，協助獨立運動，並對抗共產勢力。因此，從一九五〇年到一九七三年間的冷戰時期，絕大多數戰事都是發生在東亞，只不過隨著時間的推移，戰線由北往南延伸，從韓國延伸進臺灣海峽，最後進入越南。

一九七三年後，冷戰進入新的階段。美、蘇開始直接介入世界各地的衝突（如美國介入智利、美蘇介入安哥拉獨立戰爭與伊朗革命，及蘇聯入侵阿富汗），令冷戰正式全球化，但同時也會直接進行協商。此外，還出現了美、蘇、中三角賽局，以及歐洲同盟於一九七五年後逐步形成的多元發展。我們因此可以觀察到一種背反的發展軌跡。一方面，限制核武談判持續進行，並取得成果（如一九七一年ＳＡＬＴＩ的簽訂，但第二階段的協商因冷戰於第三世界加溫，及美、中關係趨緩而一再停頓）。但另一方面，核武發展與軍事對立卻更加白熱化（尤其是一九八二年總統雷根所提出的「星戰計畫」）。更值得注意的是，這種背反的發展同時卻伴隨著中國與西北歐的分離運動。因此，當美、蘇各自因為對立而付出龐大的人力、物力，進行彼此的封鎖與對峙，實際上不但改變了原有的世界格局，其幅度更超乎美、蘇兩國本身的變化。

更明確地說，一九七三年會成為劃分冷戰前後階段的關鍵，主要的原因有三：首先是石油危機結束了西歐與美國戰後二十多年的經濟成長趨勢——儘管趨於疲弱的徵兆一九六〇年代已經出現。其次，出現了從反對西方／歐洲到反對西方／美國的轉折。雖然「反美」

之前早所在多有，但在一九八〇到九〇年代後，它有了新的面貌與意義，開始明確地指向拒絕美國主導下的「世界秩序」，及相應的思維或生活方式。最後，越戰在持續十多年後終於結束。同時，中、蘇關係惡化（對峙與衝突的高潮在一九六九年），而美、中卻開始朝所謂正常化的方向發展，最具代表性的象徵事件自是季辛吉與尼克森先後訪中，並簽訂《上海協定》。

因此，對比前一階段的冷戰，一九七三年的重要性在於以下幾點：

（一）經過兩次石油危機引爆的經濟危機後，西歐不得不面對以歐洲為主導的世界已經瓦解的殘酷現實，而這不僅牽涉到實際力量對比上的衰退，同時更涉及定義「世界為何」的權力。

（二）美國雖在二十世紀初便躍升為世界第一大經濟體，但二戰結束時美國文化仍非全球性的強勢文化。兩次大戰帶給美國的最大效果，是從僅有十萬常備兵的國家轉變為軍事大國，及相伴的經濟實力巨幅成長。美國文化在二戰後雖開始發揮影響力，但其取得世界性的全面影響力，主要是一九八〇年代以後的事，而這與一九七三年後冷戰下世界格局的轉變緊密相關。美國除轉變自由主義的說法，並藉流行文化行銷全世界，還變革經濟體制，從福特主義轉向彈性生產體制，並走出布雷頓森林體系，更廣泛地施行金融自由化的策略。[10]隨著軍事力量與預算的擴張，同時也相應著美式文化與美式生活方式的全球推廣，美國終在冷戰結束時，取得前所未有的霸權地位，使其勢力深入世界各地。

（三）相較美國的轉型，蘇聯卻未走出一九七三年以前的框架。不論在軍事、政治或工業生產體制上，蘇聯依然維持舊有的運行方式，以致一九七〇年代以後，盧布的流通率與國際重要性並不強勢，難與美元競爭。[11]而且在意識型態上，共產主義首先在東歐出現危機，之後也在蘇聯轄下的各共和國浮現出式微的趨勢。在這些地區，民族主義的勃興及民族自決的呼聲，弱化了共產主義的影響力。冷戰的結束雖難以預期，造成此結果的因素多樣而複雜，但可肯定身分政治在其中扮演了至為關鍵的角色。恰堪對照的是，美國文化或美國的經濟文化（甚至政治文化），在冷戰的漫長過程中，最大的改變與其說是消費文化或開放的心靈，又或自由化的經濟活動，不如說是身分政治。身分政治而非階級政治為基礎的文化模式，改變了一九八〇年代以後的世界。而這種身分政治卻是一九五〇到六〇年代人民漫長抗爭的產物。相關的身分政治在二戰前雖已逐漸浮現，但並未成為美國概念的基石，遑論用它來征服或重新規畫世界。

透過前述冷戰史的重新考察，我們將發現，美國的崛起是個漫長而曲折的過程，而冷戰則對此有著無可否認的貢獻。尤其值得我們關注的是，美國崛起的過程恰好與東亞的歷史處境緊扣在一起。有別於東南亞、南亞、中東或非洲等其他地區，在二戰結束後，美國基於日本帝國的潰散及歐洲帝國勢力在東亞退卻的權力真空狀態，循著原來日本殖民、掠奪或治理東亞地區的理路，最早在東亞建立起其統治世界或成就世界霸權的第一個實驗場。儘管這係事後回顧證成，而非當時的歷史必然，就如同韓半島在美國原本的全球戰略布局下實無足輕重，卻因始料未及的韓戰而頓時成為戰略關鍵要地。之後，隨著冷戰持續延燒，美國與東亞的互動關係／經驗，令東亞最終成為美式現代化理論的模範地區。同時，建基於處置東亞局勢的經驗與成就，美國才能晉升為世界秩序的重新定義者。

美國在戰後雖管轄日本，但對日本的重建與復甦原本並不積極。韓戰爆發才轉變了美日的關係，促使美國投注大量資金、人力與技術。在去除軍備的前提下，美國認為促進日本的富足與繁榮，將可抑制共產主義的蔓延。[12]在本身的努力，加上美國大量的軍事與民生需求下，日本終創造出持續的經濟成長——但係建立在美日間政治、軍事、經濟與文化上不對等

10 S. M. Amadae, *Rationalizing Capitalist Democracy: The Cold War Origins of Rational Choice Liberalism*. Chicago: University Of Chicago Press, 2003.

11 O. Sanchez-Sibony, *Red Globalization: The Political Economy of the Soviet Cold War from Stalin to Khrushchev*. Cambridge: Cambridge University Press, 2014.

12 Michael Schaller, *The American Occupation of Japan: The Origins of the Cold War in Asia*. Oxford: Oxford University Press, 1985.

的基礎上。當美中關係開始邁向正常化，乃至於一九七九年正式建交後，日本順勢扮演了輔導或協助中國的角色。這種輔助的角色可從日本官方對中國的經濟援助（ODA）看出：自一九七九年起，遲至二〇〇八年為止，來自日本的經濟援助據估計超過三兆日圓。此經援不僅抒解了中國在經濟發展過程中所面臨的資本壓力，也反映出冷戰的和緩，甚至終止的趨勢。

因此，儘管美國以往一直是將中國視為蘇聯的代理人（特別是一九六〇年代中蘇分裂前），或是看作比蘇聯更難理解與應對的共產國家（如介入越戰及在第三世界大規模資助反美勢力），但一九六九年以後，美中卻在各自的考量下形成聯盟，並在走過尷尬的十年後正式締交。當中國開始改革開放後，美國更展開資金與技術的挹注。這顯示了，美國對中國的定位或角色設定，從對立與防堵轉變為合作——儘管合作也可能是另一種型態的防阻。相應地，我們不妨說，美中的冷戰在一九七九年已告結束，甚或可推至更早的一九七三年。此後，萬惡的共產主義似乎不再包含中國，一九七八年改革開放後尤其如此。因此，有別於西歐在一九七三年後趨於衰弱，中國卻是日益奮發興起。但冷戰格局卻又同時封鎖了中國與西歐的發展，特別是關於之後的發展路徑與想像。換句話說，冷戰既造就了歐盟，同時也造就了崛起的中國。冷戰前期的態勢協助了西、北歐國家走出大戰的廢墟，而後期的冷戰則幫助了中國脫離一百多年的恥辱。然而，兩者的最終結果是否相同？這是可以進一步追問的問題。

從前述的長期歷史脈絡回頭看臺灣，將發現冷戰格局對臺灣最大的影響莫過於，它決定了臺灣擺放的位置。[13]二戰結束時，臺灣依幾個大國先前的決議，交由國民政府統治。臺灣的定位雖與強權的決議有關，卻是無足輕重的地區。到一九四九年十月國民黨退守臺灣，同時冷戰已在歐洲展開，雖令情況有些許變化，但臺灣基本上仍與冷戰無關。到一九五〇年韓戰爆發，才真正轉變了臺灣的位置。第七艦隊巡弋臺灣海峽，美國大幅度援助國民政府（僅就一九四九到一九五〇年間，總金額超過二十六億美金），期待國民政府可做出貢獻，遏阻共產勢力的擴張——儘管美國國務院當時的研究報告對此抱持悲觀。一九五四到一九五五年與一九五八年兩次的臺海危機（第一次危機為九三砲戰，第二次則是八二三砲戰），迫使國務卿約翰·杜勒斯（John Dulles）於一九五四年底來臺協訂《中美共同防禦條約》，而美國國會也於次年初通過臺灣決議文，賦予美國政府保護臺灣安全的法源基礎。臺灣此後不僅成為「永不沉沒的航空母艦」（一九五〇年麥克阿瑟將軍的說詞），同時也成為防堵共產主義的防禦陣地，而《中美共同防禦條約》，如同「東南亞公約組織」（SEATO）或美國與各太平洋國家所簽訂的共同防禦條約一樣，乃形成所謂的「舊金山防禦體系」。[14]這樣的定

13 要強調的是，擺放並不意味著「擺弄」，就像位置不等於「位置的占有」。現實如何發展，仍有賴施為者的選擇與行動。

14 Kimie Hara, *Cold War Frontiers in the Asia-Pacific: Divided Territories in the San Francisco System*. London: Routledge, 2006.

位一直維持到一九六九年。之後，隨著美中關係的活絡，臺灣不只退出聯合國，更與美國斷絕正式外交關係，而僅能靠一九七九年生效的臺灣關係法，重新定位臺美關係。

所以，當冷戰進入第二階段，臺灣已從反共不可或缺的「永不沉沒的航空母艦」轉變成「美中關係的籌碼或砝碼」，擺盪於兩強之間的命運取代了防堵的角色。表面上，隨著美中冷戰的終止，臺灣的冷戰似乎也於一九七九年終結。但實際上，在冷戰的最後十年，甚至至當世界已邁入後冷戰的時代後，臺灣一如中國，某程度上依舊迴旋在冷戰本身或冷戰所遺留的格局裡。同樣地，不論在冷戰或後冷戰的國際局勢裡，臺灣與中國表面上雖處於不同的國際地位，發展趨勢也有往下及往上的巨大差別，但若我們仔細檢視上面的脈絡將可發現，臺灣雖處於下降的趨勢，但這並未改變臺灣所擁有的關鍵位置，因此依舊很重要。相對地，中國雖在往上升，卻將面對已然被禁錮在偌大的陸地板塊上的尷尬事實。換言之，它雖強大，卻未必力足以脫離身處的板塊。而這種強弱逆轉的詭異關係或辯證關係，正好是冷戰的重要遺產。

由此反思，冷戰的確對臺灣產生深遠的影響，但其效果不全然負面。無論如何，所謂的「臺灣」絕對無法抽離出冷戰的轉變過程，就如同美國與全球化歷程的關係一樣。我們已經看到，臺灣本身的定位很大程度上受冷戰影響，雖然在不同時期層次與具體效果不盡相同。事實上，包括臺灣中立化、臺灣未定論、民族／民主自決說、兩個國家說、內戰延伸論等我們熟悉的諸多論述，也就是何謂「臺灣」及「臺灣人」的問題，迄今某程度上一直都還是在冷戰的框架中討論。

要強調的是，雖然冷戰在不同時期以不同的方式決定了臺灣的位置，但對那個位置的占有仍取決於臺灣人自己的作為。何況，既然「決定」終究來自人的決策作為，它同時也就意味著機會。從過往的歷史來說，臺灣毋寧是善於掌握機會，而有所成就的。值得注意的是，無論在冷戰或後冷戰的格局中，臺灣一直處於一個封鎖的區域中，既執行封鎖的功能，同時自己也常被封鎖住，更造成臺灣與中國共同封鎖在同一區域內的結果，因此，「臺灣問題」甚至可以說是中國崛起的真正試金石。雖然不少人心態上會認為，臺灣與中國的關係似乎是國共內戰的延續問題，但如前所述，在美中建交後，國共問題實際上已逐漸消失。因此，若我們切換視角，國共問題反而恰恰變成一種限制住中國的框架。由於有此框架，中國根本無法展現出乃至思考「臺灣問題」之外的世界格局。幸而，這樣的框架在臺灣已大幅失去民意基礎，「後國共內戰」的視野已逐漸成形，我們有必要認真思考新的，超越國共內戰框架的觀察臺灣自己與世界的視角。

三、冷戰與後冷戰格局下美中臺三角關係的變化：從美援到ECFA

從前面冷戰史的檢討，我們可清楚知道，要討論臺灣戰後的經濟發展，一定不能忽略美援。包括軍事與經濟援助在內的美援，是二次大戰的產物。在二戰初期，美國為援助盟國，便曾提供多達四百九十二億美元的軍事援助。[15]到了戰後，為協助歐洲的重建，一九四七年美國國務卿喬治・馬歇爾（George Marshall）宣布實施以圍堵戰略為核心的「歐洲復興計畫」。接著，一九四八年四月，國會立法通過《經濟合作法》，並相應設置經濟合作署，主導對歐各國的援助計畫。這個為期四年，花費一百三十億美元的計畫，即一般所謂的馬歇爾計畫。[16]雖然近來的研究開始懷疑馬歇爾計畫在復興歐洲上的作用，並質疑美國慷慨解囊背後所隱藏的利益（借錢給歐洲各國買美國的貨物）。但無可否認，馬歇爾計畫不僅完成了美國在歐洲的地緣政治部署，預示了一九四八年以後歐洲的冷戰格局，同時奠定了以馬歇爾計畫為摹本的美援模式，確立美國對自身現代化發展經驗的信心。此後，美國模式的輸出，特別是美式資本主義的經濟與文化模式，幾乎成為美援必然伴隨的經濟與文化現象。[17]

韓戰爆發後，美援的重心從歐洲轉移到東亞，而臺灣即是此脈絡下受惠於美援。一九五一年十月，美國國會通過《共同安全法》，並根據該法設立共同安全署，統整所有援外經濟計畫，接替已終止的馬歇爾計畫與經濟合作署。根據一九五三年共同安全署的國會報告，美國援助臺灣的目的有三：維持經濟穩定、促進臺灣自給自足、協助美國軍事活動。[18]更明確地說，早期美援的主要目的是軍事防衛，意在圍堵中共，避免臺灣淪為共黨統治，故相關的經濟援助不是為了維護政局穩定、強化國防建設，就是要讓臺灣提早自給自足。隨著一九五四年中美共同防禦條約的簽訂，以及臺灣政經局勢漸趨穩定，美援開始轉為計畫性經濟援助，目的在協助臺灣經濟自立。[19]這個時期援助的特點是，支援港口、水庫、電力與電信設施等基礎建設與公營事業（特別是臺電與電信局），對農業部門的資本形成也起了很大貢獻。從一九五一年到美援完全停止，美國提供的經濟金額約十五點八五億元，軍事的援助更高達二十三點八四億美元。[20]

15 文馨瑩，《經濟奇蹟的背後：臺灣美援經驗的政經分析（一九五一～一九六五）》，臺北：自立晚報社文化出版部，一九九〇。

16 Michael J. Hogan, *The Marshall Plan: America, Britain, and the Reconstruction of Western Europe, 1947-1952*. New York: Cambridge University Press, 1987.

17 Martin Schain, ed., *The Marshall Plan: Fifty Years After*. New York: Palgrave, 2001.Djelic, Marie-Laure, *Exporting the American Model: The Post-War Transformation of European Business*. New York: Oxford University Press, 1998.

18 吳聰敏，〈美援與臺灣的經濟發展〉，《臺灣社會研究季刊》一（一），一九八八，頁一四五～一五八。

19 Neil H. Jacoby, *U.S. Aid to Taiwan: A Study of Foreign Aid, Self-Help, and Development*. New York: F. A. Praeger, 1966.

20 同注十五，頁九一。

值得重視卻往往被忽略的是，美援還影響了臺灣的經濟政策，這事實上也意謂著美式現代性想像的輸出。眾所皆知，臺灣在一九五三到一九五九年，曾實施所謂進口替代的經建計畫與政策，而這正是美國培養臺灣經濟自足所容許的。然而，隨著臺灣經濟逐漸穩定、成長，加上美國自身面臨國際收支惡化與海外投資需求等經濟轉型問題，一九五九年六月，美國共同安全署在臺分署長郝樂遜（Wesley C. Haraldson）公開批評臺灣美援運用與管理不當、經濟資源錯置、投資不力、經濟危機潛伏等問題，並提出八點改革措施：一、限縮國防費用以利投資；二、實施遏止通膨的金融政策；三、改革稅制與掃除企業發展障礙；四、實施符合實際的單一匯率；五、解除外匯管制，鼓勵出口；六、設立公用事業費率委員會；七、設立證交所，成立資本市場；八、公營事業民營化。[21]為回覆美方的壓力，國民黨政府遂依循郝氏的建言，於十二月提出「十九點改進財經措施」，並於隔年設立《獎勵投資條例》，一九六六年更設立加工出口區。由此開啟了臺灣所謂出口擴張時期的經建計畫，並成為日後臺灣許多主流經濟學家口中的自由化與市場經濟的開端。[22]實際上，臺灣不曾完全放棄進口替代的政策，其經濟發展模式是否符合所謂自由市場經濟原理頗有疑義。但在社會科學家的協力下，這種美式現代性想像的輸出，不但在臺灣日益贏得主導論述的地位，同時，臺灣的經濟發展也反過來變成證成美式現代性工程的範本。[23]

如前所述，到了一九七〇年代，由於越戰結束、石油危機與停滯性膨脹等國內外局勢變化，美國開始其全球戰略布局的調整，拉攏中共並逐漸從東亞撤守，同時推動後福特主義的經濟結構轉型，放棄布雷頓森林體系，鬆綁了國際金融的匯兌體制。同時期的臺灣則因美中關係趨於正常化，在退出聯合國及臺美斷交後，似乎從國際法上的地位未定論狀態轉變成實質冷戰格局下地位未定狀態，從而遠較東歐社會主義國家更需面對後冷戰多變的局勢。

在此情況下，國府的統治在一九七〇年代面臨著內外交迫的正當性危機，雖能藉革新保臺的本土化政策脫困，卻也開啟了未來反對運動全國性論述與組織上集結的可能。[24]有趣的反差是，同一時期卻是臺灣經濟騰飛的時期。這時期臺灣的經濟成長率平均約百分之十，幾乎是歷來之最。也因此國民黨日漸改以經濟成功來取代已經失效的反攻論述，以及因中共成為中國的同義詞而陷於進退失據的中國民族主義，來正當化其政權。一九七三年，因應全球性經濟危機的來臨，行政院長蔣經國不顧眾人的反對，毅然推動總支出幾為當時中央政府預算二點五倍的十大建設（十大建設乃是統稱，若干建設乃是更早之前的規畫，甚

21 許松根，〈出口擴張與產業升級：戰後臺灣的個案研究〉，國科會研究報告，二〇〇一。

22 同注十八。

23 Shelley Rigger, *Why Taiwan Matters: Small Island, Global Powerhouse*. New York: Rowman& Littlefield, 2011.

24 湯志傑，〈重探臺灣的政體轉型：如何看待一九七〇代國民黨政權的「正當化」〉，《台灣社會學》十二，二〇〇六，頁一四一～一九〇。

至在當時已經開工，例如中山高速公路、核一廠），企圖藉由擴大內需的計畫經濟方式，渡過石油危機的難關。雖然這可能帶來高通膨的疑慮，設立中油高雄煉油廠、中船的大造船廠、中鋼的大煉鋼廠等公營事業與公共工程，亦屬過時的計畫經濟與重工業思維，但在當時脈絡下，十大建設對經濟與民心的穩定起了一定的作用。同時，隨著經濟面的考慮壓過了軍事考量，這似乎也意味著國民黨政權某種本土化與在地化的轉型，試圖走出國共內戰所遺留的軍事體制。

到了一九八〇年代，美中臺三角關係有了更顯著的性質轉變。一九七九年一月一日美中建交當天，中國人大發表「告臺灣同胞書」，呼籲解除兩岸軍事對峙狀態及放棄武力解放臺灣，並提出兩岸三通、促進兩岸交流與和平統一等主張。一九八二年，中共領導人鄧小平進而提出「一國兩制」做為解決臺灣問題與促進和平統一的方法。至於美國，則是由國會通過《臺灣關係法》來規範臺美交流。在新的局勢下，美國雖不願提供主權允諾及承擔必然出兵的義務，但表明會嚴重關切任何企圖以非和平方式決定臺灣前途的作為（不限於戰爭，也包括經濟制裁），並承諾持續提供臺灣防衛性武器。儘管如此，從美中建交到一九八九年天安門事件為止，可說是中美關係的十年蜜月期。雙方在政治、文化、科技與經濟上，進行廣泛的合作與交流，並在全球戰略問題、聯合國議案等方面進行深入對話。美中合作不但對臺灣造成日益沉重的壓力，也讓臺灣的國際處境日益艱困。因應此一變局，當時的總統蔣經國則回以著名的三不政策，堅持不與中國接觸、談判、妥協。從後見之明的角度來看，美中臺三角關係在一九八〇年代實已開始進入後冷戰與後國共內戰的格局，但三方仍皆固守某種冷戰思維。美國試圖聯合中國在全球布局上圍堵與制衡蘇聯，中國則試圖在放棄軍事對立的前提下，依國共內戰的框架來解決臺灣問題，而臺灣更是堅守漢賊不兩立的政策，繼續圍堵、封鎖與自我封鎖。

然而，在經濟面向上，一九八〇年代出現了有趣的重要轉折。隨著一九七九年柴契爾夫人出任英國首相，及一九八〇年雷根出任美國總統，新自由主義的時代遂揭開序幕。雷根政府試圖以貨幣主義、供給面經濟學、去管制與自由化政策來改善美國石油危機以來的景氣低迷，以打擊通膨作為主要經濟目標（取代充分就業），並試圖透過減稅、縮小政府的經濟干預來刺激經濟成長，[25]同時卻自相矛盾地大幅擴張美國的全球軍備及實施星戰計畫。

同時期的中國亦大幅實施改革開放措施。一九七八年，中國宣告取消階級鬥爭為綱的政策。一九七九年則在農村實施「分田包產到戶、自負盈虧」的家庭聯產承包制（後來更在鄉鎮實施各種承包制度，促成鄉鎮企業的興起），並設立深圳、珠海、汕頭和廈門四個經濟特區，負責吸引外資，引入外來產業與技術，日後更擴大到沿海諸多城市與鄉鎮。一九八

25 參見本書蔡宏政，〈世界體系、中國崛起與臺灣價值〉。

一年，鄧小平正式宣布以四個現代化為經建目標。一九八八年，人大通過憲法修正案，正面肯定私營經濟的存在。

至於臺灣，一九八〇年代已成為東亞經濟奇蹟（日本加亞洲四小龍）的一部分。然而，面對日益惡化的貿易逆差，美國這時一改先前扶持及寬容東亞國家的態度，祭出「貿易法」中著名的「三〇一特別條款」，試圖改善美國與東亞不平衡的貿易狀況、打破東亞對於國內產業與市場的保護（特別是在美國農產品進口與關稅降低、減少各國對於出口的稅務與外匯上的補貼）、要求各國制定嚴格且有利於美國的智慧財產權政策等。並且，更於一九八五年透過著名的《廣場協議》（Plaza Accord），使得美元相對於日幣與德國馬克貶值（因而帶動臺幣對於美元的升值），來解決貿易逆差問題。在此情況下，甫晉升亞洲四小龍的臺灣，馬上就面臨開放國內市場、產業轉型與出走的壓力，特別是因臺幣升值與國內勞動成本提高而來的艱困挑戰。[26]

綜合言之，在一九八〇年代，標榜民主、自由、開放、富足、繁榮、多元，甚至進步等美國價值的現代性想像與社會工程，開始清楚地浮現在世人的眼前。這不單表現在雷根主義的出現，同時也反映在中國改革開放中反資產階級自由化的聲浪中，更具體展現在東亞面對來自美國壓力的自由化與民主化的威權轉型中。

到一九八九年，隨著東歐與蘇聯等社會主義國家先後瓦解，結束冷戰兩極分化對立的世界格局，美國似毫無疑義地成為全球的唯一霸權。這樣的局勢反映在東亞的格局上，則是著名的六四天安門事件所導致美中關係冷卻，以及美國與歐盟聯手對中國實施經濟制裁與武器禁運措施。同時，中國內部一度也出現改革開放路線的搖擺。直到一九九二年鄧小平「南巡講話」，才真正確立了名為「中國特色的社會主義」的改革開放路線，正式邁向紅色資本主義的時代。

至於美國，一九九〇年代則開啟了所謂「新經濟」與「知識經濟」的轉型，不但改善了國內的經濟狀況，也擺平了來自東亞的競爭（特別是日本）。同時，美國更在國際上主導從各國多邊協定的關貿總協（GATT）變成常設的世界貿易組織（WTO）的轉變，以推動所謂的經濟全球化，並藉世界銀行（WB）與國際貨幣組織（IMF）推動全球經濟的一體化。在此情況下，臺灣一方面透過由電子業參與美國主導的全球產業鏈，以維持既有的代工（OEM）地位，另一方面則以戒急用忍政策回應中國崛起，等同宣告先前以中國為腹地的亞太營運中心想像的破產。

正式邁入後冷戰的時代後，臺海形勢在一九九〇年代也出現一個重要轉折。一九八七年，蔣經國總統解除戒嚴，開放大陸探親，三不政策開始鬆動。一九九一年，李登輝總統

26 同上。

成立海基會，開始準備與中國接觸。一九九二年，臺灣海基會與中國海協會於香港展開第一次非官方正式接觸，成為日後所謂「九二共識」爭議的起點。一九九三年兩會於新加坡舉行第一次辜汪會談，象徵兩岸關係正式破冰。然而，就在美中關係因天安門事件陷入低谷，中臺關係解凍之際，海峽兩岸的關係卻呈現極度緊張情勢，特別是所謂的「臺海飛彈危機」。一九九五年李登輝總統訪美，令中國研判美國試圖助長臺獨勢力，於是發動飛彈與軍事演習抗議。一九九六年三月，臺灣第一次總統直接民選，中國再次發動飛彈試射與軍事演習，試圖藉恫嚇干涉選舉結果。在危機一觸即發的情勢下，美國迂迴宣告第七艦隊航空母艦將技術性經過臺海水域。一九九九年李登輝總統發表所謂「兩國論」，再次升高臺海形勢，中國本來要再度進行軍事演習與飛彈試射，則因臺灣發生九二一大地震而作罷。二〇〇〇年政黨輪替，陳水扁當選總統，宣布「四不一沒有」政策。二〇〇二年，陳水扁總統提出一邊一國主張，明確拒絕成為第二個香港及一國兩制。面對臺灣的不斷試探，中國則於二〇〇五年由人大通過《反分裂國家法》予以回應。

從後冷戰格局來看，東亞在一九九〇年代前期面臨美國自由化、市場化與民主化的強大壓力。一九九四年新加坡總理李光耀甚至提出所謂建基於儒家倫理的亞洲價值，以回應美國推動的新自由主義。然而，一九九七年因熱錢的移動與炒作而引爆的亞洲金融風暴，毋寧已宣告了東亞發展型國家的終結，以及裙帶資本主義的破產。因此，接受美國主導的新自由主義全球格局，已成為東亞國家須面對的政經局勢。[27]當中國決定走向紅色資本主義，並因世界工廠的角色而與美國有日趨相近的利益及日益密切的合作的情況下，臺灣雖因美中間仍有競爭、敵對關係而不致一夕間被犧牲，卻不免淪為兩強間籌碼。可是臺灣憑藉民主化成功創造出自己的契機，飛彈危機清楚顯示中國容不下臺灣基於民主而來的超越國共內戰格局的嘗試，而仍然根據冷戰思維，以軍事化的方式處理臺海問題。

當時序推進到二十一世紀，二〇〇一年的九一一事件相當程度改變了美國對於全球戰略布局的思考，使得反恐怖主義成為迄今的主軸。相應地，美國不再視中國為潛在的最大威脅者，轉而關注伊斯蘭恐怖主義與北韓，令中國得以藉反恐及影響北韓開展出與美合作的新面向。同時，因應經濟成長停滯及中國崛起，臺灣在陳水扁總統上台後鬆綁了戒急用忍的政策，代以所謂的「積極開放、有效管理」，促成小三通的實現。然而，在政治的面向上，一邊一國說與反分裂國家法卻令兩岸官方交流停滯，甚至出現所謂的「烽火外交」。而正是在扁政府遭中國封鎖的狀況下，由國民黨前副主席江丙坤與榮譽主席連戰於二〇〇五年完成了國共內戰以來領導人會晤的破冰之旅，為後來馬政府的重啟兩岸交流埋下伏筆。

二〇〇八年第二次政黨輪替後，馬英九政府提出新三不政策，在承認所謂「一個中國、

27 同上。

各自表述」的九二共識下，恢復兩岸交流。馬英九政府不僅實現了大三通，更積極推動所謂的「海峽兩岸經濟合作架構協議」（ECFA）。ECFA的重要背景是所謂的自由貿易協定（FTA）。二〇〇〇年以後，各國政府意識到在WTO的組織架構下處理各國複雜的自由貿易與經濟統合，幾乎是不可能的，因此，基於WTO的精神與規則，各國開始推動雙邊到多邊的FTA。其中，一九九四年由美國、加拿大與墨西哥組成的北美自由貿易區，與一九九〇年代歐盟的整合可謂重要先驅。在此示範效應下，區域經濟整合成為二〇〇〇年以後的勢不可擋的趨勢。有鑑於此，二〇〇一年，中國與東協各國決定成立「東協－中國自由貿易區」（即東協加一，ACFTA），並於二〇〇二年簽訂協議，決定二〇一〇年正式啟動自由貿易區。正是在這個背景下，為避免臺灣經濟的邊緣化危機，馬政府決定與中國簽訂ECFA。引爆太陽花運動的服貿協議，即為ECFA架構下的後續協議。

事實上，ECFA的簽訂，意味著在美國引爆二〇〇八年全球金融海嘯的背景下，面對全球性經濟衰退，及中國已超越美國成為臺灣最大貿易夥伴的情況下，馬政府選擇擁抱與中國的經濟統合，做為景氣低迷的解藥。對馬政府而言，這不僅在經濟上符合臺灣利益，意識型態上更是符合後李登輝時代國民黨的基調。而且，在二〇一〇年以後，隨著美國主導的《跨太平洋戰略經濟夥伴關係協議》（TPP）的出爐，以及中國企圖令東協加一深化為《區域全面經濟夥伴協定》（RECP），臺灣似乎面臨著親美或親中的戰略伙伴選擇的擺盪。

二〇一二年馬英九儘管在民意低迷的情況下，卻能靠「九二共識牌」的加持而連任總統成功，他在上任後會繼續推動一中市場與深化兩岸經濟統合，甚或朝簽訂兩岸政治協議的方向積極試探，並不令人意外。因此，在第二任總統任內，加速傾中路線已成馬政府的標誌，乃至為化解美國的疑慮，特別派出深獲馬總統信任的金溥聰出任駐美代表。同時，在野的民進黨同樣將敗選歸因於中國政策，相信往中國傾斜係其邁向執政所必要的最後一哩路。[28]正是在這種連任成功的魔術效應催眠下，儘管馬政府日益傾中，乃至半公開地宣告政治談判的可能，臺灣的政界與輿論卻缺乏任何有力的批判聲音，乃至令國際輿論認為與中國進一步統合乃是臺灣社會的整體共識。

正是在這個關鍵的歷史時刻，太陽花運動藉由發動公民社會自身的力量，質疑傾中路線的荒謬性，成功阻擋，乃至逆轉了上述的趨勢。從後冷戰格局來看，馬政府的傾中路線可謂架構在國共內戰的歷史框架上，這一定程度上是歷史的倒退。中國二〇〇〇年以後的經濟統戰、以經逼政，雖放棄了軍事上的文攻武嚇，但中國對臺灣許多過氣政客的拉攏，以及在ECFA、服貿、貨貿上所謂的「讓利」，依然侷限於冷戰與國共內戰的思維。就此

28 民進黨《二〇一二大選檢討報告》明確地指出，兩岸關係乃民進黨執政的最後一哩路，因此建議民進黨更具體展開與中國的雙向交流，以擺脫「反中」、「鎖國」等刻板印象。

而言，太陽花運動不但遏阻了兩岸權貴資本結盟掠奪的結構趨勢，一定程度也打斷了美中日益趨近的世界局勢，同時更開啟了後冷戰思維的可能。冷戰早結束十幾二十年，我們實有必要跳出冷戰的格局，從新的思維定位臺灣，找到小國自主的彈性策略，才足以在美中之間週旋，而不致為任何一方所賣。

四、太陽花運動的結構、能動性與文化效應

就像是每場社會運動或社會革命都有其社會結構條件與歷史偶連性，以事後回顧的角度，我們的確可以辨識出太陽花運動興起時所面對的結構性力量與趨勢。首先，就世界格局來看，從新自由主義在冷戰後期浮現，以及在後冷戰時期日益當道獨霸，不難觀察到各國皆出現福利縮減及貧富日趨惡化的大趨勢。[29] 因此，當二〇〇八年美國次級房貸危機引爆全球金融海嘯，拆穿自由貿易與解除管制的神話後，更點燃了世界各地往往為失業及日益惡化的生活條件所苦的年輕世代的憤懣，令階級與世代的議題重返政治的討論中。就此而言，一九九九年以降的反全球化運動、二〇一〇年的阿拉伯之春，乃至於最高峰的二〇一一年占領華爾街運動可謂開啟了全球網路青年世代各式占領運動的先鋒。

其次，就東亞地緣政治關係來看，美中臺三角關係的變化，隨著中國的崛起，以及臺

灣成為美中關係的籌碼，臺灣不僅有著傳統自我標榜的經濟奇蹟難以為繼的問題，同時，國內更瀰漫著邊緣化危機的憂慮。中國因素似乎也成為左右臺灣政治局勢一個不可忽視的力量。誠如吳介民所指出的，太陽花運動不但是長期動員的結果，更是臺灣面對中國因素的抗爭波段的最高峰。[30]二〇〇八年陳雲林來臺，因過度維安措施所引爆的野草莓學運，可以說是太陽花運動的先驅，許多太陽花青年世代，特別是運動幹部，基本上都是在野草莓學運完成了初次的政治啟蒙。[31]

最後，就臺灣島內情形來說，馬政府上台後諸多的不當作為，以及日益惡化的貧富差距等結構因素，同樣早製造、累積許多社會不滿，就如「崩世代」的意象所傳達的，以及他連任時的低民意支持所具體反映出來的。因此，當二〇一四年馬王政爭，執政當局的內部

29 史迪格里茲（Joseph E. Stiglitz）著，羅耀宗譯，《不公平的代價：破解階級對立的金權結構》，臺北：天下雜誌，二〇一三。

30 吳介民，〈到太陽花之路：臺灣公民社會對中國因素的抵抗〉，《日本台灣學會報》十七，二〇一五；及本書中與廖美合著〈占領，打破命定論〉。

31 林傳凱，〈二〇一四年「反服貿」抗爭中的權力、民主與異質實踐：歷史社會學視角的初步分析〉，收於劉定綱編，《三一八占領立法院：看見希望世代》，臺北：奇異果文創，二〇一四，頁二二八～二六八。

分裂，的確為太陽花運動開啟了難得的政治機會，因而使得占領立法院得以可能。[32]

然而，我們也必須提醒這些結構性條件或趨勢，不必然會引發太陽花運動，運動之所以可能仍充滿著許多歷史偶連性。臺灣國內外的政治、經濟與社會狀況，固然蓄積了豐沛的抗議潛能，使得抗議行動似乎隨時可能發生，但事實上，幾乎從來就沒有人能正確預測何時才會大爆發。就像我們現在比較清楚地知道，能成功衝進立法院，其實是個幸運的偶然。雖然樂生、野草莓、反媒體壟斷、苗栗大埔……等一系列的社會抗議事件，早在人際網絡串連的基礎上培養出一群能征慣戰的運動幹部，也在二〇一三年八月十八日實際演練過占領內政部所在的中央聯合辦公大樓，從而大幅提高了衝進立法院的機率，但絕大多數的行動者事先都沒認真想過他們真能成功占領立法院，太陽花運動的規模似乎也超過這些運動幹部當初的預期。[33]同樣的，在太陽花運動之前，無論馬政府的前國策顧問郝明義所發出對服貿的質疑，抑或眾多的NGO與學生團體所提出召開公聽會、逐條表決與先通過監督條例等呼求，都無法喚起主流媒體與社會大眾的關心。當二〇一四年三月十七日主持會議的立法委員張慶忠於半分鐘內違法偷渡，這些學生與社運工作者基於義憤與絕望，認為當前的代議體制無法真正保護一般人民的利益，試圖盡最後人事的心態下，才會有占領立法院的盤算與舉動。[34]然而，若非他們湊巧成功攻占國會議事殿堂，並立刻透過網路媒介即時傳送自己的聲音，令這個前所未有的激進行動成功吸引到媒體與大眾的注目，恐怕根本就不會有所謂的太陽花運動。與此類似的，若非有三二四試圖進占行政院廣場的行動，並意外招致民主化後的臺灣已屬罕見的警察的強勢流血鎮壓，以致進一步引發三三〇的五十萬黑潮上街，震憾全臺，太陽花運動恐怕也無法發揮它在發起之初自己從未料到的影響力。

因此，太陽花運動的難能可貴之處，正在於行動者在多數人不看好甚或自身都感到絕望的情況下，卻能成功打開一個新的局面。自二〇一三年六月以來，若不是眾多的ＮＧＯ與學生團體便持持續關心與中國簽訂服貿協議的議題，努力地抗議、監督與施壓，服貿協議可能早在反對黨棄守下通過。更遑論太陽花運動之後，不僅服貿退回到立法院，兩岸監督條例也排入了立法進程，馬政府的兩岸政治協議等構想也宣告破局，執政當局的傾中路線即便尚不能說是扭轉，至少一定程度遭到中斷。[35]

此外，**就運動就是訊息**的觀點來看，我們也應該留意太陽花所傳達的訊息與所造成認

32 參見本書何明修，〈政治機會、威脅與太陽花運動〉。

33 晏山農等，《這不是太陽花學運：三一八運動全記錄》，臺北：允晨文化，二〇一五。

34 同上。

35 雖然在馬英九總統執政的最後半年，二〇一五年十一月仍順利舉行了馬習會，但這主要是基於南海情勢的緊張與主權爭議，由中國主動邀請（因臺灣對於太平島進行實質占領），而非兩岸政治協議有任何實質進展。事實上，南海情勢，特別是太平島主權爭議亦跟冷戰格局的遺緒有關。

知與文化上的改變。當太陽花運動所喊出「捍衛民主、退回服貿」、「當獨裁成為事實，革命就是義務」、「自己國家自己救」等口號，並號召數萬名原不關心政治的青年世代長期堅守立法院周遭，我們似乎已不再能用草莓族、政治冷漠、虛無主義世代來看待臺灣青年世代，或許我們可以這麼說，一方面青年世代造就了太陽花運動，另一方面太陽花運動也改變了臺灣青年世代。同樣的，太陽花運動「似乎」也使臺灣人民似乎開始意識到改變現狀是可能的。無論是太陽花後續的割闌尾運動、修改公投法等運動，以及二〇一四年底九合一選舉執政黨的挫敗、柯文哲旋風（兩岸政商權貴關係在此次選舉裡受到前所未有的檢視），還是二〇一六年總統暨立委選舉中青年從政的諸多表態與第三勢力的籌組。太陽花運動不僅使得兩岸權貴遭到檢視、世代鬥爭具形，更使得人民開始「試圖」拋棄已被理所當然化的兩黨政治迷思，勇於挑戰長久以來已為人詬病的藍綠惡鬥的政治現實（雖然，二〇一六年大選中，第三勢力只有「時代力量」獲得成功，但這頗值得後續持續觀察）。

除了在國內政治認知框架與現實的改變外，太陽花運動在東亞地緣政治上也產生了極大的作用。雖然太陽花的主軸是反黑箱、捍衛民主，反自由貿易只是較微弱的副旋律，然而在前述後冷戰美中趨近壓縮臺灣的選擇空間，以及日益傾中的國民黨政權卻能一再勝選的背景下，不論是捍衛臺灣得之不易的民主，或是主張有條件地進行自由貿易，一定程度上都蘊含了對中國說不的意涵，從而可形成遲緩或遏阻臺灣與東亞形成中的政經結構趨勢的效應。而且，更重要的是太陽花運動的崛起，清楚反映了臺灣公民社會的意向與力量，提供國際社會重新檢視執政黨傾中路線的正當性問題。至少在美國方面，太陽花運動似乎提供二〇一〇年來開始有棄臺論聲音出現的美國得以、同時也必須重新評估其亞太戰略布局的契機。眾所周知，二〇〇九年歐巴馬上任美國總統檢討美國對外政策後，便表露了「重返亞太」的企圖，二〇一二年六月，美國國防部長在通稱為「香格里拉對話」的亞洲安全峰會閉幕時，再次清楚表達「亞太再平衡」的戰略。值得注意的是，二〇一四年四月，太陽花運動行將告一段落之際，美國在臺協會發言人金明（Mark Zimmer）明確表示，反服貿抗爭不會影響臺灣參與「跨太平洋戰略經濟夥伴關係協議」。甚至，二〇一五年四月，美國國防部長卡特（Ashton Carter）更不避諱地跨界評論起財經事務，除暗示中國籌組「亞洲基礎設施投資銀行」（簡稱亞投行）是為削弱美國在亞太的影響力，更明白強調對亞太再平衡戰略來說，TPP有若一艘航母，但它締結的時間卻正在流逝。此外，在中國方面，甫於太陽花運動結束之際，中國國台辦主任張志軍訪臺之前甚至表示，願意與太陽花學生對話，公開承認兩岸和平發展紅利分配不均，願意與基層民眾、中小企業主多多交流（即便這可能只是新的統戰形式，但至少中國也無法忽視太陽花運動所傳達的訊息，公開承認既有統戰路線有檢討必要）。換言之，太陽花運動除了改變了國內人們對於現狀的認知之外，在地緣政治上，的確也像震撼彈一樣，為臺灣炸開了一些可能的契機。

總而言之，太陽花運動的歷史意義，正在於透過行動者堅持不懈的能動性，當在野的民進黨都因低民意的馬英九依然可再度當選總統，而強調思考執政最後一哩路的必要，準備選擇向中國傾斜時，[36]以公民運動的力量阻擋，甚或逆轉了上述歷史趨勢。當太陽花運動形式上暫告落幕時，它改變政經結構的作用或許還不那麼明顯。但是當執政的國民黨在二〇一四年底九合一選舉空前的挫敗，兩岸政商權貴關係亦受到前所未有的檢視；二〇一六年初總統暨立委選舉風起雲湧的青年從政與第三勢力的集結，太陽花運動改變臺灣政經結構的里程碑地位可謂已告確立。從地緣政治的角度來看，太陽花運動不但反映出臺灣從冷戰對抗的前線到走向擺盪於美中之間的歷史轉折，同時也開啟了走向自主而彈性的小國策略的契機。然而，太陽花運動與其後續效應，是否真能徹底翻轉臺灣、乃至於東亞與世界的政經結構，這恐怕只有未來的歷史才能夠蓋棺論定。

五、結論：東亞冷戰、後冷戰格局與太陽花運動的歷史意義

當我們從長期歷史眼光來審視太陽花學運，並且從冷戰、後冷戰的格局來討論臺灣定位的變化與太陽花運動所造成的改變，大致上可以得到三點結論：

（一）東亞冷戰到後冷戰格局的轉折及其效果：就冷戰而言，二戰後日本與亞洲四小龍

的崛起一定程度上都受惠於冷戰格局。而美中關係的正常化，也促使一九七〇年代東亞提前進入後冷戰格局，中國的崛起一定程度也受惠與此。就此而言，冷戰到後冷戰的轉折的確是個不容忽視的參考框架。因此，從這個轉折來看，國共兩黨試圖利用國共內戰或後國共內戰的框架來處置臺灣與中國的關係，實際上是罔顧冷戰所帶來的效果，因為於一九八〇年代以後，世界已經改變——不論這個世界是由何種主導邏輯所構作出來的。只是當中國依循著國共內戰延續來定位兩岸問題（國共內戰乃是冷戰格局的同期產物），臺灣則是依然爭吵著統獨問題（統獨問題乃是冷戰格局下的產物），這似乎只突顯出一個尷尬的事實：中國根本還沒有能力走出冷戰的特殊格局，而臺灣雖偶有突破此框架的思維浮現，卻依舊不免常為此框架所囿。就此而言，中國的大國崛起可能只是一種假象。

太陽花運動正是在這樣的背景下突顯出幾個有趣的問題：首先，冷戰的效果確實存在，它不僅形塑臺灣與中國的自我認定，冷戰到後冷戰所造成的擠壓效應，更迫使我們採取不同的區隔、應對方式。其次，太陽花運動所贏得的廣泛支持與其後續的效應，正好表現出時代真的變了，世界也真的不同的事實。經濟因素固然重要，但是，某種已在臺灣人民身

36 即便發生了太陽花運動，但民進黨仍有不少人認為，「傾中」路線是搬開橫在執政最後一哩路障礙的必要手段。例如，二〇一四年六月，民進黨全國黨代表大會前夕，前立委陳昭南、郭正亮等人，甚至發起凍結「台獨黨綱」的連署，避免「台獨黨綱」成為民進黨兩岸交流的絆腳石，以及國際社會對於民進黨執政疑慮的根源。

上肉身化的民主文化價值，似乎成為了兩岸最難以跨越的鴻溝，即便臺式代議民主並不那麼令人滿意。最後，冷戰即使決定或影響臺灣或中國的格局，但它並未決定臺灣或中國如何因應局勢變化的過程。因此，當中國無法展現出真正大國的樣態，解放或統一臺灣成了獲取口惠的說法，這不是局勢所逼，而是主動所為。反過來，一味地利用中國的經濟解決臺灣所面對的問題，同樣也是主動所致的結果。然而，說詞終究只是說詞，正如同國王新衣一樣，這些說法與政策已經不起太陽花運動衝擊，徹底地展現了片面性與荒謬性。

（二）在東亞地緣政治上臺灣地位的轉變與關鍵性：誠如前述，臺灣定位的改變與中國的崛起，的確與冷戰、後冷戰格局有關。中國的崛起固然受惠於東亞後冷戰格局的轉變，卻也將中國牢牢地鎖在大陸板塊上，同時迫使它採取有別於美式現代性想像的變形發展策略。同樣的，臺灣的經濟奇蹟也受惠東亞的冷戰格局，而冷戰到後冷戰的格局變化，的確也對「何謂臺灣」的問題產生若干文化上的效果，並且有著時代上的變異（如一九五〇年代與一九九〇年代的差異）。然而，美中臺三角關係的變化、臺灣與中國政經實力的消長，並未改變臺灣的關鍵地位。當中國試圖透過「一帶一路」來突破東亞大陸板塊與太平洋島鏈的封鎖與限制，以及美國宣示重返亞太，這些都恰好凸顯了在中國崛起問題上、在東亞霸權爭奪上，臺灣依然扮演著關鍵性的位置。

恰恰在這種因冷戰而生的東亞地緣政治格局上，我們可以說，太陽花運動在文化上帶來了三個重要效果：首先，運動本身體現出臺灣的公共價值、公共文化（至少是現階段的價值）。其次，這種文化表現的情況揭露了冷戰的文化效果。最後，太陽花運動是場價值宣誓的活動，宣誓「我們沒有被說服，被中國的大國價值所說服」，甚至比起香港的占中運動，這種宣誓效果更加明確。

（三）**太陽花運動的歷史意義**：如上所分析的，太陽花運動不僅改變了臺灣青年世代、一般民眾對於現狀的認知，同時，在地緣政治的格局也產生了若干衝擊效應，為臺灣的前途開展出一些新的可能契機。至此，太陽花運動做為公民力量改變政經結構的里程碑，已毋庸置疑。然而，倘若我們就冷戰格局的演變與臺灣的歷史發展來看，太陽花運動毋寧拋出了一個更為深刻的問題：上述這一切一切是否和特定的現代性想像與計畫有所關連，是所謂的美國中心主義、東亞經濟奇蹟、亞洲價值、還是中國大國崛起？相信，答案是肯定的。特別是冷戰、後冷戰的格局與區隔效果，具體揭露了中國的現代化實際上與臺灣經驗恰恰依循著不同軌跡，故造就了不同的現代性想像。因此，我們必須關心，當中國面臨困境，其未來究竟會呈現出何種可能的發展？更重要的是，中國的變化又將如何關連到臺灣的困境與未來？這些常易為實際歷史的曲折所遮掩，以及為運動的熱鬧場面或戲劇發展而常讓人遺忘的深刻問題，很顯然已經為太陽花運動所提點出來，即便這種提點其實仍屬於相當初步的狀態，有待我們進一步深化相關的詮釋，以坐實它的歷史意義。

參考書目

中文

文馨瑩（一九九〇）。《經濟奇蹟的背後：臺灣美援經驗的政經分析（一九五一～一九六五）》。臺北：自立晚報社文化出版部。

何明修（二〇一六），〈政治機會、威脅與太陽花運動〉，《照破——太陽花運動的振幅、縱深與視域》。臺北：左岸文化。本書章節。

吳介民（二〇一五）。〈到太陽花之路：臺灣公民社會對中國因素的抵抗〉，《日本台灣學會報》十七。

吳介民、廖美（二〇一六）。〈占領，打破命定論〉，《照破——太陽花運動的振幅、縱深與視域》。臺北：左岸文化。本書章節。

吳聰敏（一九八八）。〈美援與臺灣的經濟發展〉，《臺灣社會研究季刊》一（一）。頁一四五～一五八。

吳鴻昌、湯志傑（二〇一五）。〈臺灣無可迴避的議題：欣迎《戰爭與社會：理論、歷史、主體經驗》的面世〉，《臺灣社會學刊》五十六。頁二四三～二四八。

汪宏倫（主編）（二〇一四）。《戰爭與社會：理論、歷史、主體經驗》。臺北：聯經出版公司。

林傳凱（二〇一四）。〈二〇一四年「反服貿」抗爭中的權力、民主與異質實踐：歷史社會學視角的初步分析〉。收於劉定綱編，《三一八占領立法院：看見希望世代》。臺北：奇異果文創。頁二一八～二六八。

晏山農等（二〇一五）。《這不是太陽花學運：三一八運動全記錄》。臺北：允晨文化。

許松根（二〇〇一）。〈出口擴張與產業升級：戰後臺灣的個案研究〉。國科會研究報告。

湯志傑（二〇〇六）。〈重探臺灣的政體轉型：如何看待一九七〇代國民黨政權的「正當化」〉，《台灣社會學》十二。頁一四一～一九〇。

蔡宏政（二〇一六）。〈世界體系、中國崛起與臺灣價值〉，《照破——太陽花運動的振幅、縱深與視域》。臺北：左岸文化。本書章節。

英文

Amadae, S. M. (2003). *Rationalizing Capitalist Democracy: The Cold War Origins of Rational Choice Liberalism.* Chicago: University Of Chicago Press.

Djelic, Marie-Laure (1998). *Exporting the American Model : The Post-War Transformation of European Business.* New York: Oxford University Press.

Fenby, Jonathan (2008). *Modern China: The Fall and Rise of a Great Power, 1850 to the Present.* Ecco.

Fenby, Jonathan (2013). *Tiger Head, Snake Tails: China Today, How It Got There, and Where It Is Heading.* Reprinted Edition. Overlook TP.

Fukuyama, Francis (1992). *The End of History and the Last Man.* New York: Free Press.

Giddens, Anthony (1976). *New Rules of Sociological Method: A Positive Critique of Interpretative Sociologies.* London : Hutchinson.

Halberstam, David (2007). *The Coldest Winter: America and the Korean War.* Hyperion.

Hara, Kimie (2006). *Cold War Frontiers in the Asia-Pacific: Divided Territories in the San Francisco System.* London: Routledge.

Hogan, Michael J (1987). *The Marshall Plan : America, Britain, and the Reconstruction of Western Europe, 1947-1952.* New York: Cambridge University Press.

Jacoby, Neil H. (1966). *U.S. Aid to Taiwan : A Study of Foreign Aid, Self-Help, and Development.* New York: F. A. Praeger.

Kennan, George F. (1947). "The Sources of Soviet Conduct," *Foreign Affairs* 12. pp. 566-582.

Kennedy, Paul (1987). *The Rise and Fall of the Great Powers: Economic Change and Military Conflict from 1500 to 2000.* New York: Random House.

Leffler, Melvyn P., and Odd Arne Westad, (ed.)(2010). *The Cambridge History of the Cold War: Volume 1, Origins.*

Cambridge: Cambridge University Press.

Leffler, Melvyn P., and Odd Arne Westad, (ed.)(2010). *The Cambridge History of the Cold War: Volume 2, Crises and Detente*. Cambridge: Cambridge University Press.

Leffler, Melvyn P., and Odd Arne Westad, (ed.)(2010). *The Cambridge History of the Cold War: Volume 3, Endings*. Cambridge: Cambridge University Press.

Melucci, Alberto (1989). *Nomads of the Present: Social Movements and Individual Needs in Contemporary Society*. Edited by John Keane and Paul Mier. Philadelphia : Temple University Press.

Rigger, Shelley (2011). *Why Taiwan Matters: Small Island, Global Powerhouse*. New York: Rowman& Littlefield.

Sanchez-Sibony, O. (2014). *Red Globalization: The Political Economy of the Soviet Cold War from Stalin to Khrushchev*. Cambridge: Cambridge University Press.

Schain, Martin, ed. (2001). *The Marshall Plan : Fifty Years After*. New York: Palgrave.

Schaller, Michael (1985). *The American Occupation of Japan: The Origins of the Cold War in Asia*. Oxford: Oxford University Press.

Stiglitz, Joseph E.（羅耀宗譯）（二〇一三）。《不公平的代價：破解階級對立的金權結構》。臺北：天下雜誌。

Trani, Eugene P., and Donald E.Davis (2002). *The First Cold War:The Legacy of Woodrow Wilson in U.S.-Soviet Relations*. Columbia: University of Missouri Press.

本文部分內容，曾發表於吳介民，「『太陽花運動』への道——台湾市民社会の中国要因に対する抵抗」，《日本台湾学会報》第十七号，二〇一五年九月，頁一～三七。作者感謝廖卿樺、黃佩君、施懿倫等研究協助，也感謝本文匿名審查者與兩位主編的修改意見。

占領，打破命定論

吳介民

中研院社會所
副研究員

曾任國立清華大學當代中國研究中心主任。著有《第三種中國想像》，主編《權力資本雙螺旋：台灣視角的中國／兩岸研究》，合編《秩序繽紛的年代：1990–2010》，翻譯赫緒曼著《反動的修辭》。

廖美

中研院社會所
博士後研究員

紐約市立大學研究中心（CUNY Graduate Center）經濟學博士。研究興趣：勞動經濟、薪資與所得分析、年金與健保方案、拉丁美洲政治經濟，以及全球草根經濟創新運動。著作刊登於《思想》等刊物。

太陽花運動占領立法院長達二十四天，期間並短暫占領行政院。[1] 這場占領不但衝擊臺灣政治樣貌，也影響多年來國共兩黨所主導的兩岸交流遊戲規則。

在太陽花運動之前，「中國因素」對臺灣的滲透和影響，早已深入經濟、政治與社會領域。雖然新聞界對中國效應時有報導，社運界經常抗議，學術界發表分析論著，但是大部分公民對此議題顯得「冷漠」或「無力」。因此，有人擔憂，臺灣在經濟上愈來愈依賴中國，而中國「以商圍政」的統戰策略猶如「慢煮青蛙」，一般人卻難以察覺；即便有所感或憂慮，整個社會仍充斥著「無力感」，因為臺灣在經濟上既已高度依賴中國，則對抗這個趨勢只會徒勞無功。這種態度即政治心理學上的「無效益感」(inefficacy)，因而呈現聽天由命的態度。

然而，太陽花運動改變了臺灣社會對中國因素的「無力感狀態」。在整個占領期間，社運組織與公民團體積極參與這個運動；民意調查也顯示，這個運動獲得多數民眾支持，更在全國各地引發前所未見的關於「兩岸服貿協議」的討論熱潮，彷彿整個社會對中國因素，幾週之間，從無力感狀態被激活了。其實，從「無力感」到「激活」，並非突發的跳躍，而是經過一段漫長的醞釀，只因占領行動扮演著急速催化的角色。

本文將探討太陽花運動的前因後果：哪些因素讓社會大眾關心中國因素對臺灣的影響？學生與公民運動團體扮演什麼角色？哪些人支持太陽花運動？最近幾年臺灣民意發生了什麼樣的變化？太陽花運動導致了哪些政治影響？以下先討論兩種結構主義決定論對臺

灣國家前途的悲觀預測，做為問題意識起點，之後依序分析上述問題。

一、決定論命題

臺灣面對中國的主權宣稱與經濟吸納，一直處於守勢。臺灣在領土、經濟規模、軍事能力各方面，都遠低於中國，落入不對稱的結構關係中。臺灣位於東亞地緣政治結構，從冷戰時代以來，持續依靠美國的安全承諾。然而，隨著中國崛起，以及臺灣經濟與中國發生愈來愈深的依賴關係，使得臺灣做為「事實獨立國家」或「政治實體」的地位，日漸受到侵蝕與挑戰。

因此，臺灣在處理兩岸關係、以及美中臺關係，面臨的根本難題是：超過半世紀以來，臺灣在安全方面高度倚賴美國，如今隨著國際與國內局勢的結構變遷，以及崛起的中國對臺灣愈來愈強烈的「宗主國」姿態與經濟吸納政策，臺灣是否可能擺脫、以及如何擺脫依附情境？對於這個問題的思考，有兩種不同的理論思路，分別脫胎於馬克思主義傳統的世界

1 占領期間從二〇一四年三月十八日至四月十日。其中，在三月二十三日晚上至二十四日清晨，支持太陽花運動的學生和公民曾短暫占領行政院廣場、二樓部分辦公室、和右廂貴賓室等。

體系理論，以及國際關係理論中的「現實主義」或「結構現實主義」（structural realism）。以下，討論兩篇評論臺灣現實局勢的代表性著作，將可清楚呈現問題。

第一篇是歷史學者佩里．安德森（Perry Anderson）的〈南中國海上的藍與綠〉。他針對班納迪克．安德森（Benedict Anderson）對於臺灣民族主義性質之設想，提出限定與質疑。根據後者，臺灣的民族問題，基本上可以適用「海外移民型民族主義」（creole nationalism）的詮釋架構。[2]然而，佩里．安德森認為，由於諸種特殊歷史機緣，使得臺灣「在這門類裡與眾不同」[3]。在他所提出的幾個特殊性之中，最突出的是美國在臺灣海峽所扮演的角色：「臺灣個案的特殊之處是，主張獨立的國族本身，卻完全仰賴一個外在強權。過去一個世紀與大陸的隔離（separation），塑造了臺灣的特定經驗，但這隔離一直是帝國的作用，而非針對帝國的反叛。……臺灣依然是美國帝國強權的保護國（protectorate）。」[4]佩里．安德森在文章最後說：「歷史地看，（兩岸之間）某種形式的重新結合（reintegration），似乎是長遠進程中最有可能的結局。」

這個近乎命定式的歷史條件，在後冷戰時代，尤其是中國藉著市場經濟崛起之後，再加上兩岸之間懸殊的領土與人口對比，顯得咄咄逼人。

第二篇是政治學者約翰．米爾賽默（John Mearsheimer）的〈跟臺灣說再見〉（Say Goodbye to Taiwan），從現實主義角度，預測崛起的中國終將成為東亞的霸權，足以排除美國的影響力，進而兼併臺灣；雖然不在今天、明年、或未來幾年的時間完成，但終究會在幾十年內發生。米爾賽默的預測乃基於過去霸權興衰史而來的結構主義式分析。根據這個命題，只要中國持續快速崛起，臺灣就無法逃避被併吞的命運。他在結論中提到：「只有一組環境條件，能夠使臺灣逃脫這個情境。特別是，所有的臺灣人都應該寄望，中國經濟成長在未來幾年會劇烈地慢下來，以及北京在國內遭遇嚴重的政治問題使得它必須把注意力放在內部。假如這些情況發生了，中國就無法站穩腳步追逐區域霸權，而美國就有能力，如現在的情況，保護臺灣免於中國侵略。本質上，臺灣能夠保持事實獨立的最佳途徑，就是中國在經濟上和軍事上都顯得虛弱。不幸的，對臺灣來說，它毫無促成這個結果（中國變弱）的影響力。」米爾賽默於文章最後一句說：「總之，一個強大的中國對臺灣不止是個難題。它是個夢魘。」

2 Benedict Anderson, "Western Nationalism and Eastern Nationalism: Is there a difference that matters?" *New Left Review* 9, 2001 May-June, pp.31-42.

3 佩里・安德森（Perry Anderson）著，王超華譯，〈南中國海上的藍與綠〉，《台灣社會研究季刊》五十五，二〇〇四，頁二二九。

4 這裡的引文，主要參照王超華的譯文（佩里・安德森，〈南中國海上的藍與綠〉，頁二三四）。但為求精確，筆者有時根據原文作小部分的改譯（Anderson 2004: 8）。請讀者特別注意，我把 separation 譯為「隔離」，而非「分離」，是因為安德森在文章中同時使用了 secession 這個「分離」的詞，故在中文將兩者做出區分。

不管是不是「夢魘」，臺灣似乎避免不了被中國「政治整合」的命運。

兩位核心關懷與理論思路迥異的學者，在兩岸關係上，竟然得到一個近似的結論，讀來令人驚心。然而他們之間的差異，或許沒有表面上那麼大，至少從方法論角度，他們都從國際系統層次（systemic level）思考兩岸問題，安德森是地緣經濟決定論，而米爾賽默則是地緣政治決定論。他們都避談或忽略國內政治與公民社會層次的分析，也漠視小國自身可能具有的能動性（agency）。人類個體與群體的能動性，包括理念、價值、實踐、集體行動，都會在特定的歷史時刻，對結構性力量造成衝擊、構成挑戰。然而，根據他們兩人的預測，在對應中國對臺灣的影響上，臺灣似乎不能做什麼，也不必做什麼。但是，歷史真是如此發生的嗎？我們無法在短暫時間內提出證實或否證。但是，臺灣最近幾年發生的抵抗中國因素的運動，或許是駁斥他們兩人預測的最佳素材。而巧合的是，反服貿協議的占領運動，就爆發在〈跟台灣說再見〉發表於美國《國家利益》雜誌的同一個月份。

二、經貿依賴結構

搭建經貿依賴的結構關係，是大國影響小國的主要手段之一。而中國政府也擅於對臺灣運用搭建經濟依賴關係。因而，中國因素在臺灣內部產生作用的前提是：臺灣在總體經濟上依賴中國，使中國有施力的槓桿，以及個別企業集團對中國依賴並形成政商交換關係，回過頭來影響臺灣的政府政策與公共輿論。

臺灣在經濟上逐漸被吸納到所謂的「大中華經濟圈」，並日漸對中國經濟體產生依賴關係，是一個長期過程，從一九八〇年代中後期即悄然進行。當時，中小企業出口型臺商開始前往中國東南沿海設廠，而產生第一波「大陸熱」。接著，資通訊產業（ICT）臺商從一九九〇年代中期開始登陸，這一波熱潮一直延續到二〇〇〇年代初期。李登輝總統主政後期（一九九八~二〇〇〇年）對中國採取「戒急用忍」政策，因此臺商赴中國投資仍有較多限制。陳水扁總統（二〇〇〇~二〇〇八年）雖然在政治關係上與中國處於緊張狀態，但在經濟上採取「積極開放、有效管理」原則，大幅鬆綁臺商赴陸投資。在陳水扁總統任內，臺灣對中國的經貿依賴數據大幅度增長。

臺灣對中國（包含香港）出口額，在二〇〇〇年，占出口總額百分之二十四點四；二〇一〇年升高到百分之四十一點八；二〇一四年為百分之三十九點七。而中國（包含香港）對臺灣出口額，在二〇〇〇年，占出口總額百分之二點七；二〇一〇年為百分之二點五；二〇一三年為百分之二。在貿易依存度（即trade-to-GDP ratio）方面，十幾年間，臺灣對中國（包含香港）貿易依存度也顯著爬升，從二〇〇〇年的百分之十三點八，持續增至二〇一一年的百分之三十四點九，二〇一四年稍降為百分之三十二點九。反觀中國（包含香港），對臺灣的貿易依存度則一直很低，二〇〇〇年為百分之三點五，二〇〇四～〇五年達到百分之四點七的高峰，之後則下降到二〇一一年的百分之二點五。這組數據顯示，中臺兩方之相互貿易依賴結構極度不對稱。更有甚者，貿易依賴是直接投資帶動的結果。累計一九九一～二〇一三年，臺灣經濟部所核准的對外投資總額，其中高達百分之六十四點七集中於中國。

本文分析的貿易依賴乃坐落於國際間三角貿易結構（即臺灣、中國、以及美日歐）之中，因而此類依賴對臺灣的潛在影響尚有若干緩衝餘地。但隨著臺商深入中國，便愈依賴中國國內市場。我們觀察臺商企業集團在中國市場的營收比例，在二〇一二年，臺灣企業前三百大的營收總額中，百分之二十九點五來自中國，可見臺灣中大型企業對中國市場的依賴程度之高。

二〇一二年臺灣總統大選前幾週，幾十家企業集團負責人公開支持「九二共識」。其中八家在中國的營收比例，都高過臺灣前三百大企業中國營收平均數（即百分之二十九點五）。這些企業負責人，有的在中國市場具有重大利益（例如頂新集團魏應充、潤泰集團尹衍樑、鴻海集團郭台銘、義聯集團林義守、裕隆集團嚴凱泰、長榮集團張榮發等），有的寄望開拓中國市場（例如威盛集團王雪紅、國泰金控蔡宏圖），他們在關鍵的政治時刻，以「在地協力者」角色在臺灣集體發聲，支持國共兩黨的政治議程，幫馬英九助選，展現中國因素對臺灣的作用力。

一直到二〇〇八年陳水扁卸任前，臺灣與中國的雙邊互動，仍然以經濟為主軸，政治關係則處於潛伏的變化，間歇發生「以商逼政」的情節。除此之外，早在二〇〇五年，當時國民黨主席連戰率領代表團到北京與當時中國國家主席胡錦濤會面，並發布「『胡連會』新聞公報」，[5]國共開啟合作關係，共同對付「臺獨」：

> 兩黨共同體認到：堅持「九二共識」，反對「臺獨」，謀求臺海和平穩定，促進兩岸關係發展，維護兩岸同胞利益，是兩黨的共同主張。[6]

當時由民進黨執政，國共平台無法用「公權力」履行協議。二〇〇八年，馬英九擔任總統之後，國共合作立即進入「落實」階段，短時間內達成陸客來臺觀光、直航、《海峽兩岸經濟合作架構協議》（ECFA）等多項協定。二〇一三年六月簽署的「兩岸服務貿易協議」

5 這個「公報」的全名是「中國共產黨總書記胡錦濤與中國國民黨主席連戰會談新聞公報」，簡稱「胡錦濤與連戰會談新聞公報」以新聞稿方式發布。

6 見「胡錦濤與連戰會談新聞公報」，二〇〇五年四月二十九日。

即是ECFA的後續談判項目。在「服貿」之前，兩岸已經簽署十八項協議並已執行，「貨物貿易協議」也在談判中。如果兩岸在ECFA架構下施行貨物貿易與服務貿易協議，則相當於形成一個自由貿易區。在同一期間，兩岸不但在磋商「互設辦事處」，而且，北京已經提及兩岸協商「政治協議」。換言之，在馬英九總統任內，臺灣與中國的經貿關係，快速地建制化，並且將兩岸協商從經濟議題擴及政治議題。

經貿依賴關係在政治上發酵，這是北京預期的目標。在這同時，北京也積極運用兩岸政商網絡來執行「收買臺灣」的政策，進行所謂「以商圍政」策略，並對臺灣政府施壓。[7] 然而，就在北京逐步收割臺灣對中國經濟依賴的政治果實的時刻，臺灣社會的警覺度也日漸提升，並在服貿議題上促發了大規模的集體抵抗行動。

三、從反服貿到占領行動

二〇一四年三月十八日晚間，學生與民眾赤手空拳，衝破立法院大門，在議場靜坐，抗議國民黨立委前一天強行「通過」服貿協議；幾個小時內，立法院四周馬路上擠滿了自發前來的民眾，「保護」議場內的學生，從此開始了占領運動。這場占領行動，隨後被媒體稱為「太陽花學運」。從表面互動觀察，占領行動是對國民黨立委違反民主程序的反抗。然而，從深度剖析，太陽花占領行動是一場構造複雜的社會運動，是累積數年的民怨總爆發：對馬政府施政的不滿，以及對中國因素影響生計、侵蝕臺灣民主的憂慮，已經醞釀很長一段時間；民心正在發生改變，如此激昂的占領行動，才能得到多數民意的支持。從運動的動員過程看，反服貿運動早在二〇一三年夏天即已開始，並且集結不少公民組織。若將時序拉得更長，與中國因素有關的抗爭行動，早在二〇〇八年已經啟動。

以下時間序列，圍繞著「中國因素」，回顧占領運動發生的前後脈絡，以趨近占領運動的歷史動態。

二〇〇八年十一月三日，中國海協會會長陳雲林率團訪臺，民進黨與民眾示威抗議，馬政府過度的維安措施導致民眾不滿並引發衝突，警察大規模鎮壓抗爭的民眾。十一月六日，學生於行政院前靜坐抗議，被清場後轉至自由廣場，開始「野草莓學運」，持續至翌年一月四日。

7　「收買臺灣」的方式繁多，例如媒體業的「旺中收購案」、頂新集團的「鮭魚返鄉」掌控臺北一〇一的經營權、農漁業的「虱目魚契作」、陸客觀光團與自由行的「一條龍經營」等等。參見吳介民，〈政治ゲームとしてのビジネス—台湾企業の政治的役割をめぐって〉(做為政治賽局的商業活動：臺商的政治角色)，收錄於園田茂人、蕭新煌編，《チャイナ・リスクといかに向きあうか：日韓台の企業の挑戦》(如何面對中國風險：臺日韓企業的挑戰)，二〇一六，東京：東京大學出版會。

二〇〇九年九月，高雄電影節規畫播放新疆維吾爾族海外運動領導人熱比婭（Rebiya Kadeer）的紀錄片《愛的十個條件》，引起中國政府抗議，以不讓陸客團進入高雄觀光做為脅迫手段。臺灣內部則有立法委員與旅館公會施壓高雄市政府。事件發生過程，可以觀察到中國因素之「在地協力者」的運作痕跡，包括泛藍立委、臺商組織、旅遊業者利益團體，都對高雄市政府施壓撤片。而民進黨與公民組織則採取抗爭行動，支持高雄市政府抗拒中方與臺灣政商團體。高雄市政府承受壓力，讓《愛》片如期播放，但代價是策展的高雄市「新聞處」被市議會裁撤，到二〇一〇年底，高雄市與高雄縣合併後才恢復改為「新聞局」編制。

二〇一〇年六月二十九日，兩岸代表在重慶簽訂《海峽兩岸經濟合作架構協議》。六月三十日，公民團體「兩岸協議監督聯盟」(「兩督盟」) 成立。兩督盟為最早專門監督兩岸協商的單一議題組織，持續在公共領域發聲，並提供兩岸協商的相關資訊。

二〇一二年六月，臺灣一位法輪功成員鍾鼎邦返回江西老家探親，被以「危害國家安全、公共安全」罪名逮捕，臺灣許多公民團體參與了長達兩個月的海內外營救；鍾鼎邦於八月獲釋返台。

二〇一二年七月到十二月，「反媒體壟斷運動」登場，起因於「旺旺中時集團」試圖併購系統廠商的「壟斷行為」、旺中媒體干涉新聞言論自由、以及旺中負責人蔡衍明個人的親中言論。在此運動中，青年學生團體為重要的參與者；抵抗「中國因素」的論述在此運動過程中被明確提出。

二〇一三年六月二十一日，兩岸代表在上海簽訂「兩岸服務貿易協議」。當日，「兩督盟」與各社運團體開始舉辦抗議活動。六月二十五日，立法院朝野協商達成結論，包括：「服貿協議本文應經立法院逐條審查，逐條表決。」六月二十六日，多位出版、文化界人士聯署反對服貿黑箱作業。七月二十八日，社運團體結盟組成「反黑箱服貿民主陣線」（簡稱「民主陣線」）。[8]七月三十一日，各校學運社團組成「黑色島國青年陣線」（「黑島青」），要求退回服貿協議。

二〇一四年三月中旬，「民主陣線」得悉馬政府可能於近日以行政命令宣告「服貿協議」生效，因此規畫「捍衛民主一百二十小時行動」，並號召於三月十七日在立法院舉行抗議行

8 反黑箱服貿民主陣線，是由三十多個臺灣公民團體組成的社團聯盟，成員長期致力於臺灣的民主、人權、勞工、農民、環保、婦女、社福、教改與青年運動。聯盟成員包括：「兩岸協議」監督聯盟、臺灣守護民主平台、澄社、台灣教授協會、台灣人權促進會、兩公約施行監督聯盟、台灣勞工陣線、台灣農村陣線、婦女新知基金會、黑色島國青年陣線、一九八五公民覺醒聯盟、公民監督國會聯盟、地球公民基金會、綠色公民行動聯盟、台灣環境資訊協會、高雄市產業總工會、大高雄總工會、文化元年基金會籌備處、中華民國殘障聯盟、中華民國老人福利推動聯盟、民間監督健保聯盟、台灣少年權益與福利促進聯盟、建教生權益促進聯盟、勵馨基金會、台灣社會福利總盟、廢除死刑推動聯盟、社區大學全國促進會、臺南市社區大學研究發展學會、親子共學促進會、人本教育基金會、憲政公民團、永社、北社、看守台灣協會、民間司法改革基金會等。

動。三月十七日，國民黨立委張慶忠強行宣布「服貿協議」通過審查。

三月十八日，晚間九點十分左右，一群學生與公民團體衝入立法院，占領議場。警方嘗試清場失敗。當晚大量市民集結於立法院周邊「保護」占領議場的學生。許多社運與NGO團體在立法院周圍進行演講等活動。三月十九日晚間，學生舉行記者會，提出「退回服貿」的訴求。三月二十一日，臺灣守護民主平台、民主陣線等公民團體，公布民間版「兩岸協定締結條例草案」，要求先立法，再審查兩岸協議。三月二十二日下午，行政院長江宜樺到立法院與學生及公民團體對話，未達成共識。

三月二十三日，上午，馬英九總統舉行記者會表示：學生違法占據立法院；退回服貿破壞法治；服貿協議若未通過，將影響臺灣進入「跨太平洋夥伴關係」（TPP）和「區域全面經濟夥伴協定」（RECP）的機會；服貿協議對國家安全、中小企業沒有危害；同意逐條審查、逐條表決。「占領運動決策小組」確定了「先立法再審查」的抗爭訴求。當日晚間七點三十分左右，數百名學生、社運團體成員、以及一般公民衝入行政院，隨後更多群眾加入。警方從深夜開始清場，強力驅散、逮捕，並造成許多參與者受傷，驅散鎮壓行動持續到翌日清晨。警察毆打民眾的照片與影片在社群媒體廣泛流傳，引起公眾憤怒。

三月二十四日，立法院八個委員會聯席會議通過決議：（一）張慶忠三月十七日召開的審查會無效；（二）兩岸協議監督機制制定後才可審服貿；（三）要求行政院撤回服貿協議，並重啟談判。[9]同日，美國國務院發言人表示：有關兩岸服貿協議議題，由臺灣自行決定。

三月二十六日，中國國台辦發言人表示：臺灣發生反服貿抗爭，「需要從臺灣內部找原因」。

三月二十九日，馬英九總統舉行記者會，提出服貿協議「逐條討論與表決」，但仍反對「退回服貿」。

三月三十日，估計有五十萬人集結於總統府前，此次集會要求「退回服貿協議」，「建立兩岸協議監督機制」，監督機制立法時應納入民間版；並召集「公民憲政會議」。

三月三十一日上午，馬英九總統記者會，提出：（一）不退回服貿；（二）服貿協議逐條審議、逐條表決；（三）官方版兩岸協議監督機制立法，將在數日內由行政院通過草案。

四月三日，美國亞太事務助理國務卿羅素在參議院作證說：「強化我們與臺灣的關係以及我們與臺灣人民的長期友誼，仍然是美國在亞太地區戰略再平衡的一個關鍵要素。」

四月六日，立法院長王金平發表聲明，支持《兩岸協議監督條例》立法，並承諾在完成立法前不會召集與服貿協議相關的黨團協商會議。

四月七日，占領行動的決策小組發表聲明，表示將於十日退場。四月十日傍晚，學生

9 這個會議，中國國民黨籍立法委員全數缺席。

退出立法院議場。

從以上的事件發展序列，可以觀察到事件的關聯性、集體行動經驗的傳遞、以及抗爭組織的連續性。二〇一三年七月底成立的「民主陣線」，是反服貿運動的一個樞紐組織，它的組成社運團體包括「兩督盟」、「臺灣守護民主平台」（成立於二〇〇九年一月，為參與野草莓運動之大學教師與社運成員所組成）、「反媒體巨獸青年聯盟」、「黑色島國青年陣線」等數十個組織。「民主陣線」在正式成立前，於二〇一三年六月到七月之間的活動，是以「兩督盟」與各社團結盟的方式舉辦活動。「民主陣線」於二〇一四年十月改組為「經濟民主連合」。依此而論，「太陽花學運」的成員不止學運分子，還包括為數眾多的NGO、社運成員，以及積極公民，因此稱為「太陽花運動」更為適切（更多關於參與主體的討論，詳後）。

占領行動爆發前，臺灣社會與政界，對服貿議題已經有不少爭論。雖然，立法院在大眾怒聲中，於七月三十一日和八月一日合計辦了四場服貿公聽會，但並不足以平息社會不滿。馬政府在社會壓力、以及民進黨的反對下，透過朝野協商，同意在立法院審查前，再辦十六場公聽會，由國民黨與民進黨立委各召集八場。結果國民黨召集的前八場，集中安排在二〇一三年九月三十日到十月七日之間，只有短短一週；民進黨召集的後八場，則安排在二〇一三年十月二十四日到二〇一四年三月十日，持續四個多月，採取拖延戰術。而國民黨就在兩黨公聽會舉辦完後，以立法院委員會內的多數優勢，強行宣布審查通過。根據二〇一三年六月的朝野協商，服貿協議須經過「實質審查」，因此，張慶忠三十秒闖關行為，被視為撕毀朝野協商，故而引爆占領行動，成為太陽花運動的「導火線」。

除了「導火線」，還有長期積累的「遠因」。如上所述，從二〇〇八年開始，「中國因素」對臺灣政經社會的影響，引起人們的疑慮與抵抗。從反服貿運動，一路演變成太陽花占領行動，是對馬政府執政期間之經濟不振、反民主與違法濫權行為、以及國共兩黨壟斷兩岸關係的「總爆發」。許多民眾對馬政府的不滿（其民意支持率曾一度低到百分之九點二），包括掠奪性的威權開發主義行為：壓抑勞工權益、剝奪農民土地、違法都更、污染環境與破壞生態事件層出不窮。臺灣勞工的實質薪資在二〇〇三年的高峰之後即下滑，馬英九在二〇〇八年競選時曾提出一系列改善經濟的承諾，但全部未能實現；在他任內，薪資持續倒退，回到一九九八年的水平。政府機構的腐化，也可從軍隊紀律敗壞中觀察到：二〇一三年七月，義務役士官洪仲丘退伍前在軍營中被虐待致死，國防部處置不當，導致二十五萬人在凱達格蘭大道示威。再者，臺灣數十年來營造的基本民主架構，在馬政府手中逐步倒退，包括新聞自由度降低、檢察總長違法利用檢調權力介入政爭；以及不顧民意強行修改歷史教科書課綱，使之更符合「中國史觀」。而馬政府所執行的兩岸政策，主要以國共合作為基礎，國共合作平台排除了反對黨與公民社會的參與。馬政府的諸多作為，宛如「威權復辟」；甚至讓一些法律學者認為，馬總統的作為已經引發「憲政危機」。

根據作者的實地觀察與多年來參與觀察，太陽花參與者在抗爭現場所提出的議題包括：

第一、民主正當性問題。服貿協議被視為國共兩黨之間黑箱談判的產物，缺乏程序合法性，也缺乏民主正當性，簽署之前資訊不透明，也未經立法院監督，簽署之後尚未經過實質審查即宣告通過。

第二、弱勢產業與弱勢群體保護問題。服貿協議臺方開放的產業類別非常多，其中許多涉及弱勢與敏感產業。一旦協議生效，這些產業可能面臨生存危機，從業者也可能暴露在失業的風險中。在服貿協議談判過程，馬政府並未認真調查、充分諮詢這些產業的實況與意向，沒有具體的影響評估報告，也沒有事後救濟的措施配套。此外，服貿協議執行後，也可能帶來中國的「商業移民」與「勞動移民」，尤其是勞動移民的問題，引發了對國內就業權排擠的疑慮。

第三、對「中國因素」侵蝕臺灣民主與主權的擔憂。服貿協議中，許多開放的項目涵蓋狹義與廣義的國家安全議題，例如銀行資訊、數位資訊、通訊產業、基礎建設等等；而印刷業的開放則涉及言論出版自由。馬政府的國策顧問郝明義，在服貿協議簽署前夕，緊急呼籲馬政府注意服貿協議可能侵蝕臺灣的國家安全與言論自由；他在呼籲沒有被接受後，辭去國策顧問職位。服貿協議嚴重而可見的後果是：將臺灣的經濟進一步「鎖進」中國經濟體，進入更深更廣的依賴結構，使得北京可以深入操縱臺灣政治。因此，在太陽花抗議現場，可以看見「服貿協議＝賣臺＝投降協議」這樣的標語。

第四、對「自由貿易」霸權的挑戰。ＥＣＦＡ體制下的貨物貿易、服務貿易，其經濟性質指向兩岸之間的貿易自由化。在ＥＣＦＡ架構下，如果服貿協議與當時也在談判中的貨貿協議都執行的話，兩岸間將成為一個「自由貿易區」（ＦＴＡ）。對兩岸之間成為自由貿易區的批判，來自兩方向：一是對不斷加深的臺灣對中國經貿依賴的擔憂；另一是對自由貿易本身的質疑。這兩個批判既相互關聯，又可以分開看待。觀察占領的論述，擔憂經貿依賴深化的聲音，可能高過對自由貿易原則的反對。但儘管如此，反自由貿易或質疑自由貿易，確實是抗爭現場一股力量。

綜合以上分析，對於「中國因素」的警戒與抵抗，至少可以追溯到二〇〇八年陳雲林訪臺造成的衝突事件，因此，不論從時間深度而論，或從議題的關聯性，「中國因素」是醞釀太陽花運動之深層因素。但我們也須留意，並非所有太陽花運動參與者，都因「反中國因素」而被動員；不過，如果抽離了「中國因素」在這波集體行動中的動員作用，將難以理解這場運動的能量、以及對臺灣社會的意義。

四、占領行動的主體與創意

前節闡述太陽花運動發生的因素、以及反服貿運動的歷史脈絡。這場占領，不但震撼臺灣政局，創造一種新形態的抗爭政治，也讓臺灣的抗爭聲音傳播到世界，並讓美中兩國都做出回應。這節將說明運動參與的主體、過程及其效應。

（一）學運力量、青年世代、公民社運組織的匯聚

太陽花運動的參與主體是誰?很明顯的，學生與青年的角色至關緊要。三月十八日衝進立法院的主力是學生與青年。因此，不少人把這個運動稱為「太陽花學運」。但是，我們也不能忽略，這場運動中，公民組織與社運團體所扮演的角色。把時間的視野拉長，學生、公民社運組織、長期參與民主運動的先行世代，[10]都是這波運動的參與主體。

回答「太陽花運動的參與主體是誰？」這個問題，同時涉及這場集體行動的空間性質。由於在立法院議場內的占領者（以學生為多數），被警察包圍；抗爭者要進出議場內外時，必須通過警察的封鎖圈，也必須通過占領者的糾察線。因此，抗爭空間便呈現三層結構：最內圈（第一層）是占領者、中間是警察、外圍是支援的抗爭者。議場內外的抗爭者之間的溝通協調型態，便呈現多元行動中心。當然，議場內外的抗爭者每天進行「聯席會議」，但

是許多行動決策並非通過這個聯席會議做出決定。議場內有比較具有向心性的核心「決策小組」（九人小組），但議場二樓仍然存在一群守衛者的「奴工」，有獨特的自我認同。[11]而在立法院四周所形成的對議場占領者的「保護層」（第三層），參與者的成分與背景則高度多元而複雜：有來自各種公民社運團體，其成員不乏各類社運幹部、人權組織、環保組織、工運組織、媒體改革組織等等，以及教師與積極公民。這些人當中，許多在過去幾十年民主化運動過程都曾是積極分子，例如傳統臺獨運動世代、一九八〇年代的「野百合運動世代」、一九九〇年代「社運黃金年代」的幹部、二〇〇〇年代的「反樂生療養院迫遷運動」的參與者、以及二〇〇八年的「野草莓運動世代」；加上許多難以使用「既定語彙」給予稱謂的參與者，比如自發在立法院周邊擔任糾察工作、但在組織上不屬於「糾察隊」的計程車司機與「兄弟們」，以及許許多多「沒有臉孔的人」[12]。

10 例如在學生與青年們進入議場過程，長期在立法院濟南路邊駐紮的「公投盟」也加入在立法院正門推擠，讓警方一時間分不清衝撞主線，達到聲東擊西效果。

11 關於占領空間的特質，可參見江昺崙，〈空間。掙扎與權力展演〉；「二樓奴工」，參見梁秋虹，〈肖像。沒有臉孔的人〉；兩篇皆收錄於晏山農等，《這不是太陽花學運：三一八運動全記錄》，臺北：允晨文化，二〇一五。

12 梁秋虹，〈肖像。沒有臉孔的人〉，收錄於晏山農等，《這不是太陽花學運：三一八運動全記錄》，臺北：允晨文化，二〇一五，頁二六七～三一五。

這些NGO組織幹部與參與者，在立法院四周舉辦了各式各樣活動，並且展開各種組訓培力，如「非暴力抗爭訓練」、「公民審服貿」（D-Street）與「人民議會」（嘗試將審議民主、公民會議的溝通模式，轉到街頭活動上）、「開放論壇」（讓圍觀者成為發言主角）、「街頭公民教室」等等。此外，還有「賤民解放區」、「大腸花」等與運動主流旨趣不同的論壇。多元而異質的抗爭模式不斷翻出，是太陽花運動可以延續二十四天而不致「冷場」的關鍵因素。[13]從另一個角度，占領行動適時接隼了公民社會與社運場域的各種聲音，將之轉化為自發的社會行動。其中，社群媒體（social media）如臉書扮演多大程度的動員？一項在運動現場針對參與者的大規模訪談，反駁了多數參與者是被「網路動員」說法；相反地，他們傾向自身的參與是「自發性」的行動。[14]

（二）自發與創意

除了自發參與，這場運動的有序分工，也值得注目。當時，只要到立法院內外走一趟，即可發現一個令人好奇的問題：數以千計的參與者，聚集在臺北市內一個街區，日夜在一起工作、生活、進行抗爭，如何不產生嚴重的公共安全、衛生或其他問題？

學生與公民團體提供了各種後勤援助，使這個「無政府」的有序空間得以成立，包括飲食（飲水、便當、點心、「戰地廚房」）、臨時廁所與淋浴設施、舞台音響設備、帳篷、睡袋、垃圾分類、網路設施、醫療團隊、法律顧問、甚至心理諮商服務。[15]而在運動本體的組織分工上，我們可以觀察到數以百計的學生與青年投入這些工作：現場主持與指揮、媒體聯絡、多國語言翻譯、文稿撰寫、糾察與安全、決策團隊、聯席會議等等，組合成一個「臨時擬政府」。此外，社群媒體和虛擬空間也提供抗爭活動的載體，許多網路社群更即時提供各式各樣的服務與訊息。當然，在這樣的抗議運動場合，還有無數充滿創意的海報、塗鴉、與藝術作品。至於無序或有序，只是相對概念。議場內以及議場內外之間的溝通不良、信任等問題確實存在，各種人際與團體間的矛盾也經常可見。其中，原運分子離開在青島東路和濟南路的「主場」，轉到捷運善導寺站三號出口附近的一個公園另闢戰地聚講（參見本書Nakao Eki Pacidal的文章）。但總體而言，這場運動仍然展現出高度的自治能力。可以這麼

13 根據作者的參與觀察，光是十多場「公民審服貿」活動，就含納了數以百計的主持人、簡報講者、協調者與後勤作業者，並吸引了數千名積極公民的參與。活動主辦團體並且將公民審議的內容整理上網：https://www.facebook.com/twdstreet.

14 陳婉琪、黃樹仁，〈立法院外的春吶：太陽花運動靜坐者之人口及參與圖像〉，《台灣社會學》三十，二〇一五，頁一四一～一七九。

15 關於抗爭現場的資源籌措與配置，另參見田畠真弓，〈太陽花學運的物質資源籌措機制：社交媒體與社會資本〉，「學生運動與社會正義：中央研究院社會學研究所廿週年所慶學術研討會」，二〇一五年五月二十九～三十日。臺北：中央研究院。

說，自發與自治是這場運動最成功的標誌之一。「無政府空間」與「臨時擬政府」並立，構成有趣的對比與張力，值得未來更深入探究。

充滿義憤、活力、與創意的青年學生，是運動的主力。青年世代對中國與兩岸關係的一般態度，以及對自由貿易的不滿態度正在醞釀中。二十年來，臺灣處在「新自由主義全球化」的衝擊下，已經產生許多社會問題，包括貧富差距擴大、青年失業率上升、勞動貧窮人口增多等等。青年世代被稱為「崩世代」[16]或「22K世代」（每個月賺取兩萬兩千元臺幣的薪資）。太陽花運動的年輕參與者除了大學生與高中生，還有不少剛進職場的青年，其中女性也占了大半。青年學生強烈感到「被偷走的未來」，或者前途茫茫，終於在這場運動中，找到抒發不滿的門路。在示威中，一條橫幅寫著：「拒絕去中國當台勞，待業青年接力反服貿」。而塗寫在立法院大樓外牆上的「當獨裁成為事實，革命就是義務」，更直接傳達青年的憤怒。「大腸花論壇」則提供另類的發言空間，參與者透過粗口開罵，顛覆統治秩序（演說者必須以「幹××」做為發語詞），直接對「國民黨」、「馬英九」和「中國」罵幹。尤其令人讚歎的是，參與大腸花的演說者不乏充滿創意而憤怒的女性聲音。在大腸花論壇裡，百無禁忌的「罵幹論述」(curse discourse)，也是一種「論述狂歡」(discursive Mardi Gras)的縮影，它呈現臺灣青年世代的認同變遷，相對前一輩人，年輕人更能自在地表現認同。

就本文關心的軸線——臺灣公民社會如何抵抗中國因素——青年世代的「論述狂歡」

所揭示的臺灣認同強度是驚人的。他們無畏於說出、也不吝於說出「我支持臺獨」。在這樣的言說互動中，解構「臺獨的污名」，也抵抗中國政府對臺灣獨立支持者的恫嚇。換言之，這場運動是「價值宣誓，宣誓『我們沒有被說服，被中國的大國價值所說服』」。[17]

對於中國政府而言，原先「統戰策略」設想的是，培育一群親北京的財團與政客、收買媒體引導輿論，便可以「解決」臺灣人的認同問題。但是這個「認識框架」已經被太陽花運動無處不在的「論述狂歡」所顛覆。對年輕世代而言，臺灣人認同屬於集體靈魂的尋索過程，是在日常生活的細微互動中點滴累積起來，其紮實、頑抗性遠高於「中國中心主義者」所能想像。

換言之，北京「收買臺灣」的策略，現在反而變成一個難題。而北京似乎也很快在調適這個新現象，試圖做出回應，聲稱將「聽取臺灣年輕人的意見」。[18]

16 林宗弘等，《崩世代：財團化、貧窮化與少子女化的危機》，臺北：台灣勞工陣線協會，二〇一一。

17 林峯燦、吳鴻昌、湯志傑，〈後冷戰格局下的太陽花運動：談太陽花運動的歷史性與世界性〉，「學生運動與社會正義：中央研究院社會學研究所廿週年所慶學術研討會」，二〇一五年五月二十九、三十日，臺北：中央研究院。

18 「兩岸新政策。孫亞夫：聽臺灣青年意見」，《聯合新聞網》，二〇一四年五月六日。http://0rz.tw/V3tuE（擷取日期：二〇一四年五月二十三日）。

五、誰支持太陽花運動？

前兩節描述太陽花運動積極參與者的理由、主體、過程及其效應。那麼，在社會層面，哪些人支持太陽花運動？支持或反對的變數是什麼？根據中國效應研究小組（CIS）在二〇一五年進行的問卷調查，我們使用二元邏輯回歸（將贊成太陽花運動歸碼＝1，不贊成＝0），檢證幾組變項後發現，民眾是否支持太陽花運動，主要的顯著變數包括：政黨因素、中國因素、對民主與政府的評價、世代／年齡、教育、統獨選擇、以及婚姻狀態。[19]

在政黨因素方面，不同的政黨認同讓民眾表現出支持態度的差異：偏綠的政黨認同傾向支持太陽花，而偏藍的政黨認同則傾向不支持。認為國民黨政府太過「傾中」的人，[20]強烈支持太陽花運動，這個變項的影響力是所有變項中最高的；在分析樣本中，有百分之六十四的受訪者認為國民黨政府太傾中。此外，比較信任民進黨政府與中國進行談判的，也明顯支持太陽花運動；在分析樣本中，信任民進黨政府進行談判的人有百分之四十六，而支持國民黨政府的只有百分之三十九。同一個問題，在二〇一三年調查時，民眾對國民黨的信任高於民進黨，當時信任國民黨政府代表談判的有百分之四十九，信任民進黨為百分之三十四。[21]很明顯，民眾的態度在二〇一四年太陽花運動之後，發生了翻轉。

中國因素方面，在目前兩岸關係下擔心失業者傾向支持太陽花。關於兩岸交流協商中，認為國家主權比經濟利益重要的人傾向支持太陽花。此外，認為中國未來可能民主化的人，也傾向支持太陽花。但認為中國將持續快速經濟成長的人傾向反對太陽花。這組結果呈現，民眾對中國因素的考量乃是基於自身經濟利益的評估，並且在總體層面衡量經濟利益與國家主權孰輕孰重。顯示民眾的態度並非情緒性的所謂「逢中必反」，而是理性計算，尤其民眾的考慮中，還包括對中國民主化可能性的評估。

在統獨方面，傾向獨立的民眾，相對於中間態度者，比較支持太陽花運動，而偏向統一的民眾則不支持。[22]但就實質影響力而言，統獨因素的重要性低於政黨因素、中國因素、與世代因素。綜合中國因素與統獨選擇，我們發現臺灣的國家認同議題存在一個浮現中的「生計概念」，與我們之前一篇論文針對二〇一二年總統選舉投票行為的分析一致[23]，亦即，

19 中央研究院社會學研究所「中國效應研究小組」（CIS）二〇一五年電話問卷調查，於當年一～二月執行調查，完成樣本數一、二七七人，本研究合格分析樣本為一、〇二六人。

20 即詢問「國民黨是否太過傾向中國大陸政府的立場？」

21 「中國效應研究小組」（CIS）二〇一三年電話問卷調查，於二〇一三年四、五月執行調查，完成樣本數一、二四三人。

22 本研究對受訪者統獨選擇的判定，係採取吳乃德〈國家認同與政黨支持〉、〈愛情與麵包：初探臺灣民眾民族認同的變動〉（參見文末參考書目）的「有條件兩題式問法」。下同，不贅。

23 吳介民、廖美，〈從統獨到中國因素：政治認同變動對投票行為的影響〉，《台灣社會學》二十九，二〇一五，頁八十九～一三二。

當考慮了中國因素，原先統獨選擇對行為或態度的影響降低了，臺灣國家認同的內涵，可能正在經歷著巨大的變遷。

教育因素的分析顯示，相對於國中以下教育程度者，高中職與專科學校的畢業生呈顯反對太陽花；但是大學以上教育者（一樣相對於國中以下教育背景）則不顯著。婚姻狀態方面，已婚狀態者比較反對太陽花。

民主評價與政府評價方面，認為民主制度好於獨裁制度的人傾向支持太陽花。對政府評價（即評判當政的馬政府）好的人則反對太陽花。

世代／年齡方面，年輕人顯著支持太陽花。十八到二十四歲對比於三十五到四十九歲，支持太陽花的機率是二點七倍；二十五到三十四歲年齡層，相比於三十五到四十九歲年齡層，則是一點六倍；反觀六十五歲以上老年人則傾向反對太

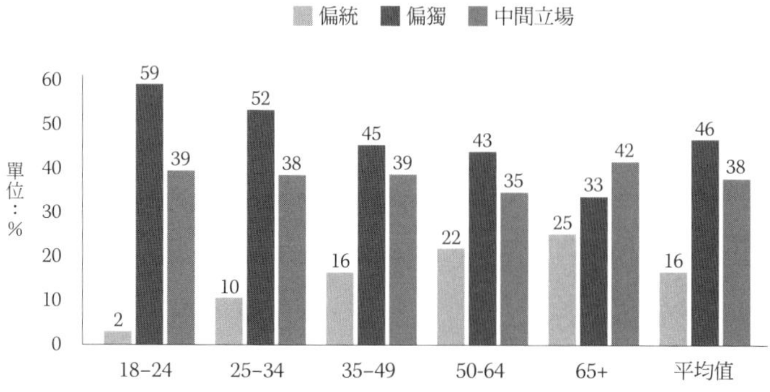

圖一———不同年齡層的統獨選擇

資料來源：中研院CIS2015問卷調查。分析樣本數，1,026人。

陽花運動。這個發現證實了年輕世代對臺灣政治事務的關心程度正在提高，而且也跟晚近「年輕世代臺獨化」的命題吻合。觀察民眾的統獨選擇：不分年齡，選擇統一有百分之十六，選擇獨立有百分之四十六，中間立場為百分之三十八。分不同年齡層觀察，特別在十八到二十四歲年齡層，只有百分之二選擇統一，他們有高達百分之五十九選擇獨立，另有百分之三十九選擇中間立場。要言之，愈年輕，選擇獨立的比例愈高（圖二）。

總體而言，對太陽花運動的支持與否，政黨因素的實質作用力最大，中國因素次之，再來依序為世代／年齡、對民主與政府的評價、教育程度、統獨選擇、婚姻狀態。這裡需要注意的是，在分析歸類為政黨因素的變項，其實也包含一定程度的中國因素成分，例如國民黨政府是否過度傾中、兩岸談判比較信任哪個政黨等題目，就涵蓋了臺灣與中國關係的評估；換言之，這幾個變項測量已「被中國因素化」的政黨因素。

最後，我們需要討論那些在直觀上重要、但在統計上不顯著的變項。首先，階級變項全部不顯著，省籍、所得也都不顯著。至於，本文關切的「人們對於自由貿易的態度」呢？統計結果顯示，受訪者中有百分之七十三贊成與中國擴大自由貿易，反對者有百分之二十七；百分之九十贊成與美國擴大自由貿易，反對者只有百分之十。臺灣的一般民意幾乎一面倒支持自由貿易。但是，不論是「跟中國大陸擴大自由貿易」或是「跟美國擴大自由貿易」，贊成或反對的立場，都與支持太陽花與否在統計上沒有顯著關聯。

以上發現，指出兩個特點：第一，太陽花支持者與太陽花運動幹部／積極參與者之間，存在著關注議題的差異。太陽花運動積極參與者中，有一部分人反對服務貿易的理由是反對自由貿易，這個現象可以由抗爭現場的海報布條與論述獲得證實，儘管我們無法確定其比例程度。[24]但是，一般民眾支持或反對太陽花與他們對自由貿易的態度無關。第二，晚近青年政治運動蓬勃發展，被認為是左翼民族主義正在興起，或者民族主義社會的基礎向左移動。[25]但是，在一般民眾層次，調查資料顯示階級因素並不顯著。

六、「被統一」的焦慮與張力

太陽花運動的爆發，民眾對此集體行動的

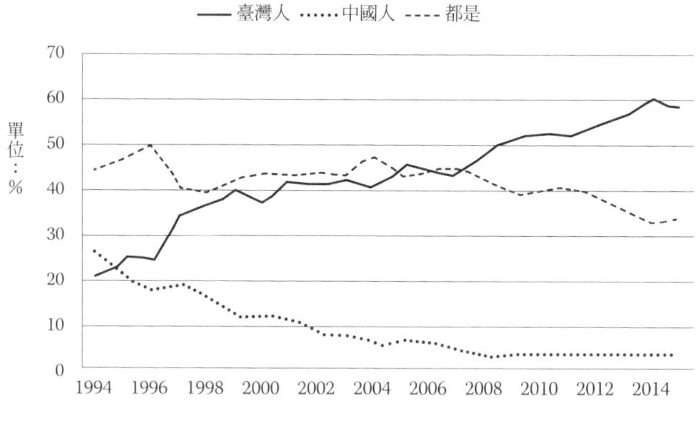

圖二———臺灣民眾國族身分認同的變遷趨勢，1994–2015年

資料來源：國立政治大學選舉研究中心。

支持與否的態度，以及此行動對民意的影響，都與臺灣人民的政治認同息息相關。而且，近年來，民意對中國相關因素的態度，顯示出民眾對中國影響力的認知在升高。在臺灣政治深層，一個主要的伏流是「被統一」，或是臺灣被中國兼併的焦慮。我們先從國族認同的變化趨勢談起。

臺灣人認同的持續上升

根據政治大學選舉研究中心（TEDS）長達二十餘年的調查，從一九九四年以來，臺灣人認同一直呈現穩定增加的趨勢（圖二）。臺灣人認同在一九九四年占百分之二十，低於中國人認同的百分之二十六。但是到了二〇一五年，臺灣人認同已高達百分之五十九，而中國人認同則只有百分之三點三。雙重認同（是臺灣人也是中國人）在一九九四年是百分

24 曾柏文，〈太陽花運動的論述軸線〉；Szu-chien Hsu, "The China Factor and Taiwan's CSOs in the Sunflower Movement: The Case of Democratic Front against the Cross-Strait Service Trade Agreement (DFACSSTA)"，兩文皆收錄於「學生運動與社會正義：中央研究院社會學研究所廿週年所慶學術研討會」，二〇一五年五月二十九、三十日，臺北：中央研究院。

25 吳叡人，〈黑潮論〉，「重構台灣：太陽花的振幅與縱深」研討會，台灣教授協會主辦。臺北。二〇一五年三月十四、十五日。

之四十五，到二〇一三年則為百分之三十四，呈緩慢降低。從圖中，可觀察到臺灣人認同與其他兩種認同的交叉。第一，在一九九五年，臺灣人認同超過中國人認同，此後持續拉開差距。第二，臺灣人認同在二〇〇八年超過雙重認同，此後也拉開差距。值得注意的是，在二〇〇一～二〇〇七年之間，大約是陳水扁執政階段，臺灣人認同與雙重認同處於拔河狀態；臺灣人認同在馬英九執政階段大幅度領先。因此，可以得到一個暫時結論：在馬政府執政期間，其拉近與中國關係的大陸政策，加上中國因素開始在臺灣發生作用，在民意態度上，反而伴隨更為高漲的臺灣人認同。

年輕人臺獨支持率上升

年輕世代對臺獨的支持度，近年來也呈現

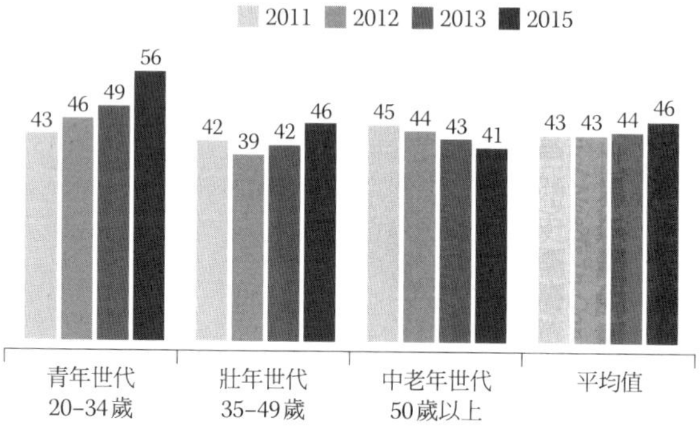

圖三——年輕人臺獨支持率持續上升，2011–2015年

數字百分比採四捨五入，分析人數自2011年依序為1,144人，1,035人，1,128人和1,044人。資料來源：中研院社會所CIS系列問卷調查。

增加趨勢（圖三）。二〇一一年，青年世代（二十到三十四歲）中支持臺獨者有百分之四十三，與平均值相當；壯年世代（三十五到四十九歲）為百分之四十二；中老年人（五十歲以上）則是高於平均值的百分之四十五。到了二〇一二年，情況有點改變，青年世代臺獨支持率升高到百分之四十六，高於平均值；對比之下，壯年世代是低於平均值的百分之三十九，比前一年低百分之三；而中老年人則是百分之四十四，也比前一年低，但仍高於平均值。二〇一三年，青年世代的臺獨支持率增為百分之四十九；壯年世代為百分之四十二，比前一年稍高；中老年人則降至百分之四十三，低於平均值。二〇一五年，經過太陽花運動與九合一選舉，青年世代的臺獨支持率大幅上升，增至百分之五十六，比平均值高了百分之十；壯年世代也提升為百分之四十六；但中老年人則持續降低到百分之四十一。

從這四年間的調查數字，可清晰看到幾個變化。第一，臺獨支持率總體而言有升高態勢，但速度相對緩慢。第二，壯年世代的百分比與總體分布很接近。第三，中老年人則呈相反方向變化，對臺獨的支持率連年降低。第四，青年世代對臺獨的支持度，逐年上升，以二〇一三到二〇一五年的攀升最為顯著。支持臺獨不再以中老年人為主力，而是年輕人的新潮現象。

對中國影響力的認知

接著，觀察臺灣民眾對中國政府影響新聞媒體的評估。圖四呈現CIS二〇一三年的調查，全體受訪者有百分之七十一同意「中國大陸政府對臺灣媒體的政治立場影響越來越大」。其中，在十九到二十四歲和二十五到三十四歲兩個年齡層，都有百分之七十九同意這個看法，高於中、老年齡層。整體而言，同意的比例隨著年齡層的降低而遞增；不同意則隨著年齡層的降低而遞減。[26]

被統一的焦慮感

統獨爭議連綿數個世代，攸關國家前途的預期落差，可能造成巨大的政治結果。以往對於統獨態度的調查研究，只針對受訪者當下的選擇

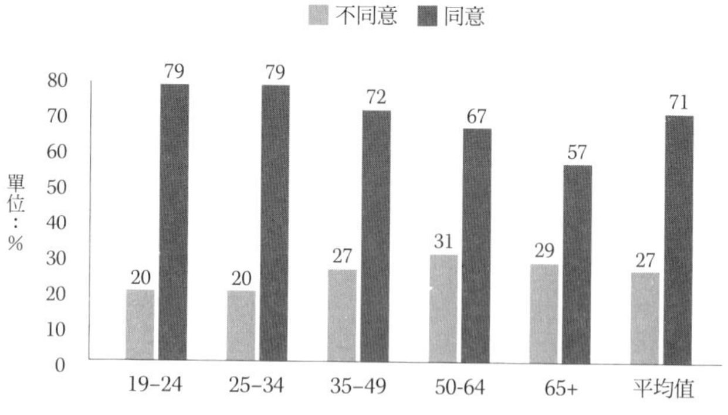

圖四——中國政府對臺灣媒體的政治立場影響愈來愈大

資料來源：中研院CIS2013問卷調查。樣本數，1,216人。

做調查，並不觀察受訪者對時間向度的敏感性。

CIS二〇一五年的問卷調查，增加了一個題目：「請問您覺得未來兩岸關係最有可能出現什麼結果？」答案選項包括：「臺灣被中國大陸統一」、「臺灣獨立」、「維持現狀」（圖五）。我們把這一題的測量結果，與當下統獨選擇做對照，發現在「當下統獨選擇」與「預期未來兩岸關係」之間，存在著明顯落差。在當下統獨選擇的維度，多年來，「統一」支持者逐漸萎縮，二〇一五年調查只有百分之十六受訪者選擇統一；但是，當詢問人們對未來趨勢的評估，卻有高達百分之五十預期「臺灣被中國大陸統一」，落差高達百分之三十四。「獨立」已成為當下選擇的主要選項，有百

26 CIS二〇一五年沒有訪問這個問題，此處以二〇一三年的調查為依據。

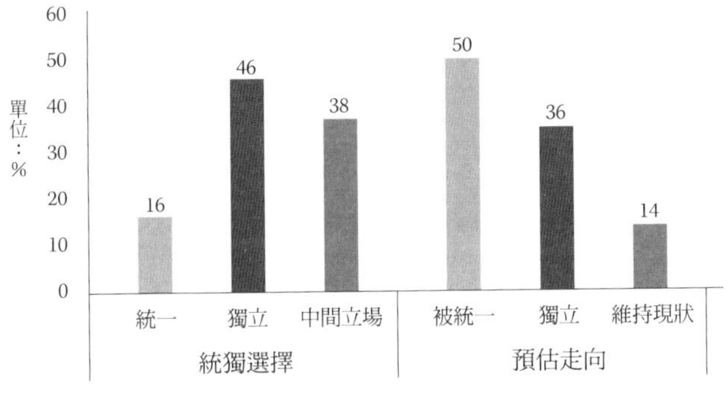

圖五——統獨選擇與預估走向的差距

資料來源：中研院CIS2015問卷調查。樣本數1,026人。

分之四十六；但評估將來可能獨立者則為百分之三十六，落差達到百分之十。當下選擇「中間立場」的人有百分之三十八；然而，預估臺灣未來可以繼續「維持現狀」的人，只有百分之十四，落差為百分之二十四。這樣的預期落差，一方面可能造成社會焦慮，一方面也可能產生政治張力。

統獨與太陽花支持率

我們進一步探究，關於統獨的預期落差，會不會表現在對太陽花運動支持率的差異？當下統獨選擇與預估兩岸未來這兩個變項，各有三個選項，可以構成「九種」態度，由於以選擇統一與三種未來走向預估交叉分析後，次樣本太小，在此省略這部分的分析。最後，我們將「六種」態度與是否支持太陽花運動進一步交叉分析，發現：（一）凡是當下選擇獨立者，不論預估未來是

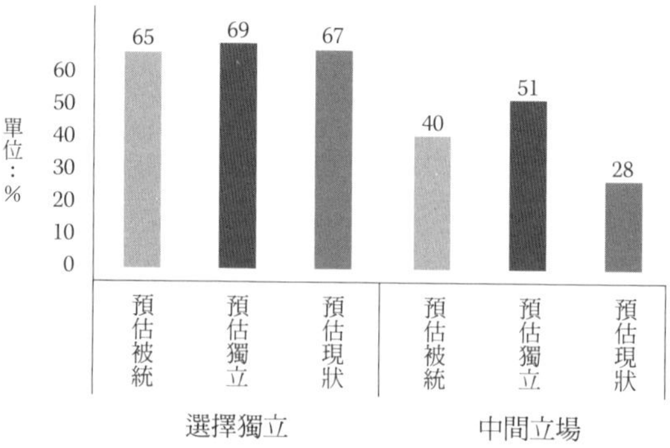

圖六——六種統獨組合立場者的太陽花支持率

資料來源：中研院CIS2015問卷調查。樣本數，1,026人。

何種結果，對太陽花的支持率都超過平均支持率的百分之五十：預估被統一者為百分之六十五，預估獨立者為百分之六十九，預估維持現狀者為百分之六十七，三者間差異不大。（二）當下選擇為中間立場者，其對未來結果的評估不同的人，對太陽花運動的支持度呈現顯著差異：預估被統一者有百分之四十支持太陽花，預估獨立者為百分之五十一，預估維持現狀者為百分之二十八。（圖六）

選擇獨立者支持太陽花運動不難理解。但是，「中間立場，預估被統一者」，同時支持太陽花運動的比率有四成，雖然低於總體分析樣本的平均支持率，但仍顯著高於「中間立場預估維持現狀者」。這個統計關聯性如何解釋？以我們目前的研究資料，尚無法提出決定性的解答。不過，如果把調查發現放到政治情境中檢證，則可以提出一種詮釋：人們因為擔心臺灣的「現狀」維持不住，而選擇支持太陽花，甚至直接參與占領行動。換言之，拒絕統一的人（不論是選擇獨立或中間立場），因為擔憂「被統一」，而在國家遭逢政治危機時，願意採取行動，抵抗「被統一」的趨勢。這個心理機制，雖然不能解釋所有支持或參與太陽花的人，但至少能夠解釋一部分人的心理狀態，他們並沒有坐困於理想與現實的鴻溝，聽天由命，而願意挺身而出。

綜合而論，關於臺灣民意對中國因素相關的態度變化，可以得到以下總體圖像：

（一）政黨因素（包括中國因素化的政黨因素）、中國因素、統獨選擇，是支持太陽花運動的關鍵變項。

（二）近年來，年輕人支持臺獨比率升高，以及年輕人對太陽花運動的高度支持，可能凸顯一個現象：一個以臺灣認同為根底的青年政治世代正在興起之中。

（三）儘管選擇統一者是少數，但是臺灣社會瀰漫的「被統一」的焦慮感，可能在重要的政治時刻產生很大的政治張力，並激發集體行動。

以上兩節以量化資料呈現太陽花支持者面貌以及近年來快速變動的政治認同。但需注意，太陽花運動中的青年文化，也展現了認同政治難以量化的一面，例如前述「罵幹論述」的豐富內涵。計量研究累積不少對臺灣認同議題的認識，但這些知識的積累主要放在相對靜態的「模型」與「框架」中詮釋。這類知識有其必要，但認同政治不只是「調查資料」與「統計數據」的算數而已。雖然從調查中，我們獲知青年世代關於國族認同與其他議題態度的比例，但「數字」中人們認同內容的動態與複雜度，需要更多深度訪談來補充。

七、太陽花運動的效應與影響

太陽花運動爆發迄今將近兩年，談論這場運動的歷史性後果，為時過早。但我們可以從這波抵抗行動觀察它對兩岸關係的影響。

第一、公民不服從與抵抗：占領行動擱置了服貿協議，讓該協議的利弊得失，攤在陽光下接受檢驗，並促使更多公民思考服貿相關議題。若沒有青年們驚天一擊的占領行動，服貿協議現在大概已付諸執行。國民黨政府強欲通過服貿，使馬英九總統的統治正當性受到高度質疑。占領行動揭露了國共合作的壟斷性質：馬總統任期內迄今（二〇一六年三月）與中國政府締結二十三項協議，性質上為國共黨對黨合作下的產物，公民社會沒有置喙餘地，甚至連反對黨也插不上手。跨海峽政商集團不但壟斷兩岸經濟交流的利益，也腐蝕臺灣的民主根基。學者主張，占領行動凸顯憲政危機或統治合法性危機；占領行動是人民行使「公民不服從」，也是行使「抵抗權」[27]；公民們行動訴求「國民主權者」[28]；而這個公民運動也創造了「憲法時刻」。[29]

第二、公民社會成為兩岸互動中的行動者：此運動將「中國因素」端上檯面，北京不得不面對臺灣公民力量的崛起，它原先得心應手的「收買策略」也受到牽制。這場運動可能催

27 張嘉尹，〈保衛共和國！——三一八學運的憲法學詮釋〉，《臺灣法學雜誌》二四五，二〇一四，頁六十一。

28 陳嘉銘，〈這是一場公民「收回」國會的行動〉，獨立評論@天下，二〇一四。參見：http://opinion.cw.com.tw/blog/profile/52/article/1229。

29 黃丞儀，〈公民運動創造的憲法時刻〉，獨立評論@天下，二〇一四。參見：http://opinion.cw.com.tw/blog/profile/103/article/1145。

生新的兩岸談判準則。這場運動也讓國際社會理解進行中的兩岸互動模式，在臺灣造成的經濟和政治弊害。參與者清晰表述：「我們不反對與中國往來，而是主張人民有權利參與兩岸關係的決策。」太陽花運動的衝擊，也讓北京認識到加強對臺灣青年世代統戰工作的必要。

第三、北京「收買臺灣」策略遭到挫敗：前文已經闡明，由於臺灣經濟高度依賴中國，北京通過培養「政治代理人」與「在地協力者」的方式，對臺灣發揮作用力；然而，太陽花運動衝擊了這個影響力機制，讓人們「看穿」其中策略。如黎安友（Andrew Nathan）所說：「中國為了追求兩岸統一，一直很有耐性地採取將臺灣經濟與其掛鉤的策略。這種做法過去似乎很有效，現在卻受到嚴重挫敗。」[30]

第四、同一地緣政治結構下的抵抗運動協力：在中國崛起的大背景之下，香港與臺灣同處在中國因素的氣旋中，近來，「臺灣香港化」的說法頻仍出現[31]。兩地的政治抗爭行動，在運動形貌上呈現「同形化」（isomorphism），在抗爭對手的指認（identification of rival）、運動修辭構框（framing）、抗爭劇碼（repertoire）等面向上，浮現相似性。[32]本來香港預定於二〇一七年選舉特首，但民主運動者認為北京不願意讓香港人民享有真正普選權，質疑中共藉著操縱提名辦法而排除民主派候選人，因此於二〇一三年初發起占領中環運動。二〇一四年八月底，中國人大常委會決定了香港普選框架，被占中運動者認為是「假普選」，九月下旬，大學生與中學生展開罷課；九月底，「占中」提前引爆，並演變為「遍地開花」的多地點占領，被稱為「雨傘運動」。港臺公民抵抗運動在同一個地緣區域中相互激盪、傳遞靈感、模仿學習的作用不容小覷。

第五、加速促成政黨輪替：占領運動之後，國民黨政府在人民心目中一落千丈，原本被國共合作邊緣化的民進黨迅速重回政治牌桌。二〇一四年十一月「九合一」地方選舉，國民黨慘敗，而被認為是「兩岸政商權貴」代表的連戰兒子連勝文在臺北市長選舉也以懸殊差距落選。接著，在二〇一六年一月的總統與立法委員選舉中，民進黨除了在總統選舉獲勝，更首次掌控立法院多數。甚至可以論證，這是臺灣啟動民主化以來，第一次明確的政黨輪替。[33]太陽花運動促成了「民進黨時刻」的來臨。

30「美學者：學運讓中國統戰策略嚴重挫敗」，《蘋果日報》，二〇一四年四月八日。黎安友的原文表達是：In working for unification with Taiwan, China has pursued a patient strategy of economic integration. For a long time the strategy seemed to be succeeding, but now it has encountered a serious setback.

31 台灣新社會智庫編，《台灣「香港化」?:中國統治香港模式的啟示》，臺北：台灣新社會智庫學會，二〇一二。

32 吳介民，〈「中國因素」氣旋下的台港公民抵抗運動〉，謝政諭、高橋伸夫、黃英哲編，《東亞地區的合作與和平》，臺北：前衛，二〇一四，頁一三〇～一四四。

33 二〇〇〇年民進黨陳水扁只以相對多數當選總統，其當選主要是國民黨內部分裂，產生兩組人馬競爭的結果。

八、結語

本文從「臺灣公民社會抵抗中國因素」的角度分析了太陽花運動爆發的前因後果。「到太陽花之路」，是一個漫長、累積多年的歷史過程，這個過程必須放在地緣政治、兩岸關係政治經濟架構、臺灣國內政治局勢變遷、以及臺灣社會的認同變遷等諸多因素之中，才能清楚檢視。

在太陽花運動之前，臺灣最重要的抵抗中國因素的公民集體行動，可說是反媒體壟斷運動。但這不代表，反媒體壟斷運動只有抵抗中國因素的動機，它還包括「不反中國因素」的反資本壟斷層面。同樣的，太陽花運動也不只包含反中國因素的單一動機。從反中國因素的線索切入，將兩個運動做比較，可以看到：太陽花運動對北京「收買臺灣」策略的揭發力道，更甚於反媒體壟斷運動。從這個角度看，太陽花運動激活了公眾對中國因素複雜面向的覺知、並採取集體抵抗行動。

過去多年來，臺灣社會經常瀰漫一種詭譎的「反動論述」：不管我們怎麼反抗，都動搖不了中國巨大的影響力，因此我們不如什麼都不做，免得白費力氣；與其白費力氣，不如參與到中國崛起的趨勢中謀求個體利益。這是赫緒曼所說的「無效論」之反動論述[34]，也是一種自我挫折的命定論。

231
新北市新店區民權路108-2號9樓

左岸文化事業有限公司　收

廣	告	回	信

臺灣北區郵政管理局登記證
第 1 5 5 1 2 號
請直接投郵，郵資由本公司負擔

縣市
市區
鄉鎮
路街
段
巷
弄
號
樓

左岸文化讀者回函卡

姓名：＿＿＿＿＿＿＿＿

性別：＿＿＿

生日：＿＿＿年＿＿＿月＿＿＿日

E -Mail：＿＿＿＿＿＿＿＿＿＿＿＿＿＿＿＿

購買書名：＿＿＿＿＿＿＿＿＿＿＿＿＿＿＿

您如何購得本書：□網路書店＿＿＿＿＿＿＿

□實體書店＿＿＿縣（市）＿＿＿＿＿＿＿書店

□其他＿＿＿＿＿＿＿＿＿＿＿＿＿＿＿＿＿＿＿

您從何知道本書：□書店　□左岸書訊　□網路訊息　□媒體新聞介紹

□其他＿＿＿＿＿＿＿＿＿＿＿＿＿＿＿＿＿＿＿＿

您對本書或本公司的建議＿＿＿＿＿＿＿＿＿＿＿＿＿＿＿＿＿＿＿＿＿＿＿＿＿＿

＿＿＿＿＿＿＿＿＿＿＿＿＿＿＿＿＿＿＿＿＿＿＿＿＿＿＿＿＿＿＿＿＿＿＿＿＿＿

＿＿＿＿＿＿＿＿＿＿＿＿＿＿＿＿＿＿＿＿＿＿＿＿＿＿＿＿＿＿＿＿＿＿＿＿＿＿

最新動態與閱讀分享 歡迎上網

左岸文化部落格

http://blog.roodo.com/rivegauche

臉書專頁

http://www.facebook.com/RiveGauchePublishingHouse

客服專線

0800-221-029

傳真

02-2218-8057

然而，從反媒體壟斷到太陽花運動，我們觀察到人的實踐與能動性，確實能夠帶來轉變，不論這個轉變在短時間內，顯得如何微不足道。不妨反思，如果沒有反媒體壟斷運動阻擋旺中集團的媒體通路併購案，如果沒有諸多公共評論揭發臺灣媒體報導的「中國化」而使之論述失效，那麼在太陽花運動時刻，主流媒體是否會一面倒地反對、批評這個運動？同樣的，如果沒有學生的占領行動，服貿協議可能已經生效，而北京的經濟統戰策略也不會被攤在陽光下檢視。失敗主義經常是思考疏懶與逃避責任者的避風港；我們從太陽花運動中重新看到實踐的主體性帶來的嶄新視野和力量。

儘管根據學者的「理論預測」，「結構」的力量難以跳脫，但是我們觀察到過去二十多年的兩岸經貿依賴關係，其實相當成分是北京刻意「搭建」的。一個結構關係被建構起來，便處在不斷結構化的過程，可能面臨「拆解」或解構（deconstructing）的力量。「結構關係」如同「意識形態教化」，也需要被分析、被看穿，之後才能誘發人的能動性。

太陽花運動是少數鬆動「結構力量」的時機。年輕世代直率的「臺獨告白」，將臺獨去污名化，還原其作為一種價值選擇本應具有的地位，讓人看到一種反抗的美感（參見本書

34 赫緒曼（Albert O. Hirschman）著，吳介民譯，《反動的修辭》（*The Rhetoric of Reaction*），臺北：左岸文化，二〇一三。

林秀幸對「太陽花的美學與政治實踐」的討論）。

太陽花運動是對佩里・安德森和約翰・米爾賽默兩人之命定論的挑戰。一個命題可能導致人們不行動，而使之成真。人們如果根據安德森和米爾賽默的預言而不積極抵抗，臺灣在未來若干年內，的確可能被中國兼併，那便是「自我實現的預言」。但一個命題也可能激發人們的行動意志，而使之預測失誤。假如人們根據兩人的預言而積極抵抗，而且臺灣終究保持著獨立自主的地位，那便造成兩人「預言的挫敗」。

本文作者之一曾提出「中國因素侵蝕臺灣民主」的命題[35]。做為社會科學學者，希望預言成真，可以維護學術聲譽；但做為公民，卻希望這個命題最後被證實是錯誤的，並且是因為人們積極採取行動而推翻這個命題，那正符合我們對人的主體能動性的殷殷期待。

35 吳介民，〈中國因素與臺灣民主〉，《思想》十一，二〇〇九年二月，頁一四一～一五七。

參考書目

中文

台灣新社會智庫編（二〇一二）。《台灣「香港化」？中國統治香港模式的啟示》。臺北：台灣新社會智庫學會。

田畠真弓（二〇一五）。〈太陽花學運的物質資源籌措機制：社交媒體與社會資本〉，「學生運動與社會正義：中央研究院社會學研究所廿週年所慶學術研討會」，二〇一五年五月二十九～三十日。臺北：中央研究院。

江昺崙（二〇一五）。〈空間。掙扎與權力展演〉，收錄於晏山農等，《這不是太陽花學運：三一八運動全記錄》。臺北：允晨文化。頁一五四～一九七。

吳乃德

一九九三，〈國家認同與政黨支持〉，《中央研究院民族學研究所集刊》七十四，頁三十三～六十一。

二〇〇五，〈愛情與麵包：初探臺灣民眾民族認同的變動〉，《臺灣政治學刊》九（二），頁五～三十九。

吳介民

二〇〇九，〈中國因素與臺灣民主〉，《思想》十一，二月，頁一四一～一五七。

二〇一四，〈「中國因素」氣旋下的台港公民抵抗運動〉，謝政諭、高橋伸夫、黃英哲編，《東亞地區的合作與和平》。臺北：前衛。頁一三〇～一四四。

二〇一六，〈政治ゲームとしてのビジネス：台湾企業の政治的役割をめぐって〉（做為政治賽局的商業活動：臺商的政治角色），收錄於園田茂人、蕭新煌編，《チャイナ・リスクといかに向きあうか：日韓台の企業の挑戰》（如何面對中國風險：臺日韓企業的挑戰）。東京：東京大學出版會。

吳介民、廖美（二〇一五）。〈從統獨到中國因素：政治認同變動對投票行為的影響〉，《台灣社會學》二十九，頁八十九～一三三。

吳叡人（二〇一五）。〈黑潮論〉，「重構台灣—太陽花的振幅與縱深」研討會，台灣教授協會主辦。臺北。二〇一五年三月十四、十五日。

佩里·安德森（Perry Anderson）著，王超華譯（二〇〇四）。〈南中國海上的藍與綠〉，《台灣社會研究季刊》五十五，頁二二五～二四二。

林宗弘、洪敬舒、李健鴻、王兆慶、張烽益（二〇一一）。《崩世代：財團化、貧窮化與少子女化的危機》。臺北：台灣勞工陣線協會。

林峯燦、吳鴻昌、湯志傑（二〇一五）。〈後冷戰格局下的太陽花運動：談太陽花運動的歷史性與世界性〉，「學生運動與社會正義：中央研究院社會學研究所廿週年所慶學術研討會」，二〇一五年五月二十九、三十日，臺北：中央研究院。

張嘉尹（二〇一四）。〈保衛共和國！——三一八學運的憲法學詮釋〉，《臺灣法學雜誌》二四五，頁六十一。

梁秋虹（二〇一五）。〈肖像。沒有臉孔的人〉，收錄於晏山農等，《這不是太陽花學運：三一八運動全記錄》。臺北：允晨文化。頁二六七～三一五。

陳婉琪、黃樹仁（二〇一五）。〈立法院外的春吶：太陽花運動靜坐者之人口及參與圖像〉，《台灣社會學》三十，頁一四一～一七九。

陳嘉銘（二〇一四）。〈這是一場公民「收回」國會的行動〉，獨立評論@天下，參見http://opinion.cw.com.tw/blog/profile/52/article/1229。

曾柏文（二〇一五）。〈太陽花運動的論述軸線〉，「學生運動與社會正義：中央研究院社會學研究所廿週年所慶學術研討會」，二〇一五年五月二十九、三十日，臺北：中央研究院。

黃丞儀（二〇一四）。〈公民運動創造的憲法時刻〉，獨立評論@天下，參見http://opinion.cw.com.tw/blog/profile/103/article/1145。

赫緒曼（Albert O. Hirschman）著，吳介民譯（二〇一三）。《反動的修辭》（*The Rhetoric of Reaction*）。臺北：左岸文化。

英文

Anderson, Benedict (2001). "Western Nationalism and Eastern Nationalism: Is there a difference that matters?" *New Left Review* 9, May-June, pp.31-42.

Mearsheimer, John J. (2014). "Say Goodbye to Taiwan," *National Interest* (March-April). Internet version: http://nationalinterest.org/article/say-goodbye-taiwan-9931

Szu-chien Hsu, 2015."The China Factor and Taiwan's CSOs in the Sunflower Movement: The Case of Democratic Front against the Cross-Strait Service Trade Agreement (DFACSSTA)",「學生運動與社會正義：中央研究院社會學研究所廿週年所慶學術研討會」，二〇一五年五月二十九、三十日，臺北：中央研究院。

這篇文章原先發表於Ho, Ming-sho, "Occupy Congress in Taiwan: Political Opportunity, Threat and the Sunflower Movement," *Journal of East Asian Studies* 15(1), 2015, pp.69-97，由作者翻譯成中文，並且局部改寫。本研究接受科技部研究補助（103-2420-H-002-005-MY2），感謝黃俊豪、黃梅蘭、呂昀濃的協助，林宗弘與吳叡人的指正意見。

政治機會、威脅與太陽花運動

何明修

臺灣大學
社會系教授

臺北西門町人。在臺大拿社會學博士，到南部教了八年，現在轉回母校教書。喜歡研究臺灣的社會運動、勞動與環境議題，但是目前花比較多的時間帶小孩。

前言

二〇一四年三月十八日晚間九點，近兩百位學生衝進了臺灣的立法院，抗議執政黨強行通過「海峽兩岸服務貿易協議」(以下簡稱服貿)。沒有料想到，原先規畫的靜坐抗議演變為政治危機，「太陽花運動」[1]占領立法院議場，阻撓了國會正常運作長達二十四天。三月三十日，臺北街頭出現了一場前所未有的大規模集會，主辦者宣稱號召五十萬人民參與，共同要求（一）撤回服貿；(二）通過兩岸協議監督條例；(三）先立法（監督條例）、再審查(服貿)；(四）召開公民憲政會議。

整場僵局中，國民黨的馬英九總統強力捍衛服貿，對於監督條例與公民憲政會議之提議，則是採取了看似不反對的態度。四月六日，與馬英九關係惡劣的立法院長王金平出手介入，向抗議者保證會先處理監督條例，再審查服貿。王金平的聲明獲得其他國民黨內重量級人物的背書，臺北市長郝龍斌及臺中市長胡志強連袂表示樂觀其成，[2]新北市長朱立倫也表達尊重國會自主，[3]他們顯然認為馬英九的強硬立場無助於化解政治對立。利用國民黨內部明顯分裂，太陽花運動領導者宣稱「占領立院行動已完成其階段性任務，取得重要進展」。[4]四天之後，學生與公民撤出立法院，終結了這場引發國內外關注的政治對峙。

馬英九總統從就任以來，試圖與中國和解，成功地降低海峽的軍事緊張與強化經濟關係，但卻未能疏緩臺灣人民對於中國政治與領土野心之憂慮。[5]因此，學生主導的抗議是對馬英九親中路線最大規模的挑戰。同時，對在野的民進黨而言，太陽花運動也帶來難堪的打擊。接連兩次總統大選的挫敗，民進黨正試圖調整傳統上傾向獨立的立場，以因應日益強大與積極的中華人民共和國。[6]在太陽花學運動爆發之前，民進黨對服貿的立場是逐條審

1 眾所皆知，「太陽花」的名稱純屬偶然，是由於某位花店老闆起初幾天的捐贈，媒體捕捉這個鏡頭，並且直接貼上這個標籤。有些參與者對於這個稱呼有意見，傾向於稱之為「三一八運動」。在運動散場前，主要幹部希望不要只將焦點放在學生身上，因而定調為「公民運動」。參見晏山農等，《這不是太陽花學運：三一八運動全記錄》，臺北：允晨文化，頁一四二。

2 見聯合報，二〇一四年四月七日，A四版。

3 〈先立法再審查，朱立倫：尊重國會運作〉，《自由時報》，二〇一四年四月七日。連結：http://news.ltn.com.tw/news/politics/breakingnews/983184，截取時間：二〇一四年九月二十一日。

4 〈太陽花學運學生退場聲明全文〉，《自由時報》，二〇一四年四月七日。連結：http://goo.gl/jXH1Xk，截取時間：二〇一四年十月二十二日。

5 Chu, Yun-han, "Navigating between China and the United States: Taiwan's Politics of Identity." In Gunter Schubert and Jens Damm ed.,*Taiwanese Identity Politics in the Twenty-First Century*. London: Routledge, 2011, pp.149-152.

6 Schubert, Gunter and Stefan Braig, "How to Face an Embracing China: The DPP's Identity Politics and Cross-Strait Relations during and after the Chen Shui-bia Era." In Gunter Schubert and Jens Damm ed., *Taiwanese Identity Politics in the Twenty-First Century*. London: Routledge, 2011, p. 87.

查，而不是完全反對；然而當立法院被攻占了，民進黨就轉向支持學生撤回服貿的訴求。

在知識層面上，太陽花運動有許多吸引人的問題。一般而言，臺灣社會對這種激進的抗議行為並不寬容。根據一項針對東亞國家的研究，臺灣人參與社會運動活動（連署請願、加入抵制、參與示威）的意願，僅比以守法著名的新加坡人高一些，但是遠低於日本人與南韓人。[7]因此，太陽花運動克服了公眾對於抗議的低忍容障礙，發起一場反政府的抗議活動。其次，在立法院周遭的抗議區之外，一般人的日常生活照常運作。臺灣的股市僅在占領運動前三天下跌，後來隨即恢復正常，甚至學生結束抗議之後，收盤指數還比三月十八日高百分之二點四。學生占領立法院是一項激進的行動，但是卻享有廣泛的民意支持。TVBS在三月二十、二十一日的民調數據顯示，約有百分之七十的受訪者同意服貿應逐條審查，百分之四十八民眾支持占領運動；相對地，反對者則是百分之四十。[8]

或許，最重要的知識謎團在於，為何太陽花運動者能夠發動這樣不尋常的抗議，並且引發與政府之間的持久對峙？為何他們能夠避免運動的瓦解，尤其當執政者已經擺出不退讓的姿態？就全世界的社會運動而言，很少有學生能夠如此癱瘓某個政府部門的運作，而且還能聲稱光榮退場。本文將運用蒂利（Charles Tilly）所提出的「政體模型」（polity model）[9]，以及晚近關於政治機會（political opportunity）與策略的論辯，提出一套解答太陽花運動何以成功之理論途徑。

我將指出，純粹的政治機會結構（political opportunity structure）過度重視持續性的制度，而純粹的策略模式只看重戰術與議價，都不足以解釋太陽花運動的結果。相對於此，我將提出一套修正版的政體模型，強調菁英內部分歧、體制內行動者之聯盟等因素，對於運動之結局產生了重要影響。

修正版的政體模型：政治機會、威脅與策略

蒂利提出的政體模型，將抗議者與政府的關係構思成一種政治互動。所謂的「政府」就是政體的核心部分，包括了能「例行而低成本」地使用官方資源的「成員」（members），例如執政黨；社會運動則是扮演了「挑戰者」（challenger）的角色，試圖提出一項其實行結果會與政府掌控者利益相違背的訴求。[10]政體模型強調，政體成員與社會運動之間存在明顯的權力

7 Shigeto Sonoda, "Contending Models for China's Future Development: Society Building and Governance." Paper presented at the 5th International Forum for Contemporary Chinese Studies. August 8-9 2012, Beijing.

8 TVBS民調，連結：http://goo.gl/5nNteI，截取時間：二〇一四年九月十七日。

9 Charles Tilly, *From Mobilization to Revolution*, Reading, MA: Addison-Wesley, 1978.

10 同上注，pp. 52-53.

不對等，因此，挑戰者往往被迫高度依賴體制外的手段，來追求其目標。能夠提出有效挑戰的社會運動，往往是因為參與者之間形成了組織，而且有共享的利益。此外，社會運動也受到許多外部因素的影響，有可能協助或阻礙其抗議活動，蒂利將這些外部因素稱為「機會／威脅」（opportunity / threat）[11]。他將機會與威脅放在一起，是為了強調執政者的回應會提高或降低運動成功的可能性，其方式可能是壓制（repression）、讓步（concession），或兩者混合的某種形態。蒂利的原初提法意味著，機會與威脅是一個連續體，任何抗爭政治的格局中都是如此。

後續的研究者將蒂利富有啟發性的想法，進一步發展成為「政治機會結構」的構念。[12]基本上，政治機會結構可以被定義為「協助或阻礙政治行動者集體行動之體制與制度的特徵」（the features of regimes and institutions that facilitate or inhibit a political actor's collective action）[13]，也就是一系列與國家有關的變項，它們的組合促成或阻止社會運動的發展。為了使政治機會結構更具有經驗操作性，學者指認出其常見的組成成分，包括體制的穩定性、是否有具有影響力的盟友、政策管道的存在、國家鎮壓能力等。[14]這個理論認為，社會運動的肇始往往源自於政治機會結構的開啟，而當其開始緊縮，社會運動就跟著沉寂。在穩固的民主社會中，社會運動的興衰有明顯的週期，因為有利的政治機會結構通常只是短暫的過渡，更常見的是政治平靜；因此促成抗議的機會是很稀少的。

然而，隨著政治機會結構成為社會運動研究的基本詞彙，開始出現各種批評的聲音。首先，反對者聲稱，沒有主觀的評估，就沒有機會的存在。因此，有利的政治機會結構之所以促成運動參與，前提在於集體行動者能夠察覺並且掌握機會。[15]甚至，「政治機會結構」一詞也被認為是「矛盾的修辭」(oxymoron)，因為機會必然是主觀的，而結構則是客觀的。[16]

11 同上注，p. 100,133.

12 Doug McAdam, *Political Process and the Development of Black Insurgency 1930-1970*. Chicago: Chicago University Press, 1982; David S. Meyer, *A Winter of Discontent: The Nuclear Freeze and American Politics*. New York: Praeger, 1990; Sidney Tarrow, *Democracy and Disorder: Protest and Politics in Italy 1965-75*. Oxford: Clarendon Press, 1989.

13 Charles Tilly and Sidney Tarrow, *Contentious Politics*. New York: Paradigm, 2007, p.49.

14 Doug McAdam, "Conceptual Origins, Current Problems, Future Directions." (pp. 23-40); "States and Opportunities: The Political Structuring of Social Movements." (pp. 41-61). In Doug McAdam, John D. McCarthy and Mayer N. Zald ed., *Comparative Perspectives on Social Movements*. Cambridge: Cambridge University Press, 1996.

15 Jeff Goodwin and James M. Jasper, "Caught in a Winding, Snarling Vine: The Structural Bias of Political Process Theory." *Sociological Forum* 14, 1999, pp. 27-55; Charles Kurzman, "Structural Opportunity and Perceived Opportunity in Social Movement Theory: The Iranian Revolution of 1979." *American Sociological Review* 61(1), 1996, pp. 153-170.

16 James M. Jasper, "Introduction: From Political Opportunity Structures to Strategic Interaction." In Jeff Goodwin and James M. Jasper ed., Contention in Context: Political Opportunities and the Emergence of Protest. Stanford

其次，研究者也指出，某些社會運動的出現，實際上是正好面臨了不利的政治機會結構。他們強調，政治局勢的負面轉向往往是有效的動員令，至少對於志得意滿或意興闌珊的運動者是如此。[17] 如果說，政治機會結構與運動參與之間的關係充滿不確定性，那麼這個概念的分析作用就得大打折扣了。因此，也有不少研究者主張，乾脆放棄政治機會結構的概念，改採較不具有決定論式意涵的語彙，來理解運動者所面對的政治局勢。[18]

最後，由於政治機會結構嘗試尋找社會運動的結構基礎，在晚近以來的社會運動研究中，最具有理論化的企圖心，對其失望的後果自然也就使立基於行動者（agency-based）的研究途徑再度獲得重視。策略模型再次開始流行，社會運動被視為一系列反覆出現的運動者與其對手之互動。[19]

本文聚焦於一場大規模的反政府示威，其特色是短暫但激烈的抗爭週期，我認為可以從上述的政治機會結構與其批評意見中，重建一個合適的分析架構。首先，原先的政體模型特別強調社會運動與政府執政者之間的權力落差，因為後者掌握了鎮壓的工具，這項洞見似乎被策略模型的鼓吹者所遺忘了。尤其是在反政府抗議中，高調的反對行動是針對執政者的正當性，而不僅只是特定的政策，政府的容忍度必然較低，也較有可能採取壓制的行動。

另一項政體模型優點在於強調抗議者與執政者之互動關係，一旦政治機會結構理論朝結構主義方向發展，這項特點就消失了。許多古典的政治機會結構研究作品試圖理解促成政治制度演變的長期社會變遷，以解釋為何社會運動能夠在某個特定時期浮現。相對於此，如果是處理較為短暫的反政府運動與執政者之互動，由於制度不太可能出現急遽的變動，我們則可將制度因素放入背景，而不加討論。更進一步來看，這種抗爭往往容易帶來嚴重

CA: Stanford University Press, 2012, pp. 1-33.

17 Ruud Koopmans and Paul Statham, "Ethnic and Civic Conceptions of Nationhood and the Differential Success of the Extreme Right in Germany and Italy." In Marco Giugni, Doug McAdam and Charles Tilly ed., *How Social Movements Matter*. Minneapolis, MN: University of Minnesota Press, 1999, pp. 225-251; T. Dunbar Moodie, "Mobilization on the South African Gold Mines." In David. S. Meyer, Nancy Whittier, and Belinda Robnett ed., *Social Movements: Identity, Culture, and the State*. Oxford: Oxford University Press, 2002, pp. 47-65; Dieter Rucht, "German Unification, Democratization, and the Role of Movements: A Missed Opportunity?" *Mobilization* 1(1), 1996, pp. 35-62.

18 Edwin Amenta and Drew Halfmann, "Opportunity Knocks: The Trouble with Political Opportunity and What You Can Do about It." In Jeff Goodwin and James M. Jasper ed., *Contention in Context: Political Opportunities and the Emergence of Protest*. Stanford, CA: Stanford University Press, 2012, pp. 227-239; Jack. A. Goldstone, "More Social Movements or Fewer? Beyond Political Opportunity Structures to Relational Fields." *Theory and Society* 33, 2004, pp. 333-365; Hanspeter Kriesi, "Political Context and Opportunity." In Doug Snow, Sarah A. Soule, and Hanspeter Kriesi ed., *The Blackwell Companion to Social Movements*. Oxford: Oxford: Blackwell Press, 2004, pp. 67-90.

19 Neil Fligstein and Doug McAdam, *A Theory of Fields*. Oxford: Oxford University Press,2012; James M. Jasper, "A Strategic Approach to Collective Action: Looking for Agency in Social-Movement Choices." *Mobilization* 9(1), 2004, pp. 1-16.

的後果，因為癱瘓政府部門，無異是正當化了執政者採取的嚴厲回應，甚至有可能出現重大的傷亡。因此，在這種互動格局下，策略性計算扮演了更重要的角色，直接形塑了運動的發展與其後果。

最後，另一項政治機會結構研究者沒有使用原本政體模型的成分，是威脅的概念。一開始，蒂利將機會與威脅視為一體兩面，換言之，機會就是威脅消失或減弱；但是後來，蒂利與其門生開始更清楚區分兩者。這項重要的修正是為了因應這樣的狀況：政府官員具有敵意的姿態，有可能促成、而不是削弱抗議活動。一個相關的例子就是北京民主運動中的「四二六社論」，由於人民日報的輿論打壓，造成學生抗議進一步升高，後來導致天安門事件的發生。[20] 如果沒有謹慎地使用政治機會結構的觀點，研究者有可能誤認這是「機會」封閉現象，但事實上，更準確地說，這應該是「威脅」的浮現。換言之，「威脅」不外乎是「如果不採取行動所要付出的代價」[21]。因此，威脅通常會激發更多的抗議行動。

一個修正版的政體模型能綜合關於政治機會結構的正反兩派意見，以解釋反政府示威的進行。要提出一套立基於互動過程的理論模型，關於機會或威脅概念的使用就要能夠容納抗議活動中的策略性因素。本文接下來不使用已經過度負載的「政治機會結構」一詞，而採用「政治機會」或「機會」。在此，機會也要被嚴格定義，它是指「降低抗議動員之成本的政府執政者或政體成員的行為」。

在一些被主要研究者列舉的政治機會清單[22]之中，有不少是特指政治體制的制度面向，例如政治系統的開放性、國家能力、鎮壓傾向、政治進路等，這些都不太會在短期之內出現劇變，也因此可以當做穩定的背景。然而，也有兩項常見的政治機會是特別有關於反政府示威。首先，菁英分裂（elite disunity）可激發抗議，因為運動者可以利用政府官員之間的不一致，提升運動訴求成功之可能性。一旦政府內部出現異議，也就較不可能動用壓制措施。在民主化的研究文獻中，改革派與強硬派的分歧，通常被視為政治轉型的預兆；因為它鼓舞了反對運動的士氣。[23]無論是在中國一九八九年的天安門運動，或是臺灣一九九〇年

20 Craig Calhoun, *Neither Gods Nor Emperors: Students and the Struggle for Democracy in China*. Berkeley, CA: University of California Press, 1994, pp. 47-49.

21 Jack Goldstone and Charles Tilly, "Threat (and Opportunity): Popular Action and State Response in the Dynamics of Contentious Action." In *Silence and Voice in the Study of Contentious Politics*. Cambridge: Cambridge University Press, 2001, p.183.

22 Doug McAdam, "Conceptual Origins, Current Problems, Future Directions." (p. 27); Sidney Tarrow, "States and Opportunities: The Political Structuring of Social Movements." (pp. 54-56) In Doug McAdam, John D. McCarthy and Mayer N. Zald ed., *Comparative Perspectives on Social Movements*. Cambridge: Cambridge University Press, 1996. Charles Tilly and Sidney Tarrow, *Contentious Politics*. New York: Paradigm, 2007, p57.

23 Guillermo O'Donnell and Philippe C. Schmitter, *Transitions from Authoritarian Rule: Tentative Conclusions*. Baltimore: John Hopkins University Press, 1986, p.19; Adam Przeworski, "Some Problems in the Study of the Tran-

的野百合學運，改革派與保守派日益嚴重的內鬥都是促成運動興起的關鍵。[24]

另一個機會則是重要聯盟者之浮現，他們所享有的制度內資源與權力能幫助體制外的抗爭者。社會運動無論具有多麼強大的內部組織，仍缺乏制度性的管道，無法參與實際的決策過程，而這是穩固的政黨所具備的。因此，反對黨的聲援，通常能夠提升社會運動的政治影響力。[25]

菁英分裂與政治聯盟者的出現，能夠降低反政府抗議的成本，但是這一點不應只視為社會運動浮現的結構性前提，這是政治機會結構理論傾向的看法。政府人物之間的權力鬥爭，他們的分歧、派系傾軋、聯盟有可能在無意間導致重大的後果，使得社會運動獲得發展的契機。其次，我們也要注意，運動領導者有可能主動採取策略，去刻意製造菁英分裂，抑或爭取他們的支援。換言之，社會運動不僅只是被動等到政治機會的到來，他們也有可能主動開創機會。

最後，早期政體模型認為威脅只不過是「負面的機會」；但是經過蒂利後來的修正，使得機會與威脅不再是一體的兩面。換言之，威脅意味著不行動（inaction）的成本提高，而不是行動的成本。威脅也是來自於政府執政者或政體成員的言行，它之所以促成抗議，並不是因為它移除了某些既有的、防止集體行動的阻礙，而是散布一種急迫感。因此，機會會帶來運動，是因為運動者的策略評估指認出成功的希望；威脅則是使行動者擔心變成最糟糕的結局，故激發出參與的意願。有一個古典的例子，美國最高法院在一九七三年判決所有州政府的墮胎禁令無效，此舉立即引發支持生命權的反墮胎運動。[26]美國保守派發起一系列反制運動，並不是集體行動的成本產生巨幅改變，而是因為他們認為母職的文化價值被貶低了。因此，威脅的浮現，並不意味政治機會也會產生相應的變化，反之亦然。當然，我們可以期待，當威脅開始減弱，運動參與亦隨之消退時，運動領導者也有可能會採取特定的策略，以強化威脅所帶來的急迫感。

透過上述的政治機會、威脅與策略，我將重建臺灣太陽花運動的過程。我會指出：（一）國民黨立委躁進推動服貿，帶來突如其來的威脅，有利於反對者的動員參與；（二）這同時也帶來了政治菁英的立場移轉，將民進黨推向反服貿陣營，而有利於反服貿運動者；（三）

sition to Democracy." In Guillermo O'Donnell, Philippe C. Schmitter, and Laurence Whitehead ed., *Transitions from Authoritarian Rule: Comparative Perspectives*. Baltimore: John Hopkins University Press, 1986, pp. 47-64.

24 Teresa Wright, *The Perils of Protest: State Repression and Student Activism in China and Taiwan*. Honolulu, HI: University of Hawaii Press, 2001.

25 Diarmuid Maguire, "Opposition Movements and Opposition Parties: Equal Partners or Dependent Relations in the Struggle for Power and Reform." In J. Craig Jenkins and Bert Klandermans ed., *The Politics of Social Protest: Comparative Perspectives on States and Social Movements*. London: UCL Press, 1995, pp. 199-228.

26 Kristian Luker, *Abortion and the Politics of Motherhood*. Berkeley, CA: University of California Press, 1984.

國民黨內部的權力鬥爭將產生有利於占領立法院的機會。

研究問題與研究資料

針對太陽花運動，本文將提出下列的問題：到底是何種機會與威脅促成了這樣不尋常的國會占領運動？菁英分裂與政治聯盟者的出現，是如何影響運動的進程？一旦政治對峙形成了，運動者與政府分別採取何種策略因應？最後，儘管執政者堅持不退讓，為何太陽花運動者仍能以較有利的結果收場？我將檢視二十四天的策略互動，以解答這些提問。

我的研究資料來自於許多管道。在運動進行期間，我一方面從事參與式觀察，另一方面也收集報章媒體與其他網路的資料。在占領立法院結束之後，我開始進行深度訪談，總計有二十二位受訪者，其中包括十二位學生、五位NGO工作人員或志工、五位民進黨立法委員、幹部或助理。策略議題通常是運動陣營的內部事務，因此我的解讀也將比較依賴這些訪談資料。以下，在進入太陽花運動的分析之前，我將先釐清太陽花之前的服貿爭議。

太陽花之前的服貿爭議

馬英九第一任總統任期（二〇〇八～二〇一二）中，於二〇一〇年所簽訂的《海峽兩岸經濟合作架構協議》（ECFA）可說是他推動兩岸關係和解的代表作，這是一項降低關稅與其他貿易障礙的自由化協定。從事後來看，ECFA是國民黨政府的政治勝利，因為它意味著對於中國採取較合作的姿態，能夠為臺灣爭取到更多的經濟利益。而似乎印證國民黨所宣稱的，民進黨也從一開始強烈反ECFA，到後來改口強調ECFA應「更應符合互惠與透明等國際規範，降低臺灣企業因兩岸規模與制度差異所面臨的不利因素」。[27]再者，ECFA也符合中國政府公開宣稱的目標，即是以「充分利用其經濟實力」[28]，將臺灣拉進一個更緊密的關係。因此，更密切的兩岸經貿往來，代表國民黨與共產黨的雙重勝利，有效地將民進黨邊緣化。

簽訂ECFA之後，兩岸官員更密集地進行協商，直到二〇一四年三月為止，總共簽署了二十一項協定，而且在國內並沒有遇到太多反對的聲浪。服貿簽訂於二〇一三年六月二十一日，是其中第十九項協定。後ECFA的演變帶給國民黨政府十足的信心，他們相

27 民主進步黨中國事務委員會，《二〇一四對中政策檢討紀要》，臺北：民主進步黨，二〇一四。
28 Shu Keng and Gunter Schubert, "Agents of Taiwan-China Unification? The Political Roles of Taiwanese Business People in the Process of Cross-Strait Integration." *Asian Survey* 50(2), 2010, p. 289.

信服貿一樣會輕鬆過關，加上民進黨亟欲擺脫「逢中必反」的標籤，也讓國民黨預期可以輕易處理國會內部的反對聲音。服貿於上海簽訂之後四天，朝野立委達成共識，將以「逐條審查、逐條表決」方式處理服貿，這也是民進黨的基本態度。在臺灣的政治光譜中，只有台聯是高舉反服貿立場，但他們在立法院僅有三席的實力。[29]

然而，從事後來看，國民黨政府顯然明顯低估了公民社會、專業人士對於服貿的反彈，因為其中有不少直接涉及經濟的利益。協商服貿的過程過於保密，幾乎沒有任何國內業者代表或領袖被諮詢，也沒有被事先告知，一直到正式簽訂的前幾天，服貿的消息才正式被媒體揭露，公眾才知道原來一項大規模的臺灣服務業開放即將到來。而直到簽訂之後，才公布要開放中國投資與中國人前來工作的六十四項服務業類別。國策顧問郝明義原本是馬英九的支持者，他代表出版業者的利益，首先發難。郝明義指出，容許中國投資臺灣的印刷業，卻沒有要求中國開放臺灣出版商在對岸的經營，將會導致臺灣出版業的浩劫。他之後公開辭去國策顧問一職，以抗議政府忽略國家安全並且違反民主程序。接下來，藝文界、醫療工作者、社會工作者、美容美髮業者也開始對服貿提出反對的意見。

二〇一三年夏天，公民社會反對服貿的勢力開始集結。七月二十八日，一群關注勞工、性別、環境、社福、人權的NGO組成了「反黑箱服貿民主陣線」（簡稱民陣），帶頭的是賴中強律師。自從ECFA簽訂之後，賴中強積極串連不同的社運組織，提升不同公民團體對於兩岸議題的重視。民陣主張，兩岸協議應要有明確的監督與程序透明，而公民社會在其中應扮演一定程度的角色。在賴中強的主導下，民陣將「黑箱」定位為主要論述，而國民黨執政者後來也一直無法擺脫質疑者對這一點批評。

民陣代表臺灣公民社會中較為建制化的一翼，之後學運分子在九月九日組成「黑色島國青年陣線」（簡稱黑島青），在總統府與立法院展開多次激進的抗議行動。臺灣的學生運動沉寂過一段期間，在二〇〇八年十一月野草莓學運重新復甦，起因於當時剛上台國民黨政府為了迎接中國特使，各種維安措施導致的危害人權行為。野草莓學運最後雖然無法獲得政府正式的道歉，卻召喚出一批新世代的學生運動者。二〇〇八年之後的大學校園，學生異議社團紛紛浮現，環境保護、都市更新、土地徵收、媒體壟斷……等等議題，大規模的學生參與成為常見的現象。[30]因此，儘管黑島青在成立之初只有約二十人，但卻附著在一個

29 反服貿運動者很早就懷疑民進黨對於服貿的立場。事後，黑島青的魏揚聲稱「之前一開始反服貿時，就感受到民進黨態度非常曖昧」，因為民進黨有人在中國有龐大的生意。見〈應對張志軍，魏揚對民進黨失望〉，中央社，二〇一四年六月二十九日。連結：http://goo.gl/fAopYC，截取時間：二〇一四年七月七日。

30 Ho, Ming-sho, "The Resurgence of Social Movements under the Ma Ying-jeou Government: A Political Opportunity Structure Perspective." In Jean-Pierre Cabestan and Jacques DeLisle ed.,*Political Changes in Taiwan Under Ma Ying-jeou: Partisan Conflict, Policy Choices, External Constraints and Security Challenges*. London: Routledge, 2014, pp100-119.

逐漸擴散中的全國性青年動員網絡上。

民陣與黑島青攜手合作，要求國會收集更多的民間意見，才能進行服貿審查。從二〇一三年七月到二〇一四年三月，共有二十場的公聽會在立法院進行，其中國民黨立委主持十二場，而民進黨主持八場。朝野陣營積極採取議事策略，國民黨希望加速進行，曾在八天內召開三場公聽會；而民進黨則是小心翼翼，企圖在反服貿陣營的壓力與擺脫反中標籤之間找到平衡點，因此，他們採取固定的節奏，每兩週召開一場公聽會。

「半分忠事件」：威脅與菁英重組

二〇一四年三月十日，最後一場公聽會結束，根據立法院的議事規則，接下來就應開始內政聯席委員會的二讀審查。由於委員會召集委員對議事進行有高度的引導力，因此如何在己方立委輪值召委之際，將服貿排入審查，便成了兩黨爭奪的重點。根據輪值召委的規定，三月十二日開始應是由民進黨來擔任該週的內政聯席委員會召委，但是國民黨不放心民進黨所主導的議程，因此又將服貿審查拖延了一週，輪到國民黨籍的張慶忠擔任召委。三月十七日下午，張慶忠要上主席台時被民進黨立委包圍，無法順利召開會議。在一陣朝野立委的扭打之際，張慶忠突然用私藏的麥克風宣布服貿已經完成二讀審查，直接送院會。混亂的三十秒內，張慶忠做出這樣重大的裁決，並且立即宣告會議結束，讓許多反對黨立委與記者感到錯愕。國民黨的議事策略明顯違背了原初「逐條審查、逐條表決」的承諾，三位民進黨立委隨即決定，隔天下午開始禁食抗議，但這項舉動很快被幾個小時後的占領立法院掩蓋了。

反服貿運動者沒有料想到，國民黨會採取如此極端的策略。在三月十七日的「半分忠」事件之前，民陣正在規畫小冊子的出版，希望藉此向更多公眾宣導服貿可能帶來的經濟與社會危害；黑島青也在討論是否進行全國性的校園巡迴講座，以喚起更多的學生關注。服貿有太多技術性細節，一般民眾真的很難了解，所以兩個反服貿團體皆積極宣傳，希望能獲得更多注意。國民黨在立法院的強行推動，意外地為服貿帶來全國性的關注，而這正是反對者一直積極想要營造的。

事實上，一份二〇一三年六月、服貿簽訂後一週的民調顯示，百分之四十七點四的受訪者認為其中條約不利於臺灣，只有百分之二十四點九認為是有利的，另外百分之二十四點四不表意見。[31]在同年底的臺灣社會變遷調查資料，也顯示對於兩岸日益熱絡的經貿往來之普遍疑慮，分別有百分之七十三點七與百分之五十三點九的民眾反對「中國大陸人來臺

31〈台灣指標民調，六成四主張立院審查〉，《自由時報》，二〇一三年六月二十九日。連結：http://goo.gl/W6Nzjh，截取時間：二〇一四年六月十六日。

灣工作」與「臺灣人赴中國大陸投資或工作」。[32]

更值得注意的是，臺灣民眾比馬英九政府更在意經濟關係所帶來的政治後果。國民黨一直強調服貿的經濟作用「利大於弊」，而沒有正視公眾對於政治自由威脅之擔憂。當問到那些情況會導致「贊成和中國和平統一的民眾增加」，高達百分之五十四點五的受訪者認為「臺灣與中國大陸的經濟關係越來越密切」，其他依序則是「中國大陸政府的國際地位和影響力繼續上升」（百分之四十四點二）、「中國大陸不承認中華民國的主權」（百分之十五點三）、「中國大陸繼續由共產黨一黨專政」（百分之七）。[33]很明確地，臺灣人民認知到經濟依賴有可能帶來相當程度的政治風險，而且其威脅性遠比中國在國際舞台崛起，或是不承認臺灣主權更大。

從事後來看，「半分忠」事件是一種能激發運動參與的威脅，因為原本就有相當多人對於更緊密的兩岸經貿關係感到疑慮，但卻一直沒有參與抗議活動。國民黨立委充滿爭議的議事操作，正好落實了服貿是巨大黑箱的指控。而且，為了推動兩岸貿易，臺灣的國會民主程序被輕易踐踏，成為連帶的損失，這一點也使得反服貿運動者的說法更具可信度。如此一來，一群憂慮政治與經濟後果，但卻一直沒有關切服貿議題的公民，立即成為可被動員的資源；也因此，事後一位太陽花運動的學生領袖指出，他們應該好好謝謝張慶忠的舉動，因為這使他們獲得了全國性的關注。[34]事實上，一直到衝進立法會之前，民陣的運動幹部也承認，「早有心理準備服貿協議擋不下來，但至少拖到六月會期結束，三月中就強行通關讓人措手不及。」[35]

更進一步說，三月十七日的發展也帶來政治菁英的重組與立場移轉，將民進黨推向堅定反對服貿的陣營。當時，民進黨正處於反服貿運動者的施壓與修正其反中立場以迎合選民的雙重壓力，他們支持逐條審查，但是對於服貿卻沒有明確表態。事實上，在三月十三日，民進黨中央黨部公布一項民調，其中有百分之四十一的民眾「最不能接受民進黨逢中必反」。[36]在服貿議案開始審查的關鍵時刻，民進黨高層為何決定透露這些訊息，令人十分好奇。有一種猜測認為，這是民進黨釋出訊息，暗示其願意在服貿議題上讓步。因此，可以理解太陽花運動者後來指出，在占領運動爆發之前「就感受到民進黨態度非常曖昧」。[37]

32 傅仰止等，《臺灣社會變遷基本調查計畫第六期第四次調查計畫執行報告》，臺北：中央研究院社會學研究所，二〇一四。

33 同上，頁二一〇～二一一。

34 吳錚在臺北的一場座談會中提到這點。二〇一四年九月二十日，作者田野筆記。

35 林怡廷，〈臺北之春〉，《公共知識分子：太陽花學運專號》，臺北：公共知識分子出版社，二〇一四，頁三三～六三。

36 〈逢中必反印象，民進黨：檢討〉，《自由時報》，二〇一四年三月十四日。連結：http://goo.gl/xbn9il，截取日期：二〇一四年九月二十二日。

37 見注二十九。

一旦國民黨立委決定略過實際審查程序，就等同剝奪民進黨發揮作用的空間，使其無法參與修改兩岸經濟整合的進程。而正是由於其政體成員身分受到挑戰了，民進黨後來選擇了支持太陽花運動，要求撤回服貿。在占領國會的二十四天中，民進黨立委輪班協助占領者可以自由進出立法院議場，中央黨部社會運動部更派人進駐占領現場，以便即時提供需要物資；三月二十一日，民進黨更動員全國支持者，以展現其支持學生的決心。簡而言之，國民黨突如其來的議事攻勢反而為反服貿運動者爭取到政治聯盟者。

如果說「半分忠」事件形成了威脅，促進動員，並導致菁英立場移轉，那就得要解釋國民黨為何會決定採取如此冒進的舉動？作者傾向認為，國民黨領導者犯了兩項策略失當：他們低估了公眾對於與中國經貿往來的潛在擔憂，而且也錯誤地假定，阻擾議事的民進黨是反服貿的主力。事後，民進黨中國事務部主任指出，國民黨政府太不重視服貿的公共宣傳，如果國民黨採取之前推動ＥＣＦＡ的大規模宣傳，也許會改變一般民眾對服貿的想法。曾擔任內政聯席委員會主席的段宜康也對國民黨團主戰派抬頭表示感到意外。在訪談中，段宜康表示，如果國民黨遵照原先的決議，逐條審查，服貿通過時機可能會比國民黨高層預期的更晚，但是民進黨就很難找到反對的理由。

太陽花運動的演進

反服貿運動者之所以能攻占國會殿堂，進而製造一場政治對峙，受到許多短期的政治偶然性因素影響。修正的政體模型注重政治機會、威脅與策略，尤其是這些因素如何在短暫的激烈對抗中產生作用。這一節將二十四天的占領立法院劃分為五個階段，以此觀察抗議者與執政者之互動。[38]

（一）攻占立法院（三月十八～十九日）

針對國民黨立委突如其來的服貿攻勢，民陣與黑島青暗中規畫一場游擊戰式的抗議，在三月十八日晚間九點衝入立法院。駐守的警察完全沒料想到會有這樣的抗爭，因此那時大約有五十名抗議者，成功地翻越圍牆。有些抗議者集結在立法院中庭，高喊反服貿的口號，但另一群人則是直接打破玻璃門，闖入立法院議場。十點左右，進入議場內的抗議者已經有兩百多名，他們決定堅守陣地，設置路障，並且選出了領導的核心成員。此時，衝

38 晏山農等人在《這不是太陽花學運：三一八運動全記錄》中的分期是：（一）混沌期群英異音，三月十八～二十三日；（二）氣爆點，三月二十三～二十四日；（三）回穩期狼煙再起，三月二十五～三十日；（四）收尾期遍地開花，三月三十一日～四月十日（見第十九頁）。儘管名稱差異頗大，不過對於重要分期事件的看法算是一致的。

進立法院的消息立即透過網路傳播出去，吸引許多支持者前來現場聲援。到了午夜，已經有約兩千多名抗議者群聚在青島東路與濟南路（圖一），對立法院駐警形成反包圍的陣勢，也使試圖驅離抗議者的舉動變得十分困難。瓶裝水、食物、急救藥品與其他物資很快被送到議場內，以因應有可能長期持續的占領運動。從事後來看，立即而迅速後勤反應，使占領立法院行動成為可能。

在此之前，民陣與黑島青的抗議活動基本上並沒有太大程度的挑戰法律。他們參與公聽會、舉行街頭抗議、遊說反對黨政治人物。訪談中，一些核心運動者透露，在三月十七日的事件之前，他們幾乎已經窮盡了各種體制內的管道，私底下對反服貿的終極目標其實是感到悲觀的。因此，國民黨立委強行通過服貿之舉動，反而成了反對者能夠利用的契機，既然對手已經採取如此

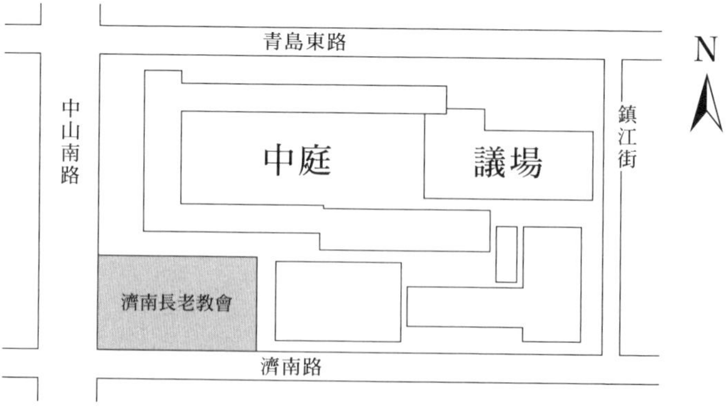

圖一———立法院及其周邊環境

非常手段，更強烈的抗議也就成了順勢而為的回應。不是在圍牆外，而是在立法院內靜坐，儘管涉及違法，卻是提高抗議姿態的合理方針。核心運動者認為，既然國民黨可以不顧基本的法治精神，那麼他們的公民不服從也是有道理的。

直到三月十九日清晨，警察與抗議者至少有四波肢體衝突，然而警察試圖驅散抗議者的企圖最終仍告失敗，有一些原因可以解釋這個結果。首先，由於情報錯誤，十八日當晚警察主要的人力是部署在總統府，而不是立法院；其次，支持者快速動員，在立法院外形成聲援群眾，使強制驅離變得困難重重。警方需要先清空青島東路與濟南路，才有辦法重新奪取立法院議場。第三，接近半夜時，民進黨與台聯黨的主席都來到立法院，反對黨的政治人物也開始靜坐聲援學生，這項舉動使鎮壓的政治成本提高了。最後，或許是最重要的關鍵，也就是立法院長王金平的態度，因為就法律以及政治層面而言，院內的警力調動要先取得他的同意。在事件爆發的前幾個小時，王金平同意警方的強勢作為，要求驅趕非法闖入者，但是後來他決定採取中立的立場，拒絕了警力的增派。並沒有證據顯示王金平反對服貿，那麼他為何後來決定要容忍立法院被攻占的激進抗爭？

二〇一三年秋天以來，馬英九與王金平的關係急遽惡化。太陽花運動爆發時，王金平正為了其黨籍在與國民黨打官司。如果王金平確定被開除黨籍，他就喪失了立法院長的身分。而他的官司案一審結果正巧將在三月十九日下午宣判，也就是學生攻占立法院後不到十二小時。如果官司結果不利於王，他有可能立即喪失立委與院長的資格。從這個角度思考，王金平沒有必要對學生採取強硬立場，因為這不但會傷害他個人的聲望，也只會幫了他的政敵。

十九日下午，王金平得知一審勝訴。那時，從中南部北上的學生陸續抵達，立法院外已經有上萬聲援者聚集。很明顯，當局已經錯失良機，無法在一開始瓦解占領運動，而抗議者與政府的對抗也隨之升高。

王金平的中立態度就是一種菁英分裂所帶來的政治機會。學生決定要衝入立法院時，他們沒有設想到這樁即將宣判的官司，更沒有料到王金平會決定不增派警力。比較有可能的情況是，王金平的袖手旁觀，是他與馬英九鬥爭的一著棋，因為服貿所引發的爭議，必須由馬英九承擔政治責任。如果這樣的推論是正確的，菁英不合本身並不會自動地有利於社會抗爭，必須是由特定的社會運動策略激發的才會。從另一個角度思考，三月十七日晚間，反服貿運動者原先規畫在總統府前抗議，到了隔天下午，才臨時移轉到立法院。如果他們按照原先計畫，反服貿運動者發動占領凱道的行動，那麼既有的馬王鬥就不會成為有利於抗議者的政治機會，因為王金平沒有立場介入抗議者與政府的爭端。

（二）升高抗爭態勢vs.拖延戰術（三月二十～二十四日）

二十日，太陽花運動領導者正式提出他們的訴求，要求王金平撤銷「半分忠」事件的會議結論，對服貿進行逐條審查。其次，他們要求與馬英九直接對話，談論關於服貿與監督條例的議題。抗議者給政府二十四小時考慮他們的訴求，但國民黨政府選擇拖延，不回應。二十一日晚間，太陽花運動領導者號召全國支持者，包圍各地國民黨地方黨部。根據新聞媒體的報導，全臺至少有十八處的地方黨部出現抗議行動，臺中、臺南、高雄的國民黨地方黨部，更聚集了上千名群眾。

國民黨政府一開始不願意正面回應這場政治危機，馬英九要求王金平處理，但後者斷然拒絕。行政院長江宜樺直到二十二日才與學生面對面對話，明確拒絕撤回服貿與立法規範兩岸協議。隔天上午，馬英九召開記者會，強力批評占領的非法行為，反覆強調服貿是「利大於弊」。

馬英九與江宜樺決定採取強硬態度，其他國民黨籍重要人物卻透露出比較寬容的想法。臺北市長郝龍斌二十日表示，「要尊重學生，強調驅離不是一個好的做法」。[39]兩天後，新北市長朱立倫也傳達了類似的訊息，他認為「學生是在追求民主的目標」，因此，服貿審查要

39〈郝龍斌：驅離不是好做法〉，《自由時報》，二〇一四年三月二十日。連結：http://goo.gl/2xwJ64，截取時間：二〇一四年九月二十二日。

「非常公開、非常透明」。[40]郝和朱都被視為馬英九的接班人，他們對運動較友善的姿態，顯示其特意與馬江有所區隔，國民黨領導高層出現了明顯的裂縫。這使警方強制驅離變得十分困難，也給太陽花運動有利的空間。[41]

由於占領運動一開始即面臨馬英九的消極對待，太陽花運動者決定升高壓力。馬英九的記者會之後，議場內領導階層決定號召公民憲政會議，以因應當前的政治危機；同時也更進一步號召罷課與罷工。但議場外，另一群太陽花運動者卻試圖將運動引導到更激進的方向。在與議場內幾次不成功的溝通之後，議場外的運動者決定轉往鄰近的行政院發動抗議。[42]二十三日晚間七點左右，行政院外有人開始靜坐抗議；行政院前廣場很快地就被占領，且聚集了上萬名的抗議者。之後，有抗議者闖入行政院辦公大樓，但這卻提供了當局強力鎮壓的最好藉口。二十四日凌晨開始，警察以棍棒、盾牌、水砲車攻擊和平的示威群眾，總計有超過五百位民眾受傷，甚至有的有嚴重的頭部傷勢；六十一位抗議者被逮捕。警方只花了幾個小時，就奪回被包圍的行政院，但過當的「國家暴力」，尤其是針對和平群眾鎮壓的經過，卻被許多智慧手機拍攝下來，各種流血影像在網路上流傳，震撼了臺灣大眾。

（三）尋找突破空間 vs. 敷衍戰術（三月二十五～三十日）

占領行政院行動遭到鎮壓，議場內溫和派與議場外激進派開始相互指責，一時間「切割」、「審判自己兄弟」的指控，引發領導中心士氣危機。[43]太陽花運動者很快地在二十五日重新確立其領導結構，由三十人組成的代表大會（其中包括二十位學生、十位ＮＧＯ代表），以及九人小組（五位學生、三位教授、一位律師）形成運動中樞，而直到運動退場為止，這個領導架構大致上都能對運動者進行有效地指揮。[44]

二十三日晚間攻占行政院一事引發外界的批評，立場較溫和的國民黨領袖，如郝龍斌，之前呼籲寬容，後來也轉向法律與秩序的陣營。從事後來看，這項舉動阻止國民黨內部進

40〈肯定學生善良，朱立倫：服貿審查要「非常公開、非常透明」〉，《自由時報》，二〇一四年三月二十二日。連結：http://goo.gl/WMwxUK，截取時間：二〇一四年九月二十二日。

41 事實上，這並不是郝龍斌與朱立倫第一次選擇親近社會運動的立場，而與馬英九政府形成公開的分裂。福島事件之後，臺灣反核運動高漲，郝朱兩人在二〇一一年之後即表達過類似的看法。參見Ho, Ming-sho, "The Fukushima Effect: Explaining the Recent Resurgence of the Anti-nuclear Movement in Taiwan." *Environmental Politics* 23(6), 2014, pp. 965-983.

42 林傳凱，〈二〇一四年「反服貿」抗爭中的權力、民主與異質實踐：歷史社會學視角的初步分析〉，收錄於劉定綱編，《三一八占領立法院：看見希望世代》，臺北：奇異果文創，二〇一四，頁二四二～二四六。

43 楊翠，《壓不扁的玫瑰：一位母親的三一八運動事件簿》。臺北：公共冊所，二〇一四，頁五十二～七十八。

44 順帶一提，為何太陽花運動能在行政院事件後重組其領導中心，一部分原因在於激進派領袖有些後來忙於逃避警方的追捕，有些則是打擊過大，暫時離開了運動。無論是否為自願，他們的退出，解決占領初期運動領導權的爭奪。也因此，領導中心後來就落到議場內的核心參與者身上，直到運動落幕。

一步的分化，而這原本是太陽花運動可以進一步利用的機會。

整體而言，鎮壓使得馬英九與江宜樺承受了更大的壓力，用不成比例的警察武力驅散行政院前的抗議者，結果適得其反，社會上開始浮現各種批評「國家暴力」的聲音。官員們試圖淡化其暴力程度的各種說詞，明顯與拍攝到的影像格格不入，電視上看到的，就是許多抗議者被毆打，有些人被打得頭破血流，有些人甚至喪失意識。因此，國民黨執政者被迫做出局部讓步，以因應公眾輿論。二十五日，總統府一改之前拒絕接見學生的高傲立場，表達願意無條件接見學生。四天之後，馬英九再度召開記者會，首先肯定「青年朋友關心社會、參與民主的具體實踐」，但是對於學運主要訴求卻是採取實問虛答的方式：（一）針對兩岸協議監督，他支持本會期完成立法；（二）他反對「先立法、後審查」，主張同時進行；（三）對於「召開公民憲政會議」，可以考慮「經貿國是諮詢會議」等其他形式；（四）他明確反對「退回服貿」。不過行政院隨即提出「臺灣地區與大陸地區訂定協議處理及監督條例」草案（四月一日），雖然草案內容不外乎是將既有的做法法制化，再於之後召開「經貿國是會議」的記者會（四月三日）。但可觀察到，儘管馬英九沒有改變其基本立場，仍堅持服貿不能撤案，他的態度卻已從原先的不理不睬，轉為釋出善意，以虛與委蛇方式回應抗議者的要求。

太陽花運動在第一週學到慘痛的教訓。各地國民黨部的抗議行動幾天後就逐漸消散，只有一家銀行工會「間接」響應罷工的訴求。儘管仍有上萬名學生群聚在立法院外抗議，但實際上只有少數教學單位真正停課，以配合罷課的訴求。而行政院事件帶給運動者的啟示則是，若要再用相同的手法攻占政府官署，只會徒勞無益。太陽花運動的策略選項被限縮了，他們接下來只能更小心行事。二十七日，運動者決定舉行一場大型的遊行集會，同時發動立委連署，要求各黨派委員能夠承諾優先處理兩岸協議監督條例。學生領袖明白指出，如果可以收集到過半的委員簽名，他們就會退場——這意味著太陽花運動決定讓步，不再強硬堅持撤回服貿。

爭取立委簽署承諾書的活動，是試圖在國民黨立委與馬英九之間製造分歧，如果國民黨立委能夠不顧黨意，就可以克服馬英九拒不讓步的堅持。同時，為了配合策略的移轉，太陽花運動者開始避免批評王金平。一開始，王金平也是被運動者指責的對象，運動者認為他也要為「半分忠」事件負責；但後來太陽花運動卻開始擺出「尊王」的姿態，希望能爭取親王金平的國民黨立委之支持。

三月三十日的大遊行獲得空前的成功。一開始，太陽花領導者擔心參加者可能會不到十萬，前一天的臺北雨勢也為這場活動帶來陰影。因此，運動內部已經在討論是否要接受馬英九的提議，立法與審查同時進行。結果遊行當日晴空萬里，估計約有五十萬人參與這場前所未有的抗議活動。在晚間七點的結尾演講之前，運動領導群決議堅持原先的四點要求，不接受立法與審查同時進行，這項決定讓政治僵局進入了第三週。

（四）維持對峙局勢vs.營造鎮壓條件（三月三十一日～四月五日）

對太陽花運動領導者而言，三三〇是一場成功的群眾動員，但卻無法逼使國民黨政府作更多讓步；再且，更令人擔憂的是，立法院外圍的抗議群眾開始減少。上千名抗議者在濟南路與青島東路餐風露宿長達兩週，很明顯，許多人已經感到精疲力竭。大學生更是面臨即將到來的期中考，不少人準備回學校。四月一日，白狼揚言要帶領群眾進入立法院，外場再次出現保衛學生的人群，但是也只有一天的效果，無法挽回已逐漸消散的運動氣勢。

四月頭幾天可以說是整個運動最低潮的一段時間。沒有一位國民黨立委願意簽署承諾書，而且公眾對於占領運動的支持度也開始降低（表一），核心成員中也已經有人開始公開討論如何能安全而有尊嚴撤退的問題。第三週，議場內領導者唯一發起的活動是「人民議會」，以審議民主的方式討論監督條例；以及六日進行的「公民憲政會議草根論壇」，這兩場活動都有近千名群眾參與。顯然，他們能做的也只是努力維持對峙局勢，再也無法發起任何的攻勢了。

所幸，外場自發性團體維持了這個時期的學運動能。主要由南部學生組成的「民主黑潮」發起一連串掃街踢館的活動，在四～九日於各地進行抗議，企圖以此向國民黨立委施壓。PTT鄉民的「割闌尾行動」，利用網路平台發起罷免國民黨立委之連署，也是在這個時期出現。三十一日，「割闌尾行動」決議優先鎖定林鴻池與張慶忠兩位立委；三日，小蜜蜂戰

表一——支持與反對占領國會的民意調查

日期	3/21	3/23	3/24	3/25	3/26	3/30	3/31	4/3
執行單位	TVBS民調中心	今周刊	TVBS民調中心	自由時報民調中心	台灣指標民調	新台灣國策智庫	TVBS民調中心	TVBS民調中心
支持	48	65	51	70	63	55	48	26
反對	40	27	38	20	20	36	38	33

單位：%

說明：

1. 24天的太陽花運動，總計有12份民調，在此只列出其中8份。未列出的4份，有3份沒有詢問受訪者關於占領國會的看法，唯一一次的官方民調，也就是4月2日由國家發展委員會所做的調查，問題帶有引導性，亦不列入。
2. 表中所列的數據，有四份來自親國民黨的「TVBS民調中心」（http://home.tvbs.com.tw/poll_center），有兩份分別來自親民進黨的「新台灣國策智庫」（http://goo.gl/MRcBUo）與《自由時報》（http://goo.gl/XSblNz），其餘兩份則來自較中立的《今週刊》（http://goo.gl/9X5E5A）與「台灣指標民調公司」（http://goo.gl/uZFb7V），資料截取時間皆為2014年9月22日。
3. 如果民調日期橫跨兩天，表中標明的是結束日期。
4. 4月3日的調查問題選項還包括「移地抗議」，獲得23%受訪者支持。

鬥隊成立，號召民眾在各地發放文宣，之後甚至在全臺各地發展出上百個的「蜂巢」。

儘管出現這些分散於不同面向的運動策略，但太陽花運動最大的困境，其實是民意支持已經開始流失。表一呈現了三月二十一日至四月三日之間的民意調查，結果顯示，二十三日攻占行政院之激進行為並沒有減損公眾的支持，相對地，三十日成功的和平集會之後，支持度卻明顯陡降。可見民眾已經開始逐漸喪失對國會占領行動的容忍度，尤其當抗議行動看來會一直持續下去時，更是如此。

國民黨在三十日大遊行後不再回應學運，而開始積極營造鎮壓學運的輿論。三日下午，國民黨秘書長舉行記者會，痛批學生占領國會是違反民主的行為；緊接著，江宜樺也召開記者會，批評學生領袖一再升高訴求，導致政府難以讓步。同一天，國發會發表一份民調指出，「近五成八民眾認為學生應先離開讓國會恢復運作」。也有媒體釋放訊息，指警察進入議場「不須立法院長王金平同意，只須知會一聲就可以」。四日，傳出著有鎮暴裝的警察開始集結的消息。國民黨政府顯然認為，民意已經久候不耐，以武力驅離學生的時機逐漸成熟。五日晚上，民進黨召開記者會，警告馬英九不可動用警力驅離學生。這些演變都顯示：國民黨已經準備好要與太陽花運動最後攤牌。

（五）光榮退場（四月六～十日）

正當學運朝向悲劇性方向發展時，王金平適時出手，六日上午在立法院議場外表示「在兩岸協議監督條例草案完成立法前，將不召集兩岸服務貿易協議相關黨團協商會議」。王金平的聲明除了肯定學運的理想性格，也呼籲執政黨要有氣度，在野黨要有智慧。據了解，議場內學生事先也不知道聲明稿的內容，是王金平來訪一小時前，才由媒體得知此事。他們很快就決定不與王握手，但也不呼口號，以免形成對立。

王金平後來宣稱，他的介入是必要的。因為國民黨與民進黨各有堅持，使王金平原本試圖召集朝野黨團，尋求共識的努力失敗，但為了不危害自己的政治生涯，王金平確實有可能努力去避免立法院的流血衝突。無論其真正意圖為何，對太陽花運動而言，王金平所提的條件比馬英九更好，更接近先立法、再審查的訴求；當然，這項保證也有風險，因為國民黨立委仍有可能完全不經由朝野協商，再度強推服貿。

隨著運動氣勢的潰散，王金平的出招逼使太陽花領導者需要以正面方式做進一步回應。王金平突如其來的造訪之後，林飛帆在中午召開記者會表示「這個島嶼終於重見天光！」接下來兩天內，學運幹部與NGO密集開會討論，最後決定在十日（週四）撤出議場，並於七日晚間正式宣布這個訊息。後續經歷了四次、長達二十小時的會議，學運核心幹部儘可能疏通內部反彈，安撫不滿的情緒。儘管有若干團體揚言拒絕撤出立法院，也有些許抗議決策黑箱的聲音，不過這次占領立法院的行動最後還是在十日晚間和平落幕。

太陽花參與者的確需要花時間來清理已經被占領三週之久的立法院議場，以及處理議場內外堆積如山的物資和民眾捐款，但選定十日退場，事實上是有其策略上的意涵。當時，國民黨放出消息，可能會在其他場址召開立法院院會；選擇十日退場，讓立法院可以在十一日召開全院例行院會，避免國民黨有其他藉口。

對國民黨政府而言，王金平的聲明讓他們十分難堪。他支持運動陣營「先立法、後審查」的訴求，直接與馬英九的「同時處理」牴觸，此舉意味國民黨內部分裂擴大。在此之前，馬王鬥爭涉及許多議題，但其中並沒有包括兩岸政策，因此，占領運動加劇了既有的菁英分裂，結果使得反對者獲利。王金平措詞謹慎的發言，表明他支持對中國協商應有更多的監督，顯然是支持太陽花運動第二週之後的訴求重點。

國民黨內部對此的反應相當兩極。儘管國民黨團在當天下午就痛斥「王金平出賣國民黨」，顯然他們事先並不知道王金平的意圖。但朱立倫、郝龍斌等直轄市首長也由一開始對學運採取友善但消極的態度，轉向積極支持王金平對學運的回應。因此，總統府事後也只能在七日的新聞稿上辯稱，王金平不反對逐條審查，甚至是「與政府的一貫主張並不衝突」。執政黨內部的鬥爭有助於太陽花運動宣稱取得勝利的成果。因此，運動者將他們撤出立法院的決定，稱為「轉守為攻、出關播種」。[45] 換言之，雖然無法迫使政府放棄服貿，太陽花運動仍成功地阻止立即通過服貿，並且將「兩岸監督協議條例」推上立法的議程。

分析與討論

上一節從機會、威脅與策略的觀點，重建了二十四天占領立法院的過程。我試著提出一套精簡，但不過度簡化的模式，濃縮處理臺灣政治史上規模最大的集體抗爭行動。根據我的分析，社會運動與政府不可避免地處於一種「反覆性的策略共舞」（an iterative strategic dance）[46]。

上述的敘事印證了幾點關於此類型抗議的觀察，例如鎮壓有可能反而傷害執政者，以及長期維持集體動員之困難。國民黨政府強硬對待占領行政院的抗議者，固然阻止運動者進一步的激進化，但是也因為使用過度的暴力而付出了政治代價。正是媒體在事件發生後對「國家暴力」的密集報導，才使執政者從一開始的拒絕回應，轉至較正面對待的姿態。

從運動者的角度來看，持續的動員本身就帶有高度困難。一開始，群眾的不滿與參與熱忱是高昂的；但是時間一拖久，挫折感與倦怠開始浮現，這使得運動者與政府之間的僵局變得十分不穩定。反政府示威要製造、維持對峙，以逼使執政者願意談判，但是很明顯地，

45 見注四。

46 Neil Fligstein and Doug McAdam, *A Theory of Fields*. Oxford: Oxford University Press, 2012, p. 84.

時間並未站在抗議者這一邊。在衝進立法院的三月十八日，太陽花運動者一開始沒有料想到這會是一場長達二十四天的消耗戰，經過三個多星期，動員力道減弱，這使得他們陷入非常危險的情境。一開始，威脅激發了運動參與，但隨著學生們成功癱瘓國會，這種急迫感開始消失。從事後來看，太陽花運動最成功的策略是占領立法院，將反對黨推向反服貿的陣營，也加劇了執政黨內部的不一致。如果說政治機會能夠有助於抗議行為，前提在於運動者施展了適當的策略。

最後，策略觀點也指認出團結之重要性，尤其是在政治對峙的情況下。太陽花運動初期，溫和派與激進派爭奪領導權，導致規畫不周的占領行政院事件。一陣混亂之後，運動者成功地重建領導核心，並且一直到退場前都避免嚴重的分歧。相對地，國民黨自始就是處於分裂的狀況。馬英九與王金平之間的個人恩怨，使抗議者能夠在三月十八日闖入立法院之後堅守陣地，也讓他們最後可以在四月十日宣稱取得勝利。臺灣太陽花運動印證了社會運動研究文獻中的發現：菁英分裂往往是成功的抗議之前提。

結　論

二〇一四年春天，臺灣出現一場大規模的反政府抗議活動。太陽花運動占領了立法院，衍生出政治危機，並與當局形成持久的對峙僵局。在這緊張的二十四天中，出現許多關於如何收場的猜測。很幸運地，臺灣沒有走向流血傷亡與社會兩極化，占領運動最終以和平有秩序的方式結束。

要評估太陽花運動的意義與收穫，是不太容易的事，原因在於我們要選擇那一個時間點來評斷。如果從四月十日來看，運動者取得了明顯的勝利，他們阻止了馬英九原先想要迅速通過服貿的打算，也使國民黨領導人物同意將兩岸協議監督法制化。但是如果把時間拉長到一年，情況可能就比較複雜。太陽花落幕之後，馬英九多次重申要加速服貿的審查，臺灣官員也開始與對岸密談貨物貿易協定，依然沒有公民與國會的監督。

然而，太陽花運動所激發的政治效應卻十分驚人。二〇一四年底九合一地方選舉，國民黨慘敗（直轄市僅拿下新北市，縣轄市僅餘新竹縣、苗栗縣、南投縣、臺東縣及連江縣）。二〇一六年緊接而來的總統與立法選舉，國民黨更是面臨有史以來最大的選舉挫敗。民進黨提名的蔡英文以百分之五十六的得票率，當選臺灣首位女性總統，民進黨在一一三席的國會中獲得六十八席，取得穩定多數。許多太陽花運動幹部所參與的時代力量也取得五席，一躍成為臺灣第三大政黨。隨著首度不是由國民黨主導的新國會成立，民進黨與時代力量都表示要將兩岸協議監督的立法視為優先法案之一，這樣的發展顯示太陽花運動的核心訴求已經正式進入體制。

本文試圖問答這樣的問題：到底是什麼因素促成如此大規模的抗議動員，以及運動者如何在不十分樂觀的局勢下，取得成功結局。誠然，國民黨的議事策略，突襲發動「半分忠」事件看來是後果嚴重的失策，它點燃了公眾的不滿，憑空製造出來的威脅感，讓一些原先關切服貿但並沒有涉入的人找到參與的動機。因此，太陽花運動引發了許多人的共鳴，用高張力的方式來抵抗服貿。

一旦立法院被占領了，運動開始開展出其自身的發展邏輯，已無法從先前的情況預測。我認為，太陽花運動二十四天的歷程是由一系列策略互動所左右的。最終而言，執政黨內部的不協調帶來有利的機會，這使抗議者能夠癱瘓國會運作長達三週，也能在最後宣稱勝利。

最後，修正的政體模型分析也指出，為何這種國會占領抗議並不常發生。政治菁英很少處於如此敵對的狀況，帶給抗議者能夠操作的槓桿；政治菁英也不太容易犯下如此嚴重的錯誤，使運動者所宣傳的危害可以立即得到驗證。正是一連串的機會、威脅與幹練的運動領導之巧妙組合，才創造出如此大規模的抗爭。這些因素並非總是同時存在，這解釋了為何在大部分情況下，即使執政者試圖推動一些不受歡迎的政策，政治秩序仍得以維持穩固。

參考書目

中文

民主進步黨中國事務委員會（二〇一四）。《二〇一四對中政策檢討紀要》。臺北：民主進步黨。

林怡廷（二〇一四）。〈臺北之春〉，《公共知識分子：太陽花學運專號》。臺北：公共知識分子出版社，頁三三～六三。

林傳凱（二〇一四）。〈二〇一四年「反服貿」抗爭中的權力、民主與異質實踐：歷史社會學視角的初步分析〉，收錄於劉定綱編，《三一八占領立法院：看見希望世代》。臺北：奇異果文創，頁二二八～二六八。

晏山農等（二〇一五）。《這不是太陽花學運：三一八運動全記錄》。臺北：允晨文化。

傅仰止等（二〇一四）。《臺灣社會變遷基本調查計畫第六期第四次調查計畫執行報告》。臺北：中央研究院社會學研究所。

楊翠（二〇一四）。《壓不扁的玫瑰：一位母親的三一八運動事件簿》。臺北：公共冊所。

英文

Amenta, Edwin, and Drew Halfmann (2012). "Opportunity Knocks: The Trouble with Political Opportunity and What You Can Do about It." In Jeff Goodwin and James M. Jasper ed., *Contention in Context: Political Opportunities and the Emergence of Protest*. Stanford, CA: Stanford University Press, pp. 227-239.

Calhoun, Craig (1994). *Neither Gods Nor Emperors: Students and the Struggle for Democracy in China*. Berkeley, CA: University of California Press.

Chu, Yun-han (2011). "Navigating between China and the United States: Taiwan's Politics of Identity." In Gunter Schubert and Jens Damm ed.,*Taiwanese Identity Politics in the Twenty-First Century*. London: Routledge, pp.133-154.

Fligstein, Neil and Doug McAdam (2012). *A Theory of Fields*. Oxford: Oxford University Press.

Goldstone, Jack, and Charles Tilly (2001). "Threat (and Opportunity): Popular Action and State Response in the Dynamics of Contentious Action." In *Silence and Voice in the Study of Contentious Politics*. Cambridge: Cambridge University Press, pp.179-194.

Goldstone, Jack. A. (2004). "More Social Movements or Fewer? Beyond Political Opportunity Structures to Relational Fields." *Theory and Society* 33. Pp. 333-365.

Goodwin, Jeff and James M. Jasper (1999). "Caught in a Winding, Snarling Vine: The Structural Bias of Political Process Theory." *Sociological Forum* 14. Pp. 27-55.

Ho, Ming-sho.

2014a. "The Resurgence of Social Movements under the Ma Ying-jeou Government: A Political Opportunity Structure Perspective." In Jean-Pierre Cabestan and Jacques DeLisle ed.,*Political Changes in Taiwan Under Ma Ying-jeou: Partisan Conflict, Policy Choices, External Constraints and Security Challenges*. London: Routledge, pp100-119.

2014b. "The Fukushima Effect: Explaining the Recent Resurgence of the Anti-nuclear Movement in Taiwan." *Environmental Politics* 23(6). Pp. 965-983.

Jasper, James M.

2004. "A Strategic Approach to Collective Action: Looking for Agency in Social-Movement Choices." *Mobilization* 9(1). Pp. 1-16.

2012. "Introduction: From Political Opportunity Structures to Strategic Interaction." In Jeff Goodwin and James M. Jasper ed., *Contention in Context: Political Opportunities and the Emergence of Protest*. Stanford CA: Stanford University Press, pp. 1-33.

Keng, Shu and Gunter Schubert (2010). "Agents of Taiwan-China Unification? The Political Roles of Taiwanese Business People in the Process of Cross-Strait Integration." *Asian Survey* 50(2). Pp. 287-310.

Koopmans, Ruud, and Paul Statham (1999). "Ethnic and Civic Conceptions of Nationhood and the Differential Success of the Extreme Right in Germany and Italy." In Marco Giugni, Doug McAdam and Charles Tilly ed., *How Social Movements Matter*. Minneapolis, MN: University of Minnesota Press, pp. 225-251.

Kriesi, Hanspeter (2004). "Political Context and Opportunity." In Doug Snow, Sarah A. Soule, and Hanspeter Kriesi ed., *The Blackwell Companion to Social Movements*. Oxford: Oxford: Blackwell Press, pp. 67-90.

Kurzman, Charles (1996). "Structural Opportunity and Perceived Opportunity in Social Movement Theory: The Iranian Revolution of 1979." *American Sociological Review* 61(1). Pp. 153-170.

Luker, Kristian (1984). *Abortion and the Politics of Motherhood*. Berkeley, CA: University of California Press.

Maguire, Diarmuid (1995). "Opposition Movements and Opposition Parties: Equal Partners or Dependent Relations in the Struggle for Power and Reform." In J. Craig Jenkins and Bert Klandermans ed., *The Politics of Social Protest: Comparative Perspectives on States and Social Movements*. London: UCL Press, pp. 199-228.

McAdam, Doug

1982. *Political Process and the Development of Black Insurgency 1930-1970*. Chicago: Chicago University Press.

1996. "Conceptual Origins, Current Problems, Future Directions." In Doug McAdam, John D. McCarthy and Mayer N. Zald ed., *Comparative Perspectives on Social Movements*. Cambridge: Cambridge University Press, pp. 23-40.

Meyer, David S. (1990). *A Winter of Discontent: The Nuclear Freeze and American Politics*. New York: Praeger.

Moodie, T. Dunbar (2002). "Mobilization on the South African Gold Mines." In David. S. Meyer, Nancy Whittier, and Belinda Robnett ed., *Social Movements: Identity, Culture, and the State*. Oxford: Oxford University Press, pp. 47-65.

O'Donnell, Guillermo and Philippe C. Schmitter (1986). *Transitions from Authoritarian Rule: Tentative Conclusions*. Baltimore: John Hopkins University Press.

Przeworski, Adam (1986). "Some Problems in the Study of the Transition to Democracy." In Guillermo O'Donnell, Philippe C. Schmitter, and Laurence Whitehead ed., *Transitions from Authoritarian Rule: Comparative Perspectives*. Baltimore: John Hopkins University Press, pp. 47-64.

Rucht, Dieter (1996). "German Unification, Democratization, and the Role of Movements: A Missed Opportunity?" *Mobilization* 1(1). Pp. 35-62.

Schubert, Gunter and Stefan Braig (2011). "How to Face an Embracing China: The DPP's Identity Politics and Cross-Strait Relations during and after the Chen Shui-bia Era." In Gunter Schubert and Jens Damm ed., *Taiwanese Identity Politics in the Twenty-First Century*. London: Routledge, pp. 72-94.

Sonoda, Shigeto (2012). "Contending Models for China's Future Development: Society Building and Governance." Paper presented at the 5th International Forum for Contemporary Chinese Studies. August 8-9 2012, Beijing.

Tarrow, Sidney (1989). *Democracy and Disorder: Protest and Politics in Italy 1965-75*. Oxford: Clarendon Press.

Tarrow, Sidney (1996). "States and Opportunities: The Political Structuring of Social Movements." In Doug McAdam, John D. McCarthy and Mayer N. Zald ed., *Comparative Perspectives on Social Movements*. Cambridge: Cambridge University Press, pp. 41-61.

Tilly, Charles, and Sidney Tarrow (2007). *Contentious Politics*. New York: Paradigm.

Tilly, Charles (1978). *From Mobilization to Revolution*. Reading, MA: Addison-Wesley.

Wright, Teresa (2001). *The Perils of Protest: State Repression and Student Activism in China and Taiwan*. Honolulu, HI: University of Hawaii Press.

太陽花運動的經濟論證

陳吉仲

中興大學
應用經濟系特聘教授

臺大農經畢，美國德州農工農業經濟博士。曾任國立中興大學主任秘書、農業經濟叢刊（TSSCI）主編。研究領域農業經濟與環境經濟，曾參與反國光石化、自由經濟示範區等運動之經濟論述。

一、前言

臺灣本身沒有太多的天然資源，經濟發展本就依賴貿易成長，這一點從二〇一四年的進出口總額占GDP百分之一百四十即可得知，遠高於韓國的百分之九十八。二〇〇二年，臺灣加入WTO後加速貿易自由化，中國亦在此年和臺灣同時加入WTO，兩岸進出口貿易自二〇〇二年起快速往來。表一說明二〇〇二年，臺灣出口至中國的貿易額為九、九五〇百萬美元，從中國的進口額為七、九四七百萬美元，此時中國是臺灣的第四大出口國。（表中兩岸貿易的數字未包括香港）至二〇一四年，臺灣出口至中國的金額已高達八二、一一九百萬美元，占臺灣總出口百分之二十六點一八，中國成為臺灣主要的出口貿易國，而從中國進口金額則有四八、〇三八百萬美元，故每年和中國貿易逆差高達三四、〇八〇百萬美元。此貿易數據說明了國民黨政府為何要加快兩岸貿易自由化的各種協議簽署。但是貿易金額的增加和國人關心的薪資水準、所得差距及就業與失業問題，可能無法直接畫上等號；亦即，一般民眾可能無法享受這樣貿易額成長的果實。

兩岸貿易快速往來是從二〇〇二年雙方同時加入WTO之後開始，但是在多哈回合談判失敗後，世界各國亦紛紛開始尋求擴展雙邊自由貿易協定之洽簽機會。根據WTO秘書處的統計，至二〇一四年止，已經有五百八十五個區域／自由貿易協定（RTA／FTA）

表一——臺灣與中國雙邊貿易概況（2002-2014）

年	出口			進口			貿易差額
	排名	金額	占臺灣總出口比重	排名	金額	占臺灣總進口比重	
2002	4	9,950.48	7.62%	3	7,947.44	7.06%	2,003.04
2003	3	21,405.34	14.89%	3	10,917.93	8.68%	10,487.40
2004	1	33,997.34	19.59%	3	16,624.53	9.99%	17,372.80
2005	1	40,879.07	21.58%	3	19,927.67	10.97%	20,951.41
2006	1	51,808.18	23.13%	2	24,782.28	12.23%	27,025.90
2007	1	62,359.55	25.32%	2	28,057.95	12.77%	34,301.60
2008	1	66,563.87	26.10%	2	31,450.75	13.07%	35,113.12
2009	1	54,163.16	26.62%	2	24,490.50	14.00%	29,672.65
2010	1	76,692.93	28.02%	2	35,915.78	14.29%	40,777.15
2011	1	83,591.91	27.23%	2	43,551.00	15.48%	40,040.90
2012	1	80,556.92	26.80%	2	40,960.33	15.12%	39,596.58
2013	1	81,705.89	26.78%	2	42,696.23	15.77%	39,009.66
2014	1	82,119.32	26.18%	1	48,038.90	17.53%	34,080.42

單位：百萬美元、%

資料來源：聯合國國際貿易中心（International Trade Centre, ITC）「Trade Map」資料庫。

說明：因本表資料經由原始資料四捨五入，故其小數點位數最後一位可能會與表上數字直接相減有些許誤差。

完成簽署並向WTO提出通知，其中三百七十九個協議已生效執行。臺灣簽署雙邊自由貿易國家並不多，除了一些有邦交的中南美洲國家，接著就是紐西蘭和中國。一般而言，雙邊貿易自由協定之洽簽，皆是同時簽訂貨貿和服貿，或者是貨貿先行於服貿。此次引起重大爭議的即是ECFA架構下的「海峽兩岸服務貿易協議」（以下簡稱服貿協議），此服貿協議已於二〇一三年六月二十一日簽署，但仍須交由立法院審議。

服貿協議內容包括文本（即條文，有四章二十四條）、附件一（服務貿易特定承諾表）及附件二（關於服務提供者的具體規定）三部分。文本部分規範任一方政府採取可影響服務貿易措施時應遵守之義務，包括：透明化、客觀公正、避免不公平競爭、允許相關的資金移轉，以及原則上遵守最惠國待遇和國民待遇等。條文規範寫得四平八穩，但真正具有影響力的是附件一「服務貿易特定承諾表」，表中載明開放服務業市場內容，雙方約定採取正面表列，未列出之服務部門，除雙方於WTO做出承諾且現已開放者，皆屬尚未開放。因此，特定承諾表中「開放產業項目」及「服務提供模式」，才是實際影響國內服務業之具體內容。

政府提出的服貿協議中，對中國開放的產業項目有六十四項，包括商業服務、電信服務、營造服務、配銷服務、環境服務、健康與社會服務、觀光及旅遊、娛樂、文化及運動服務、運輸服務及金融服務等部門，其下再分次部門，如配銷服務業就包含了倉儲、批發和零售等產業。除開放產業項目，另一重點是市場服務提供模式，共有四種，分別是跨境提供服務、境外消費、商業據點呈現、自然人呈現。所謂「跨境提供服務」是指協議國一方可提供另一方的服務，此服務包括生產、分配、行銷、配送以至付款等，如淘寶網設在中國，藉由網路提供各種商品販售至海外即是一例。「境外消費」是指在一方人民境內向另一方的服務消費者提供服務，如本國病人到外國就醫、外國人到本國旅遊、本國學生到外國留學等。「商業據點呈現」則是一方企業進入另一方的投資方式，如獨資、合資、合夥或設立分公司。

服貿協議的影響層面極大，臺灣的服務業占GDP百分之七十以上，從業人員超過總就業人口百分之五十八，服貿協議簽署後引發的資金、技術與人員移動，以及失業和所得差距等問題皆值得探討；再者，這樣的服貿協議是否嚴重影響經濟發展及近五百萬勞工的生計，可能受衝擊之產業遍及食、衣、住、行、育樂、運輸，甚至醫療、社福，亦須加以評估。舉例而言，基層民生產業的特徵是受僱員工教育程度偏低，依主計處二〇一一年工業及服務業受僱員工概況統計，教育程度大專以上者平均占百分之五十四點六，但服貿協議中所開放的服務業，其受僱者之教育程度多較平均數低，如其他服務業（含汽車維修及美容業、機車維修業、洗衣業、美髮及美容美體業、殯葬服務業）教育程度大專以上者為百分之二十四，用水供應及污染整治業（含廢棄物處理）為百分之四十點八，運輸及倉儲業為百分之四十三點二，住宿及餐飲業為百分之四十四點四，支援服務業（含建築物清理）為百分之四十五點三。教育程度和競爭力密切相關，服貿協議簽訂後，上述服務產業勢必會受到較大的影響。

兩岸服貿協議引起國內許多民眾，尤其是年輕人的反彈，本篇試圖從經濟學角度出發，透過經濟學的論證，解讀服貿協議對臺灣的影響。第二節將先解釋兩岸服貿協議和一般服貿協議有何不同，以及評估貿易自由化的常用指標GDP，為何不適合做為評估服貿的指標。第三節由經濟理論出發，說明兩岸服貿協議無法獲得民眾支持的具體理由，第四節接著針對經濟學的主流意見，如以GDP為主要評估指標的想法，提出反思。最後，則是提出國家經濟發展可能面臨的各種挑戰，以及一般民眾應有的作為，提供大家思考。

二、兩岸服務貿易協議特色及貿易自由化指標

服務貿易與貨品貿易最大差別在於對市場的影響。一般而言，貨品市場開放通常是「取代」和「替代」效果皆有，主要取決於國內是否有生產此項產品，若進口的是國內沒有生產的產品，如奇異果，那只會產生「替代」效果，產品多樣性增加，但不致影響國內原本產品的產值及就業。但進口的若是國內既有的產品，貨品市場開放後，進口產品會取代本國產品，進而影響國內生產、產值及就業。以農產品為例，假設每年原本有一百二十萬公噸的

稻米消費量，若由國外進口十四萬公噸，在消費量不變的情況下，國內生產量勢必減少，生產量減少就會造成產值減少，甚至造成相關產業廠商數減少。服務貿易則不然。服務業市場開放後，外資若在國內新設企業，就會有新增產值與新的就業機會；若投資國內現有企業，就業機會也仍留在國內。因此，服務市場開放多是「替代」效果，也就是說將提供更多樣性的服務，創造更多就業機會。

不過兩岸服務貿易協議和臺灣與其他國家的服務貿易協議有很大的不同。臺灣若是和美國或日本簽署服務貿易協議，的確可能因此造成投資增加並帶來更多就業；但服務業是面對面溝通的產業，兩岸的語言和文化太過相似，兩岸洽簽服務貿易協議對臺灣的經濟影響會同時產生「取代」及「替代」效果，而造成失業。

馬英九曾舉過麥當勞的例子，而這個例子更加突顯我們為何反對兩岸服務貿易協議。外資引進麥當勞讓臺灣的餐飲業增加多樣性，消費者不會每一餐都至麥當勞消費，造成的是「替代」效果；但兩岸飲食本屬同源，考量到其相近程度，餐飲業很容易造成「取代」效果。

衡量重大經濟政策有兩個指標，一是效率，另一是公平；而這兩個指標當然也適用於貿易自由化的衡量。ＧＤＰ的成長可以反映效率，而所得差距或者是失業人口造成社會影響則是屬於公平性問題。貿易自由化對不同產業影響不同，整體而言會使ＧＤＰ增加，但會造成更大的所得差距，故對一個國家而言，評估最終的成本效益，兩者皆須考量。

過去二、三十年，臺灣所有重大開發案或政策參考指標，幾乎都集中在效率，更嚴格的說是集中在GDP，貿易自由化亦不例外。簽署兩岸服貿可增加百分之零點零二五至零點零三四GDP（即九千七百萬至一點三四億美元）、中韓簽署FTA臺灣經濟減少百分之零點五GDP、自由經濟示範區設立可增加三百億元GDP、核四停建減少九百四十億元GDP、興建八輕廠（國光石化）可增加百分之四的GDP……等，這些關於GDP的影響數據是否正確尚值得討論，但是經濟重大決策只看GDP指標絕對會產生問題，應有包含公平性的完整評估指標，才足以成為未來重大決策之參考依據。

此外，上述數據是建立在市場機能運作正常的前提，亦即貿易自由化中的貿易市場機能及國內市場機能並沒有市場失靈的問題。舉例而言，廠商排放污染物的成本未由廠商吸收，就是市場失靈；校正市場失靈的方式就是外部成本內部化，比如將上述的外部成本要求廠商支應。但兩岸的貿易自由化中充滿了可能導致市場失靈的因素，其一則是中國的資金是由中國政府或國營事業單位所擁有，且對方存在許多的潛規則的限制，若開放的電子通訊產業，將有國安問題，開放糧食市場亦有糧食安全問題，這些外部成本皆未被放在市場中考量，這不是一個真正的貿易自由化之協議，而是一個假貿易自由化行所得重分配（或者是政治分配）的協議。另一方面，透過虛假的貿易自由化掌控臺灣的某些產業，進而影響人民在選舉時的決策，即透過經濟活動掌控政治行為，最後影響臺灣的民主。

因此，要真正完整的評估兩岸服務貿易協議，除包括經濟的指標，如GDP、勞動市場的就業與失業人數、所得差距、個別產業的產值外，尚需包括上述的經濟安全、國家安全、社會安全及糧食安全等範圍。這也應是未來重大決策評估時所要納入的指標重點。

三、禁不起經濟學檢驗的兩岸服貿協議

接著我們就經濟的觀點來說明，為何大多數民眾反對兩岸服貿協議，其理由包括從總體經濟層面（弊多於利、所得分配、經濟成長分配等）、兩岸服貿和傳統國與國服貿之差異性（兩岸服貿具有取代效果）、勞動市場（失業人口增加、工資水準降低）、各產業市場之永續發展（市場壟斷、資源扭曲使用，此處係指中國旅遊一條龍）、食品安全與糧食安全，以及香港的案例。以下即透過這些理由並以兩岸服貿協議的內容，提出幾點具體反對的經濟論述：

（一）貿易自由化的談判標準作業程序不完整：貿易自由化談判標準作業程序，應包括事前評估和因應措施之研擬。但此次執政者並未依照此標準作業程序執行。此次服貿協議為二〇一三年六月二十一日簽署，但影響評估直到二〇一三年七月中旬才完成。未事先做影響評估，談判代表如何能決定那些該給、那些該讓？

（二）兩岸服貿協議評估報告不專業：二〇一三年七月十七日經濟部及各相關機關完成「兩岸洽簽服務貿易協議對我總體經濟及產業影響評估」，其中依據中華經濟研究院評估，GDP增加百分之零點零二五至零點零三四（即九千七百萬至一點三四億美元），而就業人數增加一萬一千三百八十至一萬一千九百二十三人（百分之零點一五至零點一六）。這是第一次看到效益如此之低的評估報告（同期，韓國經濟研究院評估中韓FTA通過後，韓國GDP將增加百分之零點九六，單看增加比例約為臺灣的三十倍），倘若加上市場失靈、國土安全等外部因素，我們可以合理懷疑此服貿協議的效益是低於成本（弊大於利）。意即兩岸服貿協議對臺灣經濟有負面的影響。

此評估報告另一大問題是避重就輕。舉例而言，經濟部兩百多頁評估報告中，只有五頁是關於印刷及其輔助服務業，其中三頁說明兩岸市場情況及此服貿協議開放的程度，兩頁說明所謂的「影響評估及因應措施」，其影響評估為：「國內印刷市場規模小且趨於飽和，倘開放陸商獨資經營，恐影響現有國內印刷企業；本次僅開放陸商投資臺灣現有事業，不會增加廠商家數，且國內廠商具主控權，對產業之影響衝擊較小，而資金進駐有助於擴展產業規模及外銷競爭力，增加國內就業機會。」反之，民間版本針對此產業的評估報告卻有一百七十三頁，由二十三個不同出版社或商業公會，以及十四個學術及其專業人士共同完成，針對兩岸印刷業的往來之現況、印刷業納入此服貿協議的程序（如從未知會業者）、服貿協議開放是否有保護到印刷業者、如何補救之措施、那些是替業者在中國爭取到的利益、對岸在出版業的特許等潛規則之討論及其他建議等，做出具體的討論及建議。

（三）兩岸服貿協議對臺灣的不對等：此協議充滿了許多不對等的內容，首先就開放的四種模式中，臺灣允許中國跨境提供服務的有四十七項，反之對方只有十七項，此將造成臺灣可提供跨境服務的產業（如電子商務）至中國，但所創造出的就業效果及產值皆是在中國。

在商業據點呈現方面，臺灣有五十六項產業以沒有限制的方式開放，即中資來臺後可以以獨資、合資合夥及設立分公司等形式設立商業據點，反之對方只開放三十九項產業可以獨資。不對等的案例還包括中國針對糧食等產品是採百分之六十五控股方式，臺灣則屬沒有限制的開放；中國許多產業的開放有限制地區，如金融業和海洋運輸服務業只在福建、醫療照護只在福建和廣東，臺灣則是全國開放。

（四）兩岸服務貿易協議具有貨品開放影響效果：如第二節所述，兩岸簽署服貿協議和臺灣與其他國家簽署服貿協議影響不同，由於語言和文化等因素，兩岸洽簽服務貿易協議對臺灣的經濟會同時產生「取代」及「替代」效果，可能導致負面影響。

（五）服貿與貨貿何者為先：「先服貿再貨貿」與「先貨貿再服貿」對臺灣的經濟影響不同。從中國和其他國家所簽訂的貿易自由化案例來看，有十一個國家是貨貿與服貿一起簽定，有五個國家是「先貨貿再服貿」，為何只有臺灣是「先服貿再貨貿」？「先服貿再貨貿」會讓中資透過服貿先控制國內市場之流通（或市場power），接著再透過貨貿將商品（或原料）進口至國內，影響衝擊較大。

（六）服貿與自由經濟示範區的加乘效果：服務協議中將批發、零售、倉儲（包括冷凍和冷藏）、及餐飲業採沒有限制的開放，目前再搭配自由經濟示範區的成立，臺灣將充滿使用中國原料卻掛臺灣製的產品和食品。舉例而言，廠商從中國進口花生後製成花生油、花生醬和花生糖，經自經區加工實質轉型後即可掛MIT內外銷，內銷的通路則配合此次服貿在批發、零售、倉儲（包括冷凍和冷藏）、及餐飲業之開放。如此一來，未來臺灣的食品安全將面臨嚴重的挑戰。

（七）香港的案例：若服貿和貨貿協議通過，現在香港面臨的困境，將會是未來臺灣必須面對的處境。二〇〇三年六月二十九日香港和中國簽署CEPA（稱為第一階段），第二階段（二〇〇五年一月生效）開放七百一十三項產品貨貿零關稅及十一個服貿產業，第三階段（二〇〇六年一月）開放二十三項服務產業。CEPA生效後，進出口批發零售業、運輸倉儲通訊服務業及製造業的實質工資從二〇〇四年一路下滑至二〇一〇年，十五到二十四歲的年輕人薪水，二〇〇一年是三萬臺幣，十年後仍是三萬，但物價卻已大幅提升，這代表取代效應導致薪水不增反減（目前香港人口約有六百多萬人，但中國至香港定居人數不到七卻已有一七一、三二二人，占其總人口百分之二點五）。至今，香港為全球已開發國家中GINI係數（衡量所得差距的指標，目前是零點五四）最高的地方，貧富差距相當的大；另外，中港零關稅及開放中國遊客到香港自由行後，大陸投機客及富豪湧入，大量熱錢進入香港，導致房價快速提升，在六年內飆漲近六成，住屋物價指數（即租金）每年以百分之七的比率成長，即二〇一〇年指數是一百、二〇一一年是一〇七、二〇一二年指數是一一四。

四、貿易自由化所需思考的問題

上述的經濟論述，是針對兩岸服務貿易協議的內容，提出無法支持的論證，但更重要的是，臺灣在未來會面對各種雙邊貿易自由化、區域貿易自由化及多邊的貿易自由化，在全球貿易自由化的趨勢下，有一些基本的議題值得大家思考，包括何謂的貿易自由化？貿易自由化和經濟自由的關聯為何？貿易自由化一定會帶來成長嗎？貿易自由化的影響為何？我們是否該走向貿易自由化？若需要，該如何執行我們的貿易自由化？若這些問題無法一一釐清，只會讓我們陷入個案的困境而無法做出整體的回應。底下先針對所謂臺灣的貿易自由化程度做一說明，接著再說明貿易自由化是否會帶來國家整體效益的成長，我們的答案該視貿易自由化的內容、還是貿易自由化的國家而定，最後則提出若要貿易自由化，我們該有什麼策略。

比較臺灣和韓國的貿易自由度，臺灣的進口加出口值占GDP的比例是百分之一百四十，而韓國只有百分之九十八。根據全世界一百七十七個國家經濟自由度的評比報告（此報告之評比指標共十項：財產權、免於貪腐、財政自由、政府支出、經商自由、勞動自由、貨幣自由、貿易自由、投資自由及金融自由），二〇一三年，臺灣是第二十名，韓國是三十四名，二〇一四年，我們進步至十七名，韓國則是三十一名；再加上臺灣已於加入WTO時大幅度削減邊境關稅，可知臺灣的經濟自由度遠高於韓國，考量邊際效果，可推斷即便再增加臺灣的貿易自由度，對經濟成長的貢獻度也將比韓國低。目前臺灣經濟發展（GDP的成長）的停滯，是因為貿易自由化的程度不夠？還是其他諸如政府效能，產業附加價值等問題？要先確定問題，再提出對策，不要為貿易自由化而自由化，未充分準備好的貿易自由化，只會造成更大的衝擊以及更高的失業率。

貿易總額占GDP的百分之一百四十的臺灣，國家的貿易自由化策略的確值得大家關心與討論。目前在我們面前有雙邊貿易自由化（FTA）、區域貿易自由化（如TPP或RCEP）及多邊的貿易自由化（WTO的杜哈回合談判），我們當然可以先討論是否要貿易自由化，再討論如何貿易自由化。但就經濟學者的角度，臺灣不得不走向貿易自由化，因為這有利於整體的國家效益，但如何執行？貿易自由化的策略為何？則需要探討。

首先，我們是要和全世界一起貿易自由化？還是要先和中國貿易自由化？目前臺灣出口至中國（含港澳）占總出口的百分之四十，若兩岸經濟連結為一體，將使臺灣毫無經濟安全可言。另一方面，如此緊密地和中國貿易自由化所獲得之經濟發展，不見得會比和其他國家貿易自由化的發展好。以觀光為例，陸客每人每次停留臺灣之消費支出是六三、○○○元，其他國際旅客每人每次之消費卻有九三、○○○元。農產品方面，二十年前臺灣農產品在日本農產品市場占有率約百分之七點五，對岸亦是如此；然而今日之日本農產品市場中，中國占有近百分之十四，臺灣卻不到百分之二。臺灣與中國如此緊密的貿易自由化，卻帶來臺灣在其他國家的出口貿易被排擠，這表示只看量而不看質的貿易自由化，就會造成上述的例子發生，因此臺灣若要貿易自由化，策略非常重要。

以南韓簽署ＦＴＡ的過程為例，他們是先和美日加拿大等先進國家簽署，再和中國簽署，這是重要的貿易自由化策略，對南韓的經濟發展也更有利。假設臺灣先和對岸簽署兩岸貿易自由化協議，不只整個國家的經濟更依賴中國市場，無法面對加入ＴＰＰ的各種高規格門檻及條件，讓臺灣難以加入ＴＰＰ。舉個具體的例子，臺灣對於農藥殘留有六百五十多項管制，對岸只有一百六十多項，兩岸貨貿的簽署勢必降低臺灣對農產品品質的規範，造成臺灣難以再將農產品輸出至日本等國家。反之，若先加入ＴＰＰ，適應先進國家的高規格及國際規範的門檻，之後再思考兩岸貿易，應會更有助於臺灣的經濟發展。因此貿易自由化並非全有全無的是非題，而必須考慮簽署的時間排序以及不同貿易自由化策略將對臺灣的經濟造成不同影響。此隱含我們未來可以透過更廣的區域貿易自由化組織來處理兩岸的貿易問題，如同我們過去透過WTO架構處理兩岸的貿易問題是一樣的道理。

貿易自由化會讓餅（亦即GDP）變大，但所得的分配是否惡化，則要視貿易自由化中的餅如何分配，亦即貿易自由化的實質內容為何。兩岸貨貿協議的簽署即是一個好例子。石化和面板等產業是臺灣出口至中國的主要產業，以石化業而言，臺灣石化產品之生產有百分之七十外銷，其中百分之九十銷往至中國，關稅從百分之六點五到百分之十不等。臺灣石化產業的上中下游（包括石油及煤製品製造業、化學材料製造業、化學製品製造業、橡膠製品製造業及塑膠製品製造業等產業）產值在二〇一二年是四點四兆，占全國總產值百分之十二點六，但是GDP只有零點五四兆，占全國GDP百分之三點九七，亦即整個石化上中下游產業的附加價值不到全國的百分之四。臺灣石化產業總產值有百分之十二點六而附加價值卻只有百分之四，是因為臺灣石化業中最重要的要素原油仰賴進口，因此臺灣是否要繼續大老遠進口原油來提煉附加價值低的石化產業？值得討論。另外，石化產業上中游廠商的就業人口約四萬人，目前全國有一〇二八萬的就業人口，這僅占全國總勞動人口的百分之零點三；若包括下游就業人數則為四十二萬人，但仍只占全國百分之四的勞動人口。石化產業中游的化學材料所使用的能源，在二〇一一年占全國總能源使用百分之二十六點四五，其他能源密集工業（包含紙製造業、化學材料等）則是百分之三十六點二九；此外，石化產業所使用的水資源也超過全國總使用量的百分之二十八，但是GDP卻僅有百分之四，此反映了石化產業是能源產出效率低的產業。我們在以GDP為經濟發展的參考指標時，要同時了解每生產一元的GDP需使用多少能源，和國內其他產業相較，石化產業是貢獻GDP效率較低的產業，這樣的產業不只不該擴充規模，反而應該思考如何讓其轉型（如提高附加價值）來縮小規模。同理，以中國石化產業的發展，即使與韓國簽署FTA，中國未來仍會大量生產石化產品，加上頁岩油（氣）的發展，臺灣石化產業將面臨國際各大石化廠的競爭，解決之道更是要提高附加價值，而非以零關稅、補貼要素等方式來助其生存。此反應中韓FTA對臺灣之影響不會如執政黨所言之誇張，從長遠（十年）角度看中韓FTA及臺灣的經濟發展，反而有正面的效果。由此例子可看出貿易自由化的內容之重要，亦反應了貿易自由化對象之重要。

五、找尋臺灣未來經濟發展的藍圖

貿易自由化或許只是經濟發展過程中的一種手段，其實更重要的問題是，我們要什麼樣的經濟發展藍圖？而回答這個問題前，更該要問的是：我們要什麼要的國家和社會？這不是純經濟學者可以回答問題，但可試圖從一些經濟和社會指標中找出答案。經濟發展有許多指標，除GDP，還有失業率、工資水準、所得差距等，在討論重大經濟政策時，將工資水準做為首要的參考指標，或許可讓經濟發展和人民生活水準產生更直接連結。檢視過去三十年臺灣的經濟發展，一九八〇到九〇年代，是GDP與工資水準同步成長，如圖一和圖二（頁二二六），一九八五年每月工資水準是一四、〇〇〇元，隔年是一五、〇〇〇元，再隔年則是一七、〇〇〇元，這種GDP成長帶來工資水準的增加，是我們想要的經濟發展藍圖。

但是一九九〇年代之後，臺灣的薪資年增率卻逐年倒退（圖二），實質工資則從二〇〇〇年後停滯甚至逐漸下滑（圖三，頁二二七），然而我們卻未發現政府提出任何解決之道。政府只是不斷在追求各種FTA的簽署，因此我們要問：這樣的FTA簽署後，人民的薪資有增加嗎？所得有增加嗎？有更幸福嗎？圖四（頁二二七）說明全世界自從有GDP的計算公式以來，在一九八〇年代前，全球人民的幸福水準（如圖中之GPI）隨著GDP的增加而增加，但是自一九八〇年之後，社會所得差距問題、公平問題、環境問題等皆未被GDP所考量，故全世界人民的幸福水準反而因GDP的增加而下降。只追求經濟成長（即GDP的成長）是我們要的經濟發展模式嗎？執政者不應一味追求透過貿易由化來追求GDP的成長，而忘記人民真正在乎的生活及幸福水準。

國內外環境的變遷或政黨間的輪替，導致經濟政策不斷修改，但無論何種政策的制定，既得利益者永遠會藉各種力量和管道維護其利益；另外就市場運作面而言，無論國內或國際市場，總是會有市場機能無法兼顧之處，農產品的正面外部性即是一例，公平性是另一例。因此我們無法針對各種市場（尤其是貿易市場）要求政府制定更多管制，或是反對此種市場的運行；但卻可以提出我們希望的國家發展方向和願景。下面提出以社會民主的核心價值及訴求，做為上述各種貿易自由化或是不同政黨政策下的

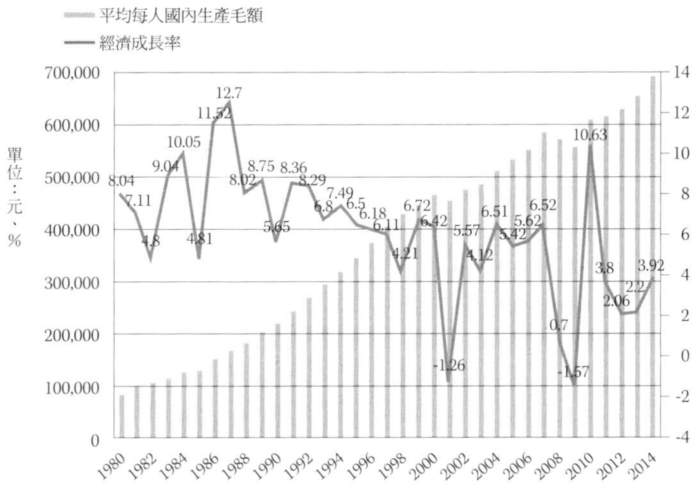

圖一———臺灣經濟成長率與平均每人國內生產毛額（1980-2014）

資料來源：主計總處。

因應方案。所謂臺灣社會民主的基本價值應是自由、平等、社會正義與臺灣共同體，而國家應保障人民基本生存權，保證基本社會服務（醫療、教育、住宅與照顧）之提供，並保障經濟安全。

在此前提下，若要通過兩岸服務貿易協議或是未來的任何貿易自由化協議，政府該思考如何保障人民基本生存權？第一、人民不會有挨餓的權利，過去二十年來，所得低於總體百分之二十的家庭共有近一百六十萬戶，其家庭年所得只有三十萬元，但維生所需要的支出卻逐年增加至五十萬元，政府有責任讓人民吃得飽。第二、人民有居住的權利，亦即人民要

圖二——臺灣工業及服務業平均名目工資水準（1981–2014）
資料來源：主計總處。

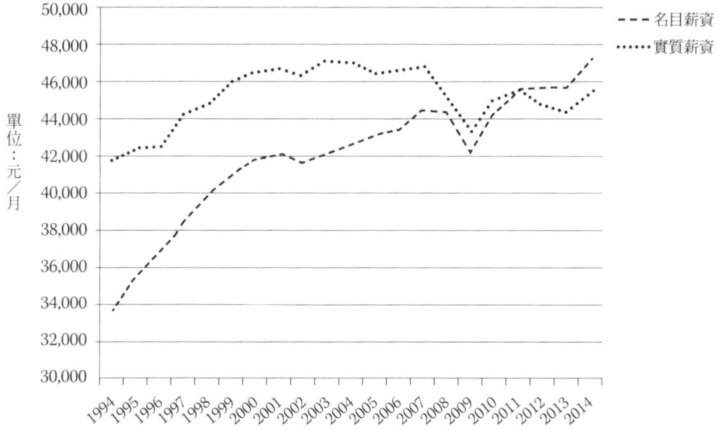

圖三——臺灣名目薪資與實質薪資趨勢（1994–2014）

資料來源：主計總處。

說明：

1. 實質薪資＝（計算期之名目薪資／計算期消費者物價指數）×100。

2. 目前臺灣以2011年為基準期（消費者物價指數為100）來計算。

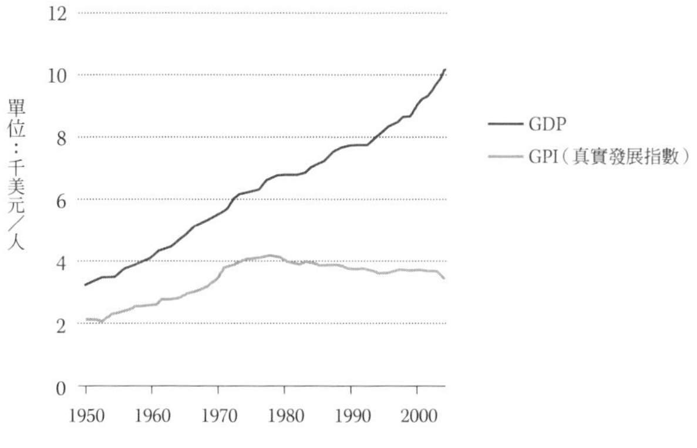

圖四——全球GDP和幸福指數趨勢圖（1950–2014）

資料來源：*Nature* 505, 2014, pp. 283-285.

住得起，當臺灣發生如香港目前的困境，加上不當的財稅政策，將使臺灣的房屋成為商品炒作，屆時有多少人可以買得起房子？政府必須要讓人民住得起。第三是完整的健康醫療照護體系，這部分在全民健保政策下已逐漸達到。第四是生態環境權的確保，任何政府和民間的行為，如各種開發案皆要考量到基本的生態環境權。

未來全球貿易自由化會更加盛行，對於臺灣這種如此依賴進出口的國家，和不同國家或者是區域的服貿跟貨貿或許勢在必行，因此重點已不在於反對或贊成貿易自由化，而是政府在進行這些貿易自由化之前提，是否能保障人民應有的基本生存權，一旦能確保上述的基本生存權，那是否貿易自由化也已不是重點了。

特別邀稿

投幣式卡拉OK——部落點唱「湯蘭花」

Nakao Eki Pacidal

馬太攻守聯盟

太巴塱阿美族人。臺大法律系畢、哈佛科學史碩士，現為荷蘭萊頓大學歷史學博士候選人。原住民運動參與者。興趣在於建構臺灣南島語族知識體系與原住民族觀點的臺灣史觀。

我的家鄉在那魯灣
你的家鄉在黃河畔
從前的我們快樂吼嗨央
現在被你們搶光光
山你要砍，海你污染
撿根漂流木坐牢還要罰款
還給我們傳統領域！
誰跟你們都是一家人？
哪裡有這樣的一家人？
——卑南族創作歌手高子洋原作詞作曲〈我們都是一家人〉（一九七三）
——阿美族原運分子Ingay Tali改編歌詞，並重新命名為〈誰跟你們都是一家人？〉[1]

二〇一四年，三一八運動震驚國際。運動滿一週年後，各種事後的分析檢討紛紛出爐，各有其政治立場、觀點與立論基礎，本文是應主編邀請，從原住民觀點來看這個運動。文章的開頭，我想揭示我的位置和相應的寫作策略。由於作者本人就是原住民參與運動者，本文的寫作本身也是「政治運動」的一環，因此我將採取第一人稱方式來敘述：我或我們。

一如標題：部落點唱「湯蘭花」所示，做為臺灣的主人，我們寧可回答「湯蘭花」，一個「肯定的幽默」，而不願意陷入一種局外人的「客觀」。「肯定句」揭示的不僅是我們的位置，也是我們的文化活力。尤其在這個全球化的結構性暴力，把主流社會壓得奄奄一息之際。我們眼見這個社會被教導成「客觀的蒼白」，已經逐漸喪失了主體位置發話的能力。原住民雖然幾百年來被漢人以及接踵而來的殖民者「服貿」了幾百年，幾百年來的某種「被動式」卻也形塑了我們特有的非主流幽默，讓我們擁有「邊緣」的睿智和優雅。眼見主流蒼白，不忍青山空留。我們特有的位置和歷史經驗使我們比主流社會更可以從自我「他者化」的陷阱中覺醒。以第一人稱的肯定句，找回主體位置，找回生命最原初的能量。

因此，迥異於一般論文格式的客觀觀點，我將以第一人稱夾議夾敘。我要表達的不是企圖全知的旁觀者觀點，而是發出狼嘯，告訴這個社會，我們還擁有什麼，我們還可以做什麼。我的位置也在原住民和臺灣的位置之間跳接，一來我們自詡為臺灣最正港的主人；一來我們雖然被主流社會服貿了這麼久，遺忘了這麼久，但是我們仍舊不放棄臺灣做為我

1 這被Ingay Tali「竄改」的歌詞，張貼在臉書上，為前輩高子洋本人所見。前輩在該則貼文下留言道：「高子洋說要請亂改的傢伙乾杯!!!」高子洋留言請見Ingay Tali該貼文最後一則。連結：https://www.facebook.com/photo.php?fbid=10152533945984393&set=a.10151712079499393.1073741828.643469392&type=3&theater&mref=message。

們的「共同性」，在這個外力脅迫的時候。我們一方面把內部矛盾彰顯出來，一方面我們也以臺灣做為基礎，思考我們共同的未來。這是原住民特殊的歷史經驗對臺灣「共生」意願表達的恢宏之量，所不吝分享的特殊位置和智慧。甚至我們被主流視為「邊緣」所具有的翻轉力矩，有可能改變「中心」自我攪拌多年的困局。這也是為何本文發展的方向急轉直下，從服貿到原獨之路……

本文要從一個「可悲」的事實開始：即便在三一八學運這樣牽涉範圍廣大且震撼全國的大規模事件當中，原住民依然像是旭日下的朝霧，若有似無，並不引起誰的注意，就算有誰注意到了，恐怕視其為邊緣裝飾的態度還是高於實質的關注。表面上看來，學運當中確實有原住民學生參與，學運的初衷，也就是阻止國會將「服貿」強渡關山這一點，自然也與原住民的福祉有關。但更深入探討，原住民運動者，不論具有學生身分與否，除了關注「服貿」對廣大原住民勞工的激烈衝擊之外，更想要透過「服貿」這個議題，讓社會各界了解，當臺灣社會各界震驚於自己竟然「被服貿」的時候，只不過是與原住民變得比較接近一點而已。原運終於有了一個機會，試圖「教育」臺灣的非原住民，身為原住民的每一天究竟是何感受。一群原運分子在三一八學運的初期，便開始在運動街頭散發傳單，並且在臉書等社群網站上不斷的宣講「原住民是服貿專家」、「原住民已經被服貿了好幾百年」等等觀念。這些原運分子在學運期間所從事的活動，與學運雖有關聯，但在很短的時間之內，關注的焦點便已產生了變化。三一八學運可說是提供了原運一個更容易被社會大眾注意到的舞台，至於社會大眾有沒有真的注意到，則又另當別論。

媒體與社會大眾抱著欣慰之情將三一八學運稱為「太陽花」，但下文卻將介紹原運分子其實是以「蜻蜓」的方式「點水」三一八學運。上文雖然提到在這些原運分子眼中，「服貿」並不是什麼新鮮事，但這不表示三一八學運沒有提供原住民運動一股新鮮的動能。筆者認為，原運在三一八學運之後，進入了一個新的階段，原運界出現了可觀察到的重整現象，而且正帶著高度的不確定性繼續向前發展。

告別青島，占領講堂

三一八學運開始不到數日，就有一群原住民運動分子悄悄的——反正也沒人注意——離開了鬧熱滾滾的青島東路一帶，轉向捷運善導寺站三號出口背面的一個小公園。說是公園，其實只是一小片空地，沿著「公園」砌著矮矮的水泥牆墩，空地裡長著遮蔭的大樹，樹下有看了令人心曠神怡的小片草皮。自從在這小地方「安頓」下來，這些原運分子幾乎鎮日聚集於此，這大體上有兩個原因，首先是原運在學運「主場」根本沒有受到多少關注。從這些原運分子的角度來看，參與學運者或周邊的支援團體，應該要看到原住民族長久以來「被服貿」的歷史，以原住民族所遭遇過的悲慘境遇為鑑，向社會大眾做口號之外更細緻的解說。然而，送到眼前的現成例子並沒有引起注意。

反正我們也不是第一天被當成空氣～

這些原運分子遂自青島東路拂袖而去。

第二個促使這些原運分子轉往捷運善導寺站三號出口的原因，是那個「小公園」的地理位置與環境。捷運善導寺站三號出口恰位於一個十字路口的交角，被矮牆一圍，自成格局，此外又有綠樹遮陽擋雨，在那裡聚會「很有部落的fu」。第二個原因聽起來有若說笑，實則不然。對我們原住民來說，一切的行動——不論是否關乎原運——都是以「自己」為起點，從自己出發，次而及於可以直接交流的他人，以此層層外延擴展。這是我們原住民各族口述文化傳統還十分鮮明的具體表現。基於這一個出發點，場合、場地這個由原住民文化傳統看來深具私人性與自主性的「地基」(是foundation而不是base)，自然不能馬虎選擇。沒有在恰當的場合、選擇合適的地點所展開的行動，不會受到祖先的支持和祝福。論者或以為如今原住民各族都已經非常漢化了，其實原住民一直透過文化的媒介和祖先保持著我們特有的聯繫。就拿原運分子人數最多的阿美族來說，在阿美語以及傳統的阿美族信仰裡，

「老人」與「祖先」是一模一樣的字，都叫做mato'asay。祖先是已經離開部落的老人，而老人是還參與部落生活的祖先。箇中分別不過如此。從這個角度來看，在鋼筋水泥打造、十分兇險的都市叢林裡，原住民自然要另覓一個與部落環境比較接近的地點，如此才能夠「接近老人」（獲得護佑）。又考慮到該地點不能離學運主場太遠，因為有些原運分子必須兩邊「趕場」，便選中了捷運善導寺站三號出口背面的小公園。位於忠孝東路繁忙的十字路口，這有樹有草的一小片空地，就此成了原住民的一塊「新闢疆土」，並且被領軍的阿美族原運分子Namoh Nofu命名為「占領講堂」。

那麼，原運分子在占領講堂裡做些什麼事呢？

自從這些原運分子告別學運主場，來到這個又被稱為「原青民主小公園」的角落，談論「服貿」議題的頻率就大幅減低了。確實——

> 我們被服貿了幾百年，已經，現在又來跟風那個抗議？這暴龍的中樞神經系統也太長了，未免？有問題啊，那個神經元的傳導？

於是，「服貿」話題漸漸消失了，取而代之的是被原運分子談得更久，卻始終沒有結果的原住民族自治乃至原住民族獨立的問題。這在原運分子尚在青島主場的時候，就已經有

Mayaw Biho（馬躍．比吼）、Falong Sinciang等人初提，但真正將這個想法具體化、明確化，卻是在原運分子占領「占領講堂」之後的事。

直到三月底，「服貿」在占領講堂都還算是一個會被提起的話題。但到了四月初，情況為之丕變。這些原運分子不再談服貿了。原運分子意識到，其他的社會運動，經常是由前輩引領後輩，有運動經驗和知識的傳承。但在原住民族運動的領域，傳統使然，後輩基於絕對的部落倫理而不能當面違抗前輩，但若要在原運方面有所進展，則非由熟稔都市生存與現代社會成立法則的青年輩出面不可。這些青年人不但要參與各種活動，還肩負著返鄉向老人從事技巧性遊說的任務。同樣以Namoh Nofu為主的一群原運分子，展開了一項基礎讀書計畫，透過向支持運動的長輩所募得的小額捐款，購置了一些與「解殖民」有關的書籍，讓參與核心的運動者輪流閱讀，目的是為了要讓運動者本身有足夠的理論知識與國際敏感度，必要的時候可以與非原住民菁英分子在同等的知識水平上對話。[2]

於是在四月初，一群居住於北臺灣的原運分子，在「占領講堂」舉辦了一場論壇，主題是「原住民族貴族化與君主立憲——如何一勞永逸的解決臺灣的原漢問題」。（但現場沒有座位，講者們只能在當日的霏霏細雨中站著，拿著時靈時不靈的麥克風演講，一邊吃著路邊買來的烤地瓜，和與會者互動）臺灣獨立建國並採取君主立憲制，並不是什麼新鮮的論調，留學巴黎的知名網路寫手「佛國喬」早就在留歐學子共組的「超克藍綠共筆部落格」撰寫過這樣的文章。[3]原運分子在多數公民運動團體都還在關注「服貿」的時候，已經迫不及待的要探討問題的根源，也就是現在經常可以聽到的「原獨」。[4]

佛國喬的主張並不奇怪，原運分子引為原獨之用，大概也是遲早的事。臺灣若是獨立建國，制憲是首要之務，而憲法首先必須明訂政體。佛國喬主張，臺灣應該採取君主立憲

2 在此必須明白指出，「解殖民」這個觀念雖然重要，但在臺灣的原住民與非原住民之間，其意義並不完全相等。誠如Emma Jinhua Teng在*Taiwan's Imagined Geography*一書中所言，臺灣的漢人其實長久以來本身就是被（中國的帝國擴張主義）殖民的對象，只是自己渾然不覺罷了。因此原住民之談「解殖民」，其歷史與文化脈絡遠較非原住民的臺灣漢人複雜。原運分子添購書籍，組成讀書會，並不是因為認同解殖民的思想可以不經梳理便直接運用到臺灣原住民身上，而是因為原住民運動分子若不熟悉這類「學術黑話」，便很難獲得其他社運菁英的青眼，遑論更進一步的意見交換。見：Emma Jinhua Teng, *Taiwan's Imagined Geography: Chinese Colonial Writings and Pictures, 1683-1895.* Cambridge MA: Harvard University Asia Center, 2004，中譯本亦已出版：鄧津華，《想像臺灣：中國旅遊書寫與圖像，一六八三～一八九五》，臺北：南天，二〇〇四。

3 佛國喬，〈我是台灣君主立憲派〉，超克藍綠共筆部落格，二〇〇九年八月七日，連結：http://clique2008.blogspot.nl/2009/08/by_7.html，截取時間：二〇一五年五月一日。佛國喬在文章開頭便寫道：「一個隱密好幾年的小心聲，今天要與大家出櫃了：其實我是君主立憲派。我知道目前台灣或台派裡，少有人與我持同樣政治意見，但為了不讓有一天醒來，連自己都忘了這麼棒的想法，還是得在此披露一下。」

4 中國的詩聖杜子美有詩云：「射人先射馬，擒賊先擒王。」我輩原青雖然不才，還是勉力另擬兩句，以說明原運分子轉而關切原獨的主因——「射人先射馬，擒賊先擒王。醫病當治本，先下手為強。」

制，由原住民出任虛位元首，對外代表國家。[5]此外新憲法也應該給予原住民貴族身分，做為一種歷史不正義的彌補。論者或謂現在全臺灣已有十六個原住民族，由哪一族擔任元首，可能會成為大問題，也可能是這個方案不可行的主要原因之一。不過佛國喬在他的文章裡，已經提出好幾種可能的解決方案，而從原運分子的角度來看，這個問題基本上是原住民族的「內部問題」，原住民各族自然會研擬出協商的辦法，「干卿底事」？

從我輩的角度看來，佛國喬的這個建議，至少具有兩重好處。首先，透過承認原住民族的「貴族」身分，設立「貴族財產管理局」，[6]以山林田野的孳息來供應貴族的生活，也等於是「還我傳統領域」的另一種踐行方式。原住民族貴族化之後，並不具有政治實力，但這個社會地位與經濟地位的反轉（即原住民成為貴族，非原住民是平民，但兩者同為國家公民），卻能夠解決原住民困居社會底層的諸多問題。原住民長久以來被漢人輕蔑歧視，以「山地人」、「番仔」來稱呼。居於社會底層難於翻身的原住民，又屢屢成為欺壓罷凌的對象，遠有著名的「槍下留人」湯英伸案，近有布農族勞工文興被業主凌虐的可怖新聞；還有二〇一五年布農族Tama Talum（王光祿）的獵槍事件。這些都是年年歲歲所累積下來的歧視、輕忽甚至仇恨。平日原漢或許能夠和樂的共處一室，「五花馬，千金裘，呼兒將出換美酒」，可是一旦牽動到原住民族的權利和福址，原漢經常勢同水火。透過憲法上的設計，這樣長年累積下來的深刻仇恨，或許依然不是一時半刻所能消解，但它開啟了一扇走向共存的門，確實是一條蹊徑。

有言道，「遲來的正義不是正義」，但原運分子看得很清楚：正義與不義，就像自我與他者，本是一體兩面的相互構造物。如果不曾有過歷史上的不義，則今天原住民不會要求歷史正義。而面對曾經有過的歷史上的不義，當日與會的原運分子表示：實際上做過的事情，就要拿實際上的作為來彌補，不能夠僅僅以一句「對不起」敷衍完事。二二八事件至今餘波蕩漾，正是鮮活的例子，至為明瞭。自從陳水扁總統以來，政府年年向二二八受難家屬致歉，但是沒有實際的作為，二二八便始終是臺灣一道尚未癒合的嚴重撕裂傷，至今血流未止。

我輩還有另一個理由支持佛國喬的方案。原運分子也在中國式的荼毒教育下成長，熟諳「中華民族五千年的燦爛文化」；又觀察社運原運的起起伏伏許多年之後，對於至今依然深受儒家思想影響的非原住民，有一個深刻的認識。也就是自秦始皇起，中國便有「爭大位」的傳統，這個傳統在中國歷史上造成的深刻影響，有斑斑血跡可考。龍城飛將鞏衛大漢江

5　獨立建國並採取君主立憲制的國家，二十世紀有現成的例子——比利時。比利時脫離荷蘭獨立時，便選擇了一位德國貴族出任比利時國王。

6　在當日的論壇上，原運分子所主張的是，由國有財產局來管理國有土地及其孳息，新設的貴族財產管理局則管理原住民傳統領域上的一切財貨孳息，供貴族使用。

山，然而一將功成萬古枯，胡馬依舊度陰山；魏蜀吳三分天下，為的是問鼎中原，諸葛孔明能借東風，卻難顧惜生靈塗炭；李世民弒兄殺弟、逼退父皇，天家沒有骨肉之情；偏安的南宋基於「正統」思想，在主戰與主和的爭論之間，斷送了一代名將岳飛的性命，辛棄疾的豪情壯志終究只能付諸詞曲小令；「衝冠一怒為紅顏」的吳三桂，儘管已經受封外藩，坐擁西南，依然覬覦紫禁城內的龍椅，而有捲入半個中國的三藩之亂；連推翻帝制之後，都還有袁世凱意圖復辟，可見這金光燦爛的「大位」是多麼為人嚮往。撇開中國歷史那數之難盡的例子不說，光是在臺灣，總統選舉就是一個「爭大位」的大戲，活生生的，每四年上演一次。因為帝制思想遺毒，臺灣徒有現代公民社會的外表，骨子裡經常還是一個殖民社會，人民是慣於奴役的被殖民者。因此總統選舉時，才會經常有「投給好人」的論調出現，選個好人是要討誰的歡心？筆者曾聽一位網友說過：「我要選的是會做事的總統，不是好人好事代表！」這句話一針見血，揭開了臺灣順民內心對於被帝制扭曲的儒家「聖王」不切實際的渴望，再度曝露出臺灣基本上還是個殖民社會的不堪現實。

基於這樣的認識，新國家若是由原住民出任虛位元首，則這個每每引發浩劫的「大位」就徹底拔除了。當日在占領講堂的討論上，曾有人表示，若是真的採取君主立憲制，則臺灣不妨效仿英國，從政者都去選國會議員，而政治家的權力頂峰，終究不過首相一職，既不可能坐上「大位」，也沒有這樣的「大位」存在。當日與會的不論是原住民或非原住民，對於這個「將『中國來的大位觀念』踢進臺灣海峽」的說法，在會心一笑之外，就算不能完全同意，至少也都承認這當中的確有一定的可行性，不能純做笑談而一概抹倒。更重要的是，當日所提出的這個主張，自從那個時候起，已經開始漸漸發酵。二〇一五年五月，小米穗基金會舉辦了「原住民族與國家」的座談討論會，主談者是長老教會牧師Kavas Isbukun Palalavi以及原住民記錄片導演Mayaw Biho（馬躍・比吼），座談的主軸是「原住民族自治」。[7]在那之後，越來越多原運分子更與臺獨分子「公然掛勾」，公開的將臺獨納入原獨的範疇之內，在原獨的脈絡之內談臺獨，而不是在臺獨的脈絡之內談原獨。這脫出了以往原運的侷限，而且一躍之間，也將臺獨攜出了原本的困境。[8]

原運在二〇一四年年初的熱絡，起因於三一八學運的刺激。但年初與年尾之間的巨大轉變，及其對某些原運團體的影響，卻是在那勉強能夠遮風避雨的占領講壇中一點一滴累

7 見該活動公告：https://www.facebook.com/events/1565338803730057/，截取時間：二〇一五年六月十日。

8 台灣新社會智庫，〈原獨：做為獨立論的最底線〉，二〇一五年四月七日，連結：http://www.taiwansig.tw/index.php/政策報告/憲政法制/6616-原獨，作為獨立論的最底線。截取時間：二〇一五年六月十日。Jiro Piring，〈先別管台獨了，你聽過原獨嗎？〉，想想論壇，二〇一五年四月四日，連結：http://www.thinking-taiwan.com/content/3905，截取時間：二〇一五年六月十日。類似的內容也可參考「基進側翼」的網站：http://flancradical.blogspot.tw/2015/02/20150203.html?m=1，截取時間：二〇一五年六月十一日。

積而成。這裡要強調的，是本來參與三一八學運的原運分子，怎樣在不受重視之後，轉而搭建自己的舞台。我們可以說，占領國會的學生燃起一把熊熊烈火，原運分子取了一絲順風而來的火苗，然後開始在占領講堂之類的原運活動場上，將逐漸燃起的烈燄灑向天空。

湯蘭花——後三一八的原運速寫

三一八學運落幕之後，學運期間獲得新動能的原住民運動並未止歇。[9]如果說，三一八學運因為學生的緣故，而被媒體冠上充滿朝氣與希望的「太陽花」之名，那麼三一八屆滿週年後，回頭審視原運在這一年內的發展，則不妨將之稱為「湯蘭花」。湯蘭花是臺灣家喻戶曉的鄒族歌手，但這裡所謂的「湯蘭花」，所指並非歌手本人，而是原住民在講中文時，因為發音咬字不準，ㄢㄤ不分，而將「當然」發音為「湯蘭」之故（也有人將「當然」發音成「單蘭」），至於那個「花」字，則是「哇」的轉音。換言之，若問三一八過後，原運是否有較學運之前更蓬勃的發展，那麼答案便是：湯蘭花（當然哇）。

具體的「湯蘭」究竟是什麼「花」？以下筆者舉出三個性質各不相同的例子，供讀者粗略參考。

觀光觀光局（都會游擊戰）

秉持著「湯蘭花」的精神，原運分子繼續在各個場合活躍著。其中可能令人印象比較深刻的，便是「原住民族青年陣線」在二〇一四年七月初所組成的「觀光局觀光團」。這次運動能量的迅速累積，與東臺灣的阿美族人在入夏時分開始舉辦祭典有關。原青不滿於政府將原住民部落重要的歲時祭儀「觀光化」的文化歧視政策，遂在很短的時間之內動員了一群原住民青年，穿戴新潮，由一個扮演導遊的青年領隊，逕闖觀光局。按時下新聞記者的慣用語來說，就是「原住民青年正在進行一個觀光觀光局的動作」。[10]當時的新聞報導寫道：

「這裡是上班的地方不是觀光的地方呀！」

9 有些人認為三一八學運算是「光榮退場」，也有人認為這場學運基本上是失敗的，最後可謂「倉徨出逃」。筆者以為，不論學運以何種方式落幕，學生們闖入並占領國會，在第一時間擋下了「服貿」，光是這一條本身，便足當「成功」兩字，「圓滿」與否，應另作別論。再者由原運的角度以觀，三一八學運所塑造起來、充滿了緊張與衝鋒感的社會氛圍，給人力、金錢與時間都極為有限的原運團體注入了新的能量，也是不容忽視的事實。

10 〈不要無禮遊客亂入祭典，原青「反觀光」觀光局〉，連結：http://e-info.org.tw/node/100455，截取時間：二〇一五年六月十四日。

「部落是生活的地方，也不是觀光的地方。」

二〇一四年七月三日下午十多位原住民族青年陣線成員組成旅遊團，前往觀光局忠孝東路四段的辦公大樓要「觀光」。面對觀光局公務人員的慌亂，他們強調此舉就是要讓官員感受到部落如何在祭典時受到觀光客的干擾，表達對觀光局喊出把二〇一四年定為「原住民部落觀光元年」的不滿。原青直說這個決定不曾與部落溝通，更沒有取得共識，他們不願意將部落及祭儀做為觀光消費商品。

〔中略〕

「觀光局現在在表演『上班』」、「原來在觀光局上班要穿這樣呀！你的馬褂呢？」、「這裡有沒有開網路？」，原青觀光團對著觀光局官員們品頭論足，甚至鼓譟要求唱歌跳舞，正如這些年來部落族人在祭典中所面臨的為難一般。

港口部落女孩Lisin Teffi刻意穿戴著誇張的遮陽帽、墨鏡與高跟鞋，一路吃著零食，不停自拍。「我今天就是在表演一個觀光客Bitch！」Lisin表示，每年部落的祭典的確總會出現不少不請自來的觀光客，部分帶著「來玩」心情的觀光客亂丟垃圾、在祭典場所中任意走動、對族人品頭論足、不經同意便拍照甚至指揮族人擺姿勢，更有過分者要求族人把身上的族服脫下來借穿戴拍照，都讓她非常氣憤與不滿。

阿美族首都保衛戰（部落游擊戰）

另一個與「觀光」有關，但和「觀光觀光局」性質完全不同的例子，是由「馬太攻守聯盟」在號稱「阿美族首都」的馬太鞍（Fata'an）與太巴塱（Tafalong）所發起的年祭保衛戰。這兩個部落被稱為「阿美族的首都」，一方面因為它們是阿美族最古老的兩個部落，另一方面也是因為這兩個部落人口眾多，一舉一動都牽動東臺灣其他阿美族部落的觀感。

「馬太攻守聯盟」是個祕密組織，全部由馬太鞍和太巴塱出身的原運分子組成，除了一人專司以文字或影音方式發布正式公告，一人專門接受媒體採訪以外，成員身分一概保密。就在二〇一四年八月初，原青勇闖觀光局的新聞還在原運團體間充作酒後笑談時，傳來了中國廣西壯族自治區的表演團體，將在八月中到馬太鞍與太巴塱兩大部落，在阿美族的年祭（Ilisin）上進行歌舞表演的消息。「廣西團」由廣西壯族自治區統戰部部長領軍，意圖至為明顯。過去馬太鞍和太巴塱也有部落老人受邀前往廣西壯族自治區表演阿美族的傳統歌舞，因此部落內的老人對此行廣西來人並沒有多大的反應，但身在兩大部落的「馬太攻守聯盟」成員立刻嗅到其中濃厚的統戰味。

年祭是阿美族最神聖崇高的祭典，從祭祀至高之神Malataw、祈求來年農漁獵豐收、男子年齡階層的年度教訓、悼唁過去一年有亡者的喪家，乃至青年男女的婚姻大事，都是年祭的內容。即便是部落族人，也不是人人都能全程參與年祭（例如婦女在年祭的前兩日便不能進入祭場），其他如漢人和他族原住民的成員，也只能在祭場外觀禮。時任（也是現任）花蓮縣縣長的傅崐萁，竟然打算假借文化交流的名義，讓異族人進入神聖的祭場。這挑動了臺灣原運團體中最走偏鋒極端路線的「馬太攻守聯盟」的神經，再者，文化統戰的陰影已然籠罩在這兩大部落頭上。「馬太攻守聯盟」遂在臉書等社群網站上，不斷向傅崐萁開砲，揚言若不擋下廣西團進入馬太鞍和太巴塱破壞祭典，部落青年將不惜以死相搏。「馬太攻守聯盟」的公開成員雖然身居北臺灣，但與部落內的成員有著祕密通訊管道，很快就將聯盟與花蓮縣政府為敵的消息傳到部落耆老耳中。消息一到馬太鞍，馬太鞍地區的頭目們便漏夜開會，最後得到結論：允許廣西團在場外觀禮，但不得進入馬太鞍祭場。數日之後，與馬太鞍僅僅隔著兩條河，祭典略晚數日開始的太巴塱，也由頭目發表正式聲明，尊重部落青年的選擇，辭謝廣西表演團體進入年祭祭場。最後，廣西壯族自治區（包括統戰部部長在內）的「賓客」只在鄉公所小坐用餐，不但沒有參與馬太鞍的祭典，甚至連富田橋都沒有過，根本沒有進入太巴塱的領域便「稱病撤退」了。

本文特別舉出「馬太攻守聯盟」的例子，因為這是自一九八〇年代原運伊始至今，唯一一個對外高度保密，行事與態度均十分「偏激」的忍者型原運團體。這個團體的性質，可謂已經接近「恐怖組織」，而且不止槍口對外（非原住民），對於同胞（原住民）也未曾手軟。

二〇一四年十一月選舉過後，馬太鄉（尚未正名，現仍稱光復鄉）鄉代會首度由阿美族人拿下過半數席次（阿美六：漢五），隨即便有馬太鞍、太巴塱及砂荖共六位頭目要求新科鄉代設誓，務必讓族人拿下鄉代會正副主席之位。[11]六名鄉代雖然同意且立有書面，但在鄉代會選舉前，還是履傳有人將會跑票的風聲。「馬太攻守聯盟」的宗旨有兩大項：「還我土地」與「地方正名」。[12]「還我土地」的困難度較大，牽涉層級和範圍既高且大，並非一蹴可及。但要改去「光復鄉」這個不倫不類且對當地阿美族人帶有侮辱性質的地名，卻可以方便的由鄉代會開始。若阿美族人不拿下多數席次及正副主席職位，「正名」的訴求將永遠出不了鄉代會大門，也就永遠到不了花蓮縣政府。族人跑票風聲頻傳，部落又有消息來報，稱某些族人鄉代可能「河蟹」掉副主席一職，「讓給漢人」，以求地方政治之「敦親睦鄰」。於是在鄉代會選舉的前夕（恰巧正是聖誕夜），馬太攻守聯盟再度發表公告：

11 這六名頭目為：馬太鞍頭目黃福順、林正南、張進華、鄭馬腰，太巴塱頭目王成發以及砂荖頭目汪仁德。

12 論者有謂，馬太鞍與太巴塱同為阿美族最古老的兩個部落，距離不到兩公里，僅以兩溪為界，有「競爭對手」之說，若要將「光復鄉」改名，則太巴塱不可能同意鄉名改為馬太鞍，馬太鞍也不可能同意鄉名改為太巴塱，因此正名一事，「非不為也，乃不能也」。這種論調，純屬外人胡言。早在數年前，族人當中有人倡議正名時，馬太鞍與太巴塱的頭目及耆老們便已經開會達成共識，太巴塱同意將鄉名改為離幹道台九線及火車站較近的「馬太鞍鄉」，但此一提案因為族人在鄉代會席次未過半，被漢人鄉代否決了。三一八學運後新興的「馬太攻守聯盟」成員全部出身馬太鞍與太巴塱，乾脆將兩部落的漢字譯名各取一字，稱為「馬太鄉」，另兼取「馬太福音」之意。

最後通牒

明〔二〇一四年十二月二十五〕日「光復鄉」鄉代會正副主席選舉。《馬太攻守聯盟》情報來源指出，在新科鄉代之間，已因為六位頭目所下命令而有所討論，最後的結果，有可能會選出阿美族的主席，但「迫於政治現實考量」，副主席可能會「讓」給漢人。理由是，若是主席、副主席都由阿美族人出任，其他五席漢人鄉代將會在未來四年事事杯葛，導致政務寸步難行。

〔中略〕

《馬太攻守聯盟》重申立場如下：

跑票者死！

可能「讓出」副主席位置的，不要以為我們不知道是誰！就是那兩個！你們好大的膽子，倒也有好大的面子，竟然有mato'asay（老人、部落耆老）來為你們的狗命求情。因為事涉誓言，茲事體大，《馬太》對於mato'asay前來緩頰的好意，礙難從命！你們的狗命，現在還懸在樑上！好自為之吧！

〔中略〕

十二月二十五日鄉代會正副主席選舉完後，族人跑票者，自行承擔後果！若是因為阿美族鄉代當選正副主席（只有其中一席或兩席全拿），其他漢人鄉代便以議事杯葛回應的話，那麼，請你們小心你們的人身安全！如果鄉長敢因為阿美族人當了鄉代會正副主席，就搞行政怠惰的一套，那麼，我們的武士刀，就是為你準備的！敬告各位漢人「同胞」：膽小鬼、怕死的傢伙們，現在就趕著去鳳林分局先備案吧，說你們遭到公開的恐嚇了！你們以為今夕是何年？在阿美族的世居地上撒潑打賴耍蠻橫？你們沒看過《賽德克巴萊》，你們以為阿美族不獵首的嗎？！現在就明白告訴你們：就算一千個居民都不獵，只要有一個獵，你就吃不完兜著走！而那一個，就是我們《馬太攻守聯盟》！

最後，在六名部落領袖蒞場觀看投票的壓力，以及「馬太攻守聯盟」的人身恐嚇之下，馬太鄉的六名阿美族鄉代果然遵守誓言，未曾跑票，一舉拿

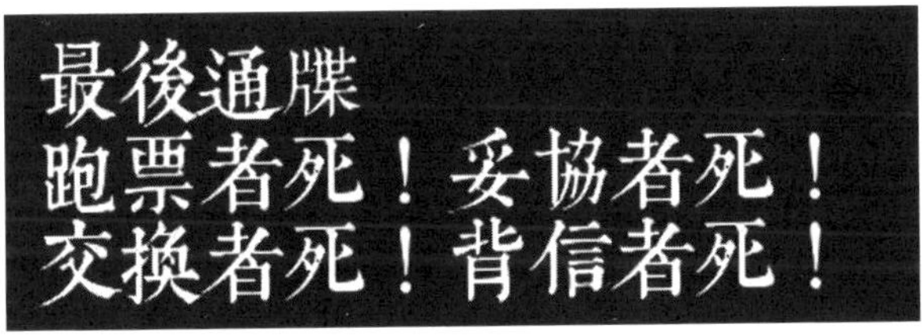

「馬太攻守聯盟」在2014年12月25日馬太鄉（光復鄉）鄉代會正副主席選舉前數日，在社群網站上對新選出的阿美族籍新科鄉代所下的「最後通牒」。即便對待同族同部落的同胞，這個偏激的團體也完全不假辭色，號稱「要拿就拿命來玩，別的下注，我們不接受！」

圖片來源：Nakao Eki Pacidal

下了鄉代會正副主席之位。同一日各市議會舉行議長選舉，以民進黨籍議員占多數的臺南市議會，竟然選出了國民黨籍的李全教為議長，遭到某原運分子的公開訕笑：

> 「完全執政」之名被高雄捧去了。那麼，套用媒體常見的邏輯，這可以下新聞標題為「民進黨退守二重溪」嗎？

「馬太攻守聯盟」可能是臺灣唯一一個堪稱恐怖組織的運動團體。關於這個組織與三一八學運後其他原運組織之間的關聯，下文還有敘述。在此先將主題轉向另一個三一八學運後在「占領講堂」曾經舉辦過，「不帶血腥味」的文化活動。

母語自救路過團（文化戰斥侯）

原住民運動不只是政治運動。原運分子投入政治運動，甚至參選等等，本都是傳承文化的手段，而不是目的（這是多數原運分子的初衷，只是政治圈打滾過後的人，是否依然「一片冰心在玉壺」，則很難說）。因此，除了上述那些抗議性的、要脅性的事件之外，原運分子也一樣積極從事文化工作。且不論各地都有文史工作室，有傳統工藝的傳承工坊，即便是在都會區的臺北，原運分子也特別關切文化的根源——語言。

原青「反觀光」觀光局的同一個月（二〇一四年七月），數名原運的散兵游勇在「占領講堂」舉辦了一場別開生面的語言教學活動。當時「割闌尾」行動正如火如荼的進行，「路過」成了一個響亮的口號。發起族語教學活動的原青也搭上順風車，將該次活動稱為「母語自救路過團」，在社群網站上廣為宣傳。由於發起的原青是阿美族人，於是當日在占領講堂所教授的語言也是阿美語，而且特別從東臺灣請來阿美語程度極高的 fa'i Rnogs（牧草阿姨）擔任講師。特別的是，這場在占領講堂的樹蔭下展開、儘管溽暑也不覺燥熱的語言課程，除了最開頭的三句問候語以外，所教的全部都是阿美語的罵人話。

如果說，「反觀光」是「原住民族青年陣線」帶著幽默感而「反將一軍」的活動，「馬太攻守聯盟」是挾血腥言語和物理暴力壓境的恐怖行動，則由幾名原運傘兵策畫的「母語自救路過團」，可以說是一個從非政治面著手的文化工作實驗。當日到場的「學員」原漢皆有，已經公開表示參選臺北市長的馮光遠也跟其他的學員一樣，坐在草地上聽講，並且按照白板上寫的句子，開口練習罵人。

選擇「罵人」為族語課程的主題，並非譁眾取寵。學一種外語的同時，也必須學習該語言的髒話、醜話、罵人話，是許多有學習外語經驗者都聽老師說過的。然而，阿美語（以及其他多數的臺灣南島語言），基本上並沒有什麼罵人的話。以阿美語為例，稱人是「狗」（wacu）就已經是最嚴厲的罵人話，因為它從根本上否定了被罵者的人格（tamdaw），被罵者甚至連不相干的路人（tao）都不是，而是一隻狗（在部落裡若是口出此言，雙方必定大打出手）。除了阿美語中最「中聽」的這個字，以阿美語稱人是無知者（mafola）、無聊人（saalaaw）、牛脾氣（kolong）等等，都已經算是相當嚴重的罵人了，連「活該！講不聽！」（Koti'! Caay pitengil!）這句話也要算入罵人的範疇，因為這通常是長輩對小輩的教訓，以這樣的話來面對成人，帶有輕慢視之為小兒的言外之意。

那一日的「母語自救」教學，其實並沒有真的教授多少東西，但對於前來參與的非原住民來說，這是一窺異文化的窗隙。[13]舉辦該次活動的原青表示，學校教育裡不教導多元文化的真正意涵，也不讓原住民落實族語和華語並行的雙語教學，[14]那麼只能靠著有心的運動者來創造社會教育的機會與環境。那一次的示範活動，談不上有什麼具體實用的成果，但卻為日後都會區的原運分子集結資源，試圖成立固定的母語自救教學班，打下了一個信心基礎。當時參與主辦活動的其中一名原運分子，正在都市原住民人口較多的新北市尋覓長期的開課點，試圖以最簡單的方式，將過去黨國政策所造成，長達兩、三代的語言斷層彌補起來。或許因陋就簡，但這就跟上文提到的兩則都市與部落游擊戰一樣，同樣是祖先智慧的實踐。

削一筆尖硬的竹刀插在結實的木桿上，用黃藤綁緊，就這麼當矛用吧！

基於這「因陋就簡」的特質，我們或許可以將該次「母語自救路過團」的活動視為另一種型態的都會游擊戰，或者也可以說是原運分子在都會裡進行文化工作的先遣「斥侯」。只是它要開闢並保衛的疆土是做為文化根本的語言傳承，而不是要參與政治經濟的角逐戰。

13 「母語自救路過團」的簡單語言課程，到場的漢人多於原住民（原住民當中以阿美族和布農族為主）。若要論影響，依筆者個人的觀察，可能在漢人身上要高一些。當日去上課的漢人，十之八九都是第一次聽聞，原來阿美語乃至其他臺灣南島語言中，根本沒有類似華語或臺語一般的罵人話。箇中差別可以在此舉一有趣的例子做為對照說明：日前筆者聽聞一友人前往中國西北方旅行，在蘭州招計程車，不但連續三次被以不同的理由拒載，而且司機的態度都很差勁。待他第四次攔下一輛計程車，司機雖然同意載客，卻要求不跳表，直接開價二十五元人民幣（若是跳表，大概只要十五元）。已經忍耐多時的友人於是破口大罵：「姦恁老師！恁爸每一擺坐攏十二箍爾爾，你這馬共我講愛二十五箍？恁爸對台灣來的！你敢知影恁爸是按怎對台灣來遮的？講予你聽啦！——恁爸是駛恁娘對台灣駛來到這爿的啦！知影無？！」然後這位友人斂去怒容，正色以「普通話」對那位嚇到的司機說：「十二塊。載不載？」像這樣的謾罵，在阿美語或臺灣其他南島語言中根本不存在。

14 本文儘量避免使用「漢」這個字眼來指涉人群或語言，因為「漢」是一個空泛的概念，並沒有什麼實在的內容。本文中偶有為了行文簡單順暢，而以「原漢」替代「原住民與非原住民」之處，但為數不多。此外，本文也將中文（也就是臺灣所謂的「國語」）稱為「華語」而非「漢語」，因為漢語的包羅面更廣，光是臺灣一地，至少就還有Ho-lo和Hakka兩種漢語存在。

檯上與檯下——後三一八的原運地貌

行文至此，讀者都看了超過一萬字，可能會不解的問，為何文中提到三一八學運處如此之少？難道三一八學運竟然與原住民無甚關聯嗎？

本文一開頭便已提及，從原運觀點看到的三一八學運，與從其他社運或政治觀點看到的很不一樣。其中最大的不同，就是在短暫的參與過學運之後，原運分子便大幅急轉直下，視「服貿」為標，「原獨」為本。用更淺白的方式說，就是從原運角度看來，三一八學運雖然重要，但已經不是原運團體著力耕耘之所在。

在三一八之前，談論「原獨」的原運團體與個人本就不在少數。三一八學運期間，也有原青在青島東路的場子裡發表類似的言論，只是並沒有深談。這樣的討論即使到了「占領講堂」上，已經具體明確到「獨立建國、變更國體、君主立憲」的程度，在原運團體彼此之間也沒有共識可言。反而是在三一八之後，有原運分子與（非原住民的）臺獨分子「公然掛勾」，宣稱要在原運的脈絡內談臺獨，而不是在臺獨的脈絡內談原獨（詳上文）。

那麼，後三一八的原運界地景又如何呢？原運是否受到三一八的衝擊而有新的動靜？對於這一點，筆者的觀察是肯定的。首先，就既有的原運社團來說，「原青陣」（原住民族青年陣線）和「原策會」（台灣原住民族政策協會）大概是比較活躍的團體。三一八學運對此類以法、政問題為關切主軸的原運團體所造成的衝擊，似乎在於「學運」裡的「年齡成分」也被帶入了原運團體中。這類團體開始有較多的青年世代加入，甚至成為主幹。這對於老一輩的原運分子是否造成衝擊，有沒有被邊緣化的可能，頗值得觀察。雖然在學運已滿二週年後的今天，這個答案依舊不十分清楚。[15]

有些原運分子自視清高，屬於「不沾鍋」的類型，在談論原住民議題時有「去政治化」的傾向。[16]當然，這是一個不切實際的想法。自從一九八〇年代原運初興以來，「從政」就一直是原運的重要策略之一。直接掌握政治實權，對於原住民來說當然是最好的選擇。不過至今為止，原住民除了產生過各級民意代表之外。在中央，除了擔任非原民莫屬的原住民族委員會的主委或政次之外，少有真正掌握政府實權者。而原民會在行政院裡實是個「弱

15 較年長的原運分子很多都是「台灣原社」的成員。目前「原社」的社長是任教於臺師大的汪明輝教授（Tibusungu Vayayana Peongsi），其中一位阿美族成員Isak Afo在二十年前便投入原住民族勞工運動，後來也曾進入原住民族委員會擔任阿美族的專門委員，並參與部落學校的設立等，目前最新的動態則是要排除萬難來辦一份自《南島時報》停刊後就再也沒有人敢嘗試的原住民報紙。

16 原住民藝人可謂是此種類型的代表性人物。雖然他們許多人表面上都可以算入「原運分子」，但越是知名的人物，對原運的態度越不明朗，如卑南族歌手張惠妹，就是立場最曖昧的一個。此外賽德克族導演馬志翔、阿美族歌手張震嶽、原民台節目主持人兼母語創作歌手Ado Kaliting Pacidal（網名為「林阿洛」）則有比較強烈的原住民意識，只是各人對於原運該採取的手段和運動的步調，各有不同的看法，所願意投入的精力和時間也不同。

連家人都未商談，便逕自登記參選花蓮縣議員的Kawlo Iyun Pacidal視政治為污泥，投入了清理污泥的行列。由於她的競選團隊資源十分有限，除了走路拜票之外，主打以原青為主要受眾的網路文宣，上圖便是其中之一的海報。
圖片來源：Nakao Eki Pacidal

雞」（軟弱的機關），亦無實權。這從《原住民族基本法》的精神始終不能貫徹，《原住民族自治法》從未付諸實行，便可見一斑。法律面雖然如此，還是有原青受到三一八學運的鼓舞，投入地方民代的選舉。其中表現最好的，首推參選花蓮縣議員的Kawlo Iyun Pacidal。Kawlo是原住民族電視台的記者，也是「Pangcah守護聯盟」[17]的成員和發起人之一。她突然宣布參選縣議員，令許多人深感錯愕，再者基於部落內家族勢力之盤根錯結，多數人並不看好她的選情。沒想到，選舉結果揭曉，該選區（花蓮縣壽豐鄉、鳳林鎮、光復鄉、豐濱鄉、萬榮鄉）的各議員參選人得票數相當平均，原本被認為打不破的部落家族勢力，顯然已經在一定程度上被撼動。至於部落內部勢力重新整合的原因，可能與原青挾三一八學運能量而在部落內進行的組織活動有關。之後，Kawlo又受時代力量黨的邀請，成為該黨排名第一的不分區立委。並在一月十六日的大選，一舉挺進立院。時代力量挾太陽花學運的能量一路累積民氣，並成功轉換為政治實力。Kawlo也是挾三一八威力在花蓮縣打破原有政治地景勝出之星。兩者的合作，或許意味著三一八運動動能轉換為政治權力的過程，原運者並未故步自封，反而大膽地朝向政治實權邁進。

上文已經提到過的**忍者型原運恐怖組織**「馬太攻守聯盟」，可謂是三一八之後最值得注

17 Pangcah是阿美族的自稱。

意的原運團體之一。二〇一四年一年當中，「馬太攻守聯盟」在檯面上至少「料理」了三件事：（一）逼得來自中國廣西的統戰團體甚至不敢越過花蓮溪，全數「稱病撤退」；（二）經過事前公告，在所謂的「臺灣光復節」前，以紅色「漆洗」光復鄉公所，再度要求正名與還我土地；（三）裹脅阿美族籍鄉代，選出阿美族籍的鄉代會正副主席。在那之後，原本一直活躍在社群網站的「馬太攻守聯盟」突然從檯面上消失了，而且在消失之前，還發出過「消失公告」，聲稱要「進入中央山脈」，「跟布農族有大事要商談」。據筆者所知，這群「忍者」已經散入森林田野，在各地展開地方性的組織運作。這可以說是原運史上一個奇特的現象，但也可以說，在幾代原運累積下的辛酸血類之後，如今的青年輩裡有人終於找回祖先的道路與戰技，投身「看不見」的游擊戰、心理戰。在主流社會不明究理的情況下，「馬太攻守聯盟」的核心成員已經滲入臺灣數個重要的原住民部落，為達致「原獨」而做必要的準備。

到了本文末尾，我們可以再問一次：三一八學運是否在某程度上變更了原運地貌？答案——「湯蘭花」。那新形成的地景，正如本節所述，尚未定形，還時時因應著外在環境而變化。但基於一個理念而號稱可以「單細胞作業」、「彼此互不負責」的「馬太攻守聯盟」，則是三一八學運對原運界所造成的巨大影響之後果。三一八之後，運動團體在檯面上的分裂與整合或許已非重點。重點是，在原運界，至少有一群人，心中已經再無疑慮，基於一個清晰的理念，背上各自的武器，奔赴各自的戰場。自此原運界除了檯面上的組織與活動之外，還多了許多雙隱形的手，在各地的組織團體成員都不知情的情況下，在背後穿針引線，引導著原運走向「原獨」。

影子，忍者，崩し，[18]這是一個新的原運概念。機會來自三一八學運，舞台由自己徒手搭建，戰略與技巧則來自世代相傳的祖訓。

18「崩し」（kuzushi）是柔道的基本原則，也是其精髓，旨在電光火石之間，抓住對手重心不穩的空隙，而將之摺倒在地。

作者感謝會議評論人陳俊宏教授、兩位匿名審查人及專書主編惠賜諸多寶貴意見。另外，研究助理黃怡禎小姐協助編修及校勘，一併致謝。謹以本文紀念陳瑞光。

未完成的革命：三一八運動迎接的公民共和曙光

黃丞儀

中研院法律所
副研究員

芝加哥大學法學博士。研究興趣包括比較憲法、美國行政法、民主理論、管制政策分析、臺灣法律史等，中英文論文刊登於《Law & Social Inquiry》、《臺大法學論叢》等期刊及學術專書，時事評論散見平面及網路媒體。曾任台灣人權促進會副會長，現為台灣民間真相與和解促進會理事長、文化研究學會理事。

"We are discussing no trivial subject, but how a man should live."*

——Plato, *Republic*, 352D

三一八運動在二〇一四年四月十日結束占領立法院，宣告落幕。長達二十四天的占領期間，發生許多波瀾壯闊的事件，持續重擊臺灣社會的心臟。從退場以來，不斷有各種討論，去分析、思考這場規模龐大的社會運動究竟對臺灣的民主政治產生了什麼意義？尤其隨著香港在同年九月底開展「和平占中」的雨傘運動，乃至於隔年七月日本社會因為首相安倍晉三力推安保法案，試圖不經修憲程序而解除憲法第九條對於使用武力的限制，造成民間社會大幅反彈，甚至引發戰後最大規模的示威遊行。一時間東亞社會瀰漫著一股「對抗國家權力」的大革命氣息。三一八做為濫觴，究竟只是一場反對區域自由貿易的社會運動，還是對馬英九政府不信任的政治表態，抑或是反中、支持臺獨的情緒發酵？坦白說，在事件發生二週年後，還未必說得清楚。英國政治哲學家柏克（Edmund Burke）曾在《法國大革命反思》中寫道：「當我看到自由的精神付諸行動時，可以看見背後有種強烈的原則在支配；而這就僅是我暫時所能知道的一切。當不穩定的氣體直接釋放時，我們得先停止我們的判斷，直到最初的激盪沉澱下來，直到激情揮發掉，直到可以看到某種要比表面混濁的泡沫動盪更深一層的東西。」[1]或許我們應該將三一八放到一個更長的歷史視野中，才能清楚掌握占領行動背後的深層意義。

眾多論者都認為三一八運動發軔於馬英九政府打算強勢通過服貿協議，製造了所謂的「憲政危機」，或者至少產生了「憲政危機」的可能性。[2]因此，占領立法院就是為了防禦此一「憲政危機」，而不得不採取的行動，占領者進而可以主張「公民不服從」或是抵抗權的

＊ 此處英文譯文為Michael Oakeshott所譯。Michael Oakeshott, *Hobbes on Civil Association*, Liberty Fund, 2000, p.1. 另外，依據Loeb Classic Library譯本，則為"For the discussion is not about an incidental matter, but about the way we ought to live." 參見Plato, *Republic*, edited and translated by Chris Emlyn-Jones and William Preddy, Harvard University Press, 2013, p. 109。中文翻譯如侯健翻譯為：「我願意繼續加以討論，因為這可不是小事，而是人生的準則。」參見侯健譯，國立編譯館主編，《柏拉圖理想國》，臺北：聯經出版公司，一九八〇，頁五〇。另有譯作：「蓋人生之當依何方針，殊非尋常瑣碎之問題可比也。」吳獻書，《理想國》上冊，臺北：臺灣商務印書館，一九九七，頁五十四。

1 柏克（Edmund Burke）著，何兆武、許振洲、彭剛譯，《法國大革命反思》，香港：牛津大學出版社，一九九六，頁八。原文為"When I see the spirit of liberty in action, I see a strong principle at work; and this, for a while, is all I can possibly know of it. The wild gas, the fixed air, is plainly broke loose: but we ought to suspend our judgment until the first effervescence is a little subsided, till the liquor is cleared, and until we see something deeper than the agitation of a troubled and frothy surface." Edmund Burke, *Reflections on the Revolution in France*, edited by J. G. A. Pocock, Yale University Press, 2003, p. 8.

2 顏厥安教授曾臚列出五點因服貿協議所引發「憲政危機」的體制根源，分別為第一，總統權力的幽閉狀態，即總統幾乎完全不必跟任何權力制衡機關負責，可完全自由任用各種重要官員，而罷免與彈劾體制的門檻極高，難以達

行使。[3]關於馬政府強推服貿的作為是否製造了「憲政危機」，有不同的法律見解，需要更細膩地討論。[4]不過，幾個前提問題就足以讓人產生許多困惑，比如說：「憲政危機」的定義是什麼？由誰來認定？即便出現「憲政危機」，是不是可以直接上綱到「公民不服從」的層次進行抵抗？如果在法院主張公民不服從，終究是由法院來進行判斷，公民可不可以不服從法院對於「公民不服從」的判斷？本文認為，三一八運動最重要的意義並非單純防禦「憲政危機」，而是透過公民積極參與，展現出了一股「憲法創生」的欲望。這股「求生存」的欲望，與其說是帶來了「憲法時刻」，不如說是「公民共和」（*vivere civile*）[5]昂揚的時刻。當公民熱心參與政治社群的公共事務，懷抱公共福祉去討論和行動時，一股上升的共和意志於焉生成，帶來「重新塑造憲法權威」的政治動力[6]。然而，這股「公民創生」的共和意志在現實上遭遇到艱困的政治障礙，以至於即便五十萬人上街頭，也未能創造新的憲法權威（constitutional authority），憲法時刻消散如雲煙。但是，三一八運動的矛盾點也在於此，

陣；第二，行政院長及其內閣官員，全非民選，未經國會同意；第三，現今的國會席次分配與選舉制度造成畸型的政黨與區域分布狀態及代表性扭曲；第四，現行憲政體制無法處理兩岸「政府」之間的關係；第五，全球化自由主義浪潮下，逐漸導致權貴當道、弱勢被削的體制，參見顏厥安，〈焦點評論：憲政危機與民主重生時刻〉，《蘋果日報》，二〇一四年三月二十八日。另外，張嘉尹教授提及，馬政府以各種方式阻撓立法院對於服貿協議進行實質審查的結果，即是行政權與立法權漸趨實質一體化，憲法所設計的權力分立制度遭到破壞，代議民主制亦淪於形骸化，

使執政黨的意志凌駕並取代人民的意志，國家機器成為執政黨的工具，張教授將此結構稱之為「新黨國體制」。此為一種以合法符碼包裝的政治行動，利用憲法的正式制度來進行顛覆憲法的目的，正式的憲法自我保護機制卻無能為力，乃是目前臺灣所面臨的憲政危機，參見張嘉尹教授，〈保衛共和國——三一八學運的憲法學詮釋〉，《台灣法學雜誌》二四五，二〇一四，頁五〇～六一。

3 關於這部分的討論，可參見本書林佳和的文章，〈一場重新定義法律的運動〉。

4 對於立法院未針對服貿協議進行逐條實質審查，並在三十秒內即決議通過送院會之爭議，廖元豪教授認為必須先檢討服貿協議的內容是否「涉及法律之修正或應以法律定之者」。其次，服貿協議究竟該「審查」或「備查」，是客觀事實問題，而非立法院可經黨團協商決定。最後，必須詳細對照「服貿協議內容」與「相關法律規定」，始能得知服貿協議是否該送立法院審查。其主張就法律面來說，服貿協議「可能」只需送立法院「備查」，立法院無審查的權限。參見廖元豪，〈太陽花學運與公民不服從——值得「不服從」或「抵抗」嗎？〉，《台灣法學雜誌》二五五，二〇一四，頁一〇九～一一四。另外，陳淳文教授認為從比較制度論締結條約或協定過程，因憲政體制不同，導致國會監督涉外條約或協定的方式有所差異，無普世皆然的標準。就服貿協議而言，國會擁有質詢權、文件調閱權、調查權、倒閣權等，可以要求行政權予以公開相關資訊，退步言之，即使不予公開，乃是基於本屬行政權本質所具有的行政特權範疇，服貿協議被外界稱為黑箱作業的指控，未能成立。就程序面來說，立院的審議過程是國會自治與自律的核心部分，不容外界置喙。在服貿協議一案，處在委員會要送入院會的階段，程序尚未完成，後續程序仍有可能矯正已發生的瑕疵，再者，即便程序有違法違憲的情形，最終的裁決者仍屬於司法權。參見陳淳文，〈天使下凡，人間遭難：太陽花學運的四個基本問題〉，二〇一四年四月七日，連結：http://www.monsoon.org.tw/detail.php?id=93。

5 本文所描述的「公民共和」或「公民創生」（*vivere civile*）概念取自波卡克對於公民共和主義的分析，參見J. G. A. Pocock, *The Machiavellian Moment: Florentine Political Thought and the Atlantic Republican Tradition*, Princeton University Press, 2003 [1975], pp. 49-80.

6 Frank Michelman, *Brennan and Democracy*, Princeton University Press, 2005。此處所描述的狀態及後面提到的「規範創造的政治」（jurisgenerative politics），國內政治哲學學者蕭高彥譯為「法規範創生之政治論」。

《中華民國憲法》本文對於當前政治社群的公民屬性（citizenship），造成了制度性障礙。[7]我們可以說，三一八運動其實是臺灣做為一個政治社群，意欲重新進行自己表述（self-representation，或自我代表）的大規模公民運動。只是，自我表述的意欲雖然強大地呈現在占領立法院的行動中，卻仍無法改變目前《中華民國憲法》的憲法權威，導致這項「自我表述」欠缺規範效力，未能完成它所期待成就的任務。

解嚴之後，臺灣也曾經歷過一次重新進行自我表述的歷史機遇。一九九一年，受到前一年野百合運動的推促，時任總統兼國民黨主席的李登輝主導政治改革，廢除了動員戡亂時期臨時條款，並由尚未改選的第一屆國民大會代表（俗稱老國代，或「萬年國會」）通過〈增修條文〉。〈增修條文〉的前言明白指出其制定目的是「為因應國家統一前之需要」，因此將當時仍同屬「國會」的三個機關：國民大會、立法院、監察院，選舉範圍限縮在「自由地區」；而中華人民共和國則名以「大陸地區」。第一次〈增修條文〉的自我表述，是在黨國機器操作下產生的政治妥協，與三一八運動的性質與過程大不相同。然而，直到最近一次修憲（二〇〇五年），仍舊維持著第一次〈增修條文〉所創造的自我表述。換言之，從憲法政治的層次來看，臺灣這個政治社群在過去二十四年始終重複宣稱同一種政治身分。即便修憲七次，國民大會已經消失，監察院也失去了國會的地位，總統從間接選舉改成全民直選，行政院院長由總統任命不需立法院同意，〈增修條文〉中「國家統一」的前提和第十條蘊含的「臺灣地區」與「大陸地區」為共同政治社群，始終未受改變。換言之，直到三一八運動引發既廣且深的「公民共和」時刻，臺灣這個政治社群幾乎沒有大規模、全面地檢討過自身的公民社群認定。

三一八運動的參與者在運動過程中，逐漸認知到《中華民國憲法》在政治社群定位上產生的矛盾。因此，所謂「天然獨」的年輕世代衝決而出，試圖重新界定臺灣政治社群的構成（political constituency of Taiwan）。這種尋找政治社群重新定義的生命能量，不必然以修憲的形式來自我完成。從事後觀點來看，三一八運動提出的「公民憲政會議」要不被扭曲為「經貿國是會議」，要不就被窄化為「總統制或內閣制」的中央政府體制調整議題。如此修憲反而重蹈過去二十四年七次修憲的覆轍，企圖以由上而下的政治妥協方案來進行制度改造，不可能提高政治社群的公民積極動能（active citizenship），擴大民主程序的包容性（inclusiveness），凝聚新的共和意志，創造出憲法權威所需的政治基礎。三一八之後，常態民主的縣市長、國會、總統定期改選反而沖消了「公民共和」時刻的高昂政治動力，將所謂深沉的民主

7 這裡所謂的公民屬性並非單純指涉「屬人」的事項，如移民法或身分取得等，而是從更廣義的政治社群層次來思考公民身分和民主政治的交互影響。

（deep democracy）所需的公共審議和公民參與，消弭於政治過程之外。[8]以「常態民主」來淡化、消除「深層民主」的需求，造成民主價值的衰貶（deflation of democratic value），也是一九九〇年代「寧靜革命」（中華民國在地化）所預支的「待償貸款」，其結果深深影響臺灣人民對於憲法權威的認知。這將是臺灣未來在憲政共和發展上最需要克服的制度性障礙。

一、「服貿爭議」中正當性危機的雙重螺旋結構

讓我們再次回到三一八運動的引爆點：服貿協議的三十秒通過，究竟蘊藏了什麼問題？眾所週知，服務貿易協議是《海峽兩岸經濟合作架構協議》（ECFA）的一環，也是全球各地正在不斷形成的各種區域貿易協定之一（其他類似的區域貿易協定如《跨太平洋戰略經濟夥伴關係協議》，TPP）。這種發展是後冷戰時期國際社會不斷交流下的政治經濟產物，臺灣做為高度依賴貿易進出口的國家，在區域整合日益密切的狀態下，自難置身於這股潮流之外。[9]但是，一般貿易自由化協定的締結主體是區域內的主權國家，ECFA卻是在所謂「兩岸」的架構下，由臺灣的民間團體海基會和中國的白手套機關海協會，共同締結而成。此一作法自從一九九二年通過《兩岸人民關係條例》以來，歷經二十餘年，已經成為兩岸事務性協商的基本架構。尤其，一九九一年第一次修憲就已授權立法院制定《臺灣地

區和大陸地區人民關係條例》（通稱《兩岸人民關係條例》），其中第四條之二授權由陸委會，委託民間團體（亦即海基會）進行兩岸事務的協商談判和協議簽署。

既然這套作法行之有年，也有憲法和法律位階的授權基礎，何以在服貿協議觸礁？服貿協議的爭議可以分為兩個層次。在第一個層次，它屬於高度技術性的國際貿易規範，蘊含了大量的政策知識和專業判斷，通常只要經過國會的事前授權或事後認可，在民主程序上就沒有太多可議之處。除非有程序瑕疵，否則司法也很難介入。人民頂多只能透過下一次選舉來表達反對意見，進而改變政治進程（political agenda）。在這個層次，著眼點是如何控制行政部門的政策選擇以及技術官僚的談判內容。但在第二個層次，服貿協議牽涉到的並非一般國對國的貿易談判問題，而是臺灣和中國之間曖昧不清的政治定位。服貿協議不是在世界貿易組織（WTO）的框架下進行，而是在特殊的「一個中國」原則下進行的談判。而「一個中國」原則是否為臺灣當下的政治社群所接受，就不是單純技術官僚可以處理的問題，也不會是形式性的國會保留原則（國會以法律授權行政部門締結技術性規範）能夠解決的問題。

8 此為艾莉斯．楊（Iris Marion Young）提出的觀點，本文在此和楊一樣，不認為深沉民主和常態民主的定期選舉有本質上的衝突。但是，如果只強調定期選舉的常態民主模式，而刻意忽略深沉民主的需求，則顯然會造成民主價值的衰貶。

9 參考本書蔡宏政關於經濟貿易自由和國家主權的論述章節。

當代民主國家經常將第一層次的決策權力，透過憲法所創設的權力機制予以正當化（legitimation），藉以吸納決策過程中的異議，維持政治社會的穩定。尤其在二十世紀後半葉，為了因應利益團體政治、經濟不平等、科技高度複雜化、風險社會出現，因此大量使用所謂「法治國」原則來切割責任政治的範疇，假設國會裡面的立法者保有最終控制權；但在一般行政決策的層級，可以透過法律授權，一方面滿足合法性的需求，另一方面避免行政濫權，造成民主崩潰。[10]而這種偏向形式控制的解決機制，同時也意謂著只要在國會取得多數席次，行政部門就可以獲得授權，政府決策也就取得了合法性基礎。就臺灣的情形而言，這種決策權力正當化的過程，一方面在規範面賦予行政機關進行兩岸經濟協商的授權基礎（如《兩岸人民關係條例》），另一方面也在制度上增加立法部門進行事後控制的空間（如比照《立法院職權行使法》的行政命令審查程序）。但是，若將臺灣憲政體制上行政立法的關係納入考察，此一決策權力正當化的機制就會比我們想像的更為複雜。

基本上，採行這種國會可以事前授權、事後審查機制的，多為議會民主制的國家，畢竟行政部門的權力完全來自於國會，自應受到國會控制。然而，在總統掌握行政權的國家，國會和行政部門各自享有獨立的民主正當性來源，對外貿易事務是兩個政治部門分享權力、互相協力，而非單純由國會來控制行政部門。因此，在議會民主制國家，決策權力正當化的條件相對單純，由國會做為發動與控制的權力主體；但在總統制國家，必須透過總統、國會和行政部門之間的往復溝通與審議，以民主競爭的方式來予以正當化。

臺灣因為受到修憲的影響，比較難確認決策權力正當化機制的運作方式。[11]《中華民國憲法》本文沿襲議會民主制的精神，要求行政院必須對立法院負責，總統僅屬國家元首，與行政權運作沒有必然關聯。但是，九七修憲後，行政院院長直接由總統任命，不再需要立法院同意；加上總統直選，中央政府體制往「總統制」（或「半總統制」）的方向移動，亦即總統可以透過任命行政院院長間接控制行政部門，行政院院長成為總統和國會中間的樞紐，總統不直接面對國會，國會也無從干預、分享或促進總統的權力行使過程。在這種狀況下，究竟何種決策權力正當化機制才符合憲法要求，遂成一大問題。

如果是側重「權力融合」的議會民主制國家，就應該偏向「國會至上」原則，以立法權來控制行政決策。（大法官在解嚴前後開始引進德國的「依法行政原則」，便是此例。）如果是像權力分立的總統制國家，就應該透過權力間的制衡對抗、審議溝通，達到政策正當化

10 Jurgen Habermas, *Between Facts and Norm: Contribution to a Discourse Theory of Law and Democracy*, trans. by William Rehg, MIT Press, 1996, pp. 329-59. 亦請參見Jurgen Habermas, *Legitimation Crisis*, trans. by Thomas McCarthy, Beacon Press, 1973, pp. 102-42.

11 這或許也是為何三一八運動提出「公民憲政會議」後，許多人會將修憲的倡議導向中央政府體制（議會民主制或總統制）的討論。

的結果。（我國大法官在第六二七號解釋中僅承認總統在特定領域為最高行政首長，行政院院長在一般意義上仍為最高行政首長。但總統和國會的關係並無明確規範。）我國既非純粹內閣制，亦非完整的總統制，雖說是半總統制，但此種說法也有爭議。所以，在臺灣的公法學討論中，行政行為的合法性控制經常只停留在法律保留原則的討論，有關政治課責的正當性基礎往往直接跳躍到選舉結果，而非藉由憲法上權力分立機制來證成。民主選舉、權力分立和合法性控制，在此被切割成不相關的概念。

兩岸協議的狀況，行政機關僅依《兩岸人民關係條例》第五條對於協議審查的形式分類（是否涉及「法律保留」），來決定該協議是否需要送交立法院進行審查。從形式上來看，雖未違反以國會為核心的決策控制模式，實際上卻徹底忽略總統掌控行政權時，應該盡可能採取往復溝通與實質審議的方式，以將其決策正當化。即便獲得選舉賦予他的權能（mandate），但他仍需受到權力分立原則的拘束。服貿協議的病灶就是在決策權力正當化機制不明確的狀況下，徒以法律保留原則來進行控制，造成憲法應該發揮的權力分立機制完全沒辦法實質正當化決策權力。

服貿爭議中第一個層次的「**決策權力正當化**」困境其實也涉及第二個層次的問題。總統忽略了政治上的往復溝通與實質審議，在一般行政決策上或許還可以用合法性控制或其他方式解消衝突，但由於服貿協議本身已經觸及「一個中國」原則，因此不可能單單用法律保留原則處理，而會碰觸到更深層的問題：主權的虛格化。

如果我們暫時拋開議會民主制或總統制這些概念原型，單純從授權來看，服貿協議談判的最終授權基礎來自於憲法增修條文，但是憲法本身所預設的中華民國主權，在兩岸談判中卻又要隱藏起來，那麼這樣的談判究竟是代表誰去談判？「兩岸」和「國際」是互斥的概念，一旦鎖進兩岸「地區」對「地區」的一中架構，就不可能出現臺灣的國家主權。本質上，將兩岸交流的進程置於區域經濟整合的架構底下，便揭示了臺灣和中國是朝向一個政治統合的未來前進。以兩岸談判來進行區域經濟整合，就等於排除了其他國家參與這個經濟整合過程，就不是國際合作。既然兩岸並非對等的主權國家，無論從中華人民共和國的角度或是從《中華民國憲法》的角度，臺灣都只能是一個地區，臺灣人民無論選了多少次總統，仍然無法產生真正的「主權者」，這種正當性危機是無法透過權力分立體制來解決的；更不要說這套權力分立體制本身尚有決策權力無法正當化的制度性障礙。總括而言，服貿協議涉及的「自我治理」困境至少有兩重：第一重是權力分立體制無法有效正當化決策權力；第二重，也是更深層的，是主權虛格化帶來的危機。

三一八運動在外觀上，似乎是總統職權行使的問題，或行政立法相互制衡的問題，但真正的癥結在於《中華民國憲法》所表徵的主權在「兩岸協商架構」加上「區域貿易整合」的兩種矛盾邏輯交集下，徹底虛格化。對於主權的焦慮（第二層次）和對於總統權力運作的不信任（第一層次），重疊在一起，彼此互相增強，形成一個雙重螺旋結構，最終引導出人民的占領行動。

二、總統成為憲法的「例外狀態」

認識到這個雙重螺旋結構，再回來看：馬英九當時集黨主席和總統於一身，可以號令國會和行政院貫徹其政治意志，在權力的穹頂上已經達到最高峰，但如果他已經擁有臺灣最強大的政治權力，為何這樣的權力無法克服中華民國主權虛格化的困境，反而開啟了總統權力擴張的現象？民選的總統無法將中華民國主權實體化？那麼民主化歷程中不斷強調的「主權在民」論述，到底發揮了什麼樣的作用？

總統，在臺灣過去六十六年的歷史當中，扮演了極為重要的角色。無論是蔣介石、蔣經國、李登輝、陳水扁、馬英九，從戒嚴時期到民主化階段，乃至於政黨輪替兩次後，總統都是臺灣政治社群的最高權力象徵。在戒嚴時期，蔣介石以政治實力凌駕於《中華民國憲法》之上，不但透過國民大會老代表修改動員戡亂時期臨時條款，變更了「總統不得連選連任超過一次」的憲法規定，也透過大法官解釋，實質改寫了國會（國民大會、立法院、監察院）的組成方式，讓老代表們可以不經選舉、直接延任[12]，甚至不需到達法定人數就可以召開會議[13]。當老代表逐漸凋零之際，還可以直接由原省籍同鄉遞補名額，最後迫不得已才小幅度放寬，變成臺灣地區進行增額補選。由此可知，戒嚴時期的憲政史就是圍繞著總統的統治權為核心，打造出中華民國的「超級總統制」。

民主化之後，李登輝所主導的修憲，仍然延續了動員戡亂時期臨時條款的「外加附款」形式，以「增修條文」覆寫憲法本文。擔任總統初期，李登輝遭遇許多現實政治上的挑戰。如果當時推動制定新憲法，勢必遭遇嚴重的反撲，甚至是軍事政變，《中華民國憲法》因而成為李登輝和國民黨舊勢力的緩衝點。老國代、老立委雖然因為野百合學運的衝擊而下台，但國民黨舊勢力透過《中華民國憲法》本文將中國「法統」霸權（jurigeneratical hegemony）恆久封存（entrenched）。因此，雖然形式上已經宣布動員戡亂時期終止，但憲法本文仍舊留存，代替老代表們來象徵「全中華民國」的續在。[14]接下來，李登輝推動了五次修憲，從中央民

12 大法官解釋第八十五號。

13 大法官解釋第三十一號。

14 值得注意的是，在一九九一年五月一日終止動員戡亂時期並公布第一次憲法增修條文之前，由李登輝總統主導成立的國家統一委員會已於同年二月二十三日通過「國家統一綱領」，其中規定：「大陸與臺灣均是中國的領土，促成國家的統一，應是中國人共同的責任。」李登輝在二十四年後（二〇一五年）表示，國統綱領的通過和終止動員戡亂時期有密切的關係。因此，〈第一次憲法增修條文〉和「國家統一綱領」應該是在同一脈絡下形成。「國家統一綱領」已經於二〇〇六年二月由陳水扁總統宣布終止適用，國家統一委員會亦終止運作。關於李登輝的談話，請見中央社

意代表全面改選、增加總統國安大政方針權、總統直選、行政院院長任命權，到凍省，都是透過修憲，將威權時期的「超級總統制」合憲化，將總統塑造為民主化之後中華民國的最高權力核心。陳水扁和馬英九雖然分別屬於不同政黨，但是同屬這套體制的受益者與實踐者。從一九九一年廢除動員戡亂時期臨時條款以來，歷經七次修憲，沒有一次由人民發動，無怪乎不論怎麼修，人民不會認為這套憲法是自我治理的基本規範，充其量只是最高權力核心制定的權力遊戲規則。這種修憲最終是為了保存法統，即便人民直選總統，也不可能衝破憲法本文裡「全中華民國」的「天花板」(ceiling)。憲法權威來自於「法統」而非國民主權，因此修憲無法續造憲法權威，反而創造了憲法威權主義（constitutional authoritarianism）[15]。

再說得更清楚一點。總統直選後，總統的政治權力來自一票一票投出來的民主決定。總統當選人依照憲法規定宣誓就職，對外代表中華民國。雖然憲法本文所預設的主權範圍遍及全中華民國，但〈增修條文〉已經將總統的投票權人限縮到臺灣這個政治社群。換言之，總統並非憲法本文所指涉的「全中華民國」人民所選舉出來。事實上，在臺灣進行的任何選舉都無法含括「全中華民國」的人民，只是「自由地區」的選舉。因此，從「全中華民國」的角度，臺灣的選民可以選舉總統，由總統來代表中華民國；但是臺灣的選民無法改變《中華民國憲法》本文，因為憲法本文需要經過「全中華民國」選民的同意才能變更。

民主化過程中進行的七次修憲[16]，一方面創造了「臺灣限定」的民主總統（或稱民主脈絡下的總統），在臺灣人民直選的過程中取得「主權在民」的政治正當性；另一方面又維持了代表「全中華民國」的憲法總統（或稱憲法意義下的總統）。民主總統和憲法總統看似矛盾，但是共同結合在一個人的身上。代表「全中華民國」的憲法總統是不可能透過全民直選而改變成「臺灣限定」的民主總統，所以馬英九總統雖然是臺灣人民直選出來的總統，但他宣誓效忠的仍舊是整個中華民國。因此他當選總統後，才會宣稱必須依照憲法實現「一個中國」原則。總統本身的存在就是一個矛盾體，透過這個人的勝選，用民主選舉的「主權在

報導：http://www.cna.com.tw/news/aipl/201505055018-1.aspx。

15 本文所稱的「憲法威權主義」不完全等同政治學上的威權主義，而是指單一機關、組織或個人壟斷憲法權威的產生和再轉化，同時以此規範文本做為自己統治權力的基礎。在「憲法威權主義」下，憲法規範的產生和再轉化都是封閉式的，受到最高政治權力者的掌控。從權力壟斷的角度而言，這種合憲的威權統制和政治學上的威權主義易若合符節。

16 匿名審查人之一認為前六次修憲和第七次修憲（二〇〇五）不太一樣，因為第七次修憲是由民進黨發動，當時民進黨在立法院並非多數黨。不過，第七次修憲的權責機關仍為國民大會。根據中選會資料，二〇〇五年任務型國民大會代表的選舉結果，民進黨囊括一百二十七席（百分之四十二點五一），國民黨僅獲一百一十七席（百分之三十八點九二），台灣團結聯盟取得二十一席（百分之七點零四），親民黨十八席（百分之六點一），新黨三席（百分之零點八八）。從藍綠結構來看，民進黨加台灣團結聯盟已經達到百分之四十九點五六，若再加上建國黨的一席和無黨聯盟的二席，即已過半。當然，從整體政治情勢來說，陳水扁總統能夠掌控的政治勢力並不如李登輝總統，但陳總統主導修憲的個人意志未必低於李總統。

民」去澆灌代表「全中華民國」的《中華民國憲法》，讓「全中華民國」的政治正當性獲得存活的氣息；一旦存活下去，又可以反過來限制臺灣人民的「主權在民」是在「一個中國」原則之下的部分統治權力而已。

這種狀況造成民主總統是《中華民國憲法》正當性的續造者，可以發動修憲；但憲法總統卻又限制了臺灣的民主選舉不會製造出中華民國以外的國家、不至於自我毀滅「代表全中華民國」的總統。然而，無論民主總統或憲法總統，共同的交集就是總統這個憲政機關和擔任這個職位的人。從權力分立原則來看，總統的權力必須受到節制，他是憲法所拘束的對象，是憲法的受造物；可是他卻結合法統和主權在民，成為《中華民國憲法》當中「全中華民國」的代表人，他的存在鞏固了《中華民國憲法》的憲法權威。同時，在現實政治中，總統對行政院院長的支配關係、提名司法院大法官的職權，讓他成為臺灣民主體制下最大的政治權力持有者。在憲法權威和政治權力的結合下，他可以超脫「總統做為一個憲政機關」所受的限制，是否及如何遵守憲法，取決於他的意志。如果總統認為憲法規定有礙於權力運作的策略需要，可以進行政治動員，再次修憲。從實踐面來看，總統經常隱身幕後，主導歷次修憲，憲法增修條文在總統意志的主導之下，維持了威權時期「超級總統制」的模糊曖昧空間。

可以說：**中華民國總統結合了憲法權威和政治權力，成為既是創造者、也是受造者的彌賽亞**。只有他可以運用臺灣人民的政治授權，來增修「全中華民國」的憲法；然後拿「全中華民國」的憲法，來框限住臺灣人民的主權表徵。總統，正是「全中華民國」和「臺灣民主」雙重夾集下的例外狀態。他同時代表臺灣人民和全中華民國，成為溝通這兩種矛盾的唯一可能性。換言之，「全中華民國」是依賴總統直選的「主權在民」意涵而在臺灣繼續存續下去，但也限制了臺灣的「主權在民」不能自我代表（self-representation），而是要代表「全中華民國」。總統做為《中華民國憲法》的「例外狀態」，讓總統在鍛造〈增修條文〉體制時，將威權時期逐漸發展完備的龐大無名、至高無上的統治權力歸屬於自己，延續了憲政威權主義。因此，為了維續「中華民國」的法統，讓憲法本文預設的「全中華民國」這張支票仍然可以兌現（或被中華人民共和國主張的「一個中國」原則吸納進去），臺灣在民主化過程中，讓總統成為憲法例外無法拘束的真正主權者，創造了《中華民國憲法》面的「權力黑洞」。

唯有理解到這一點，我們才能明白為何陳水扁可以發動「公投護臺灣」，但無法改變他是中華民國總統的定位；為何馬英九可以逕自在「馬習會」宣布「一個中國」原則，但不到三個月臺灣人民就在總統大選中，讓他所代表的國民黨徹底敗選。這些涉及主權的表現，無法取得一致的自我表述，但一般人卻將之理解為總統行使職權的暴衝，其實是中華民國總統這個職位本身的矛盾所致。民主化過程中，總統已經徹底變成同時代表「全中華民國」和臺灣民主的龐大巨靈，憲法在他之下，權力由他而出。這個主權者的意涵在總統直選完成當下，就告成立。縱然其後民意調查支持度不斷下降，但在憲法對於總統職權的保障下，絲毫不妨礙總統發揮其雙重代表性的各種權力行為。要節制他的權力行為，不是從權力分立原則謀求解決之道，而是要克服總統內部的「雙面怪醫」(Jekyll & Hyde)。

有些人認為只要把〈增修條文〉前言的「國家統一前」，或第十一條的「兩岸事務授權立法院進行規範」予以刪除，就可以讓總統脫離一個中國原則的束縛，但這恐怕無濟於事。〈增修條文〉所增修的對象是憲法本文，只要憲法本文一息尚存，就不可能單靠〈增修條文〉宣稱臺灣已經有一部不同於一九四七年《中華民國憲法》的文件。但是，服膺「一個中國」原則的馬英九總統也遭遇很大的挑戰。他的政治權力來自〈增修條文〉創造的「臺灣限定」總統直選，所以他不是由全中國人民所選舉出來的。三一八之後，二〇一五、二〇一六年兩次選舉，國民黨慘敗，支持「一個中國」原則的候選人無法取得政治權力，就不可能成為憲法上的中華民國總統，進而代表「全中華民國」。無論哪一任總統，都無法妥適地解決憲法總統和民主總統的衝突，他們只能以政治決斷去推動自己的政治進程，而這種政治決斷便是憲法底下的例外狀態，不是任何權力分立機制可以制衡的。總統，是超越憲法的主權者。

三、民主不能產生憲法

經過上面的分析，我們大致可以理清一些頭緒：三一八運動占領立法院，凝聚五十萬人上街頭，真正要對抗的並不是中華人民共和國——事實上中華人民共和國對於臺灣的主權宣稱一直存在，從來沒有消失過——三一八運動真正對抗的是成為例外狀態的總統，是那位運用政治權力去鞏固「法統」權威的中華民國總統。這位總統是臺灣人民直接選舉出來的，即便下次經由常態性的全國選舉再選出一位新總統，他／她終究還是依《中華民國憲法》宣誓就職。[17]臺灣從一九九一年以來的修憲證明了一件事情：常態性的民主選舉無法變更憲法權威。即便依照憲法進行修憲程序，都只是再次讓「全中華民國」的法統延續下去而已。二〇〇五年第七次修憲時，終結任務型國民大會的存在，將公投入憲，要求未來修憲時不但要經過立法院決議，還要經過全國人民投票複決，獲得絕對多數的選民同意後才能通過。當時不少人認為公投入憲，等於在不變動國號和憲法的狀況下，將《中華民國憲法》實質轉化為臺灣的憲法，以「公投修憲」達到實質制憲的結果。[18]但這項條文預設的政治社群構

17 中華人民共和國外交部部長王毅在二〇一六年二月二十五日於美國智庫「戰略與國際研究中心」（Center for Strategic and International Studies, CSIS）發表演說時，明白表示臺灣總統大選後，即便政黨輪替，新的執政者也必須「依循他們自己的憲法」，接受兩岸同屬一中。相關報導請見：http://dailynews.sina.com/bg/tw/twpolitics/phoenixtv/20160225/18207199780.html。

18 蕭高彥曾將這種看法形容成「修憲制憲相對化」，並以葉俊榮和張文貞於二〇〇四年十二月總統府國父紀念月會所提出的〈從全球化憲法變遷的趨勢看臺灣憲政改造的定位〉專題報告為代表。他引用張文貞二〇〇四年的會議論文：「如果修憲程序所表彰的規範質素，已經與當時制憲程序的規範質素相當、甚至更加超越時，修憲的內容在規

成，仍舊是「全中華民國」，從條文規定即可見一斑：「中華民國自由地區選舉人投票複決，有效同意票過選舉人總額之半數，即通過之。」如此一來，和〈增修條文〉規定的其他選舉形式一樣，前提都是限於「自由地區」。這也意謂著憲法所預設的「全中華民國」不可能透過「自由地區」（亦即臺灣）的任何投票、甚至是公投修憲而改變。

質言之，《中華民國憲法》的憲法權威並非來自於國民主權（形式上目前只有部分國民），而是來自實質有效的政治支配力。矛盾的是，這個政治支配力並非由在臺灣的中華民國政府單獨構成，真正強大的支配力毋寧是來自於已經取得中華民國大部分領土的中華人民共和國及其武裝力量。雖然中華人民共和國有自己的憲法，但對該國而言，《中華民國憲法》這個政治文件所預設的「一個中國」與其憲法並無違背之處。如果將《中華民國憲法》視為地區性政治文件（如《香港基本法》），僅在臺灣發生規範拘束力，那麼也不會涉及任何主權問題。從而，《中華民國憲法》的法統繼承人只不過是在「一個中國」原則底下的臺灣當局執政者而已。這就是引爆三一八運動出現大規模民眾參與的最深層原因，甚至讓忠實奉行《中華民國憲法》的中國國民黨接連在地方縣市長選舉（二〇一五）和總統、國會選舉（二〇一六）當中面臨土石流般的慘敗。不過，這些選舉結果對於《中華民國憲法》而言，絲毫沒有任何影響。

一個選擇民主價值的政治社群最終如何能夠實踐「自我治理」（self-government），最重要的關鍵就在於「自我代表」（self-representation）的產生形式。長久以來，實施定期民主選舉和通過政治基本文件（如剛性憲法或具有憲法意義的重要法律）就是兩種最基本的「自我代表」方式。理論上，定期選舉可以隨時反應最新的政治構成（political constituency），但也可能造成同一政治社群經常處於變動狀態；而政治基本文件可以克服跨越時際（intertemporal）的溝通成本，有助於政治社群的代表性處於穩定的狀態。不過，這兩者並不完全互斥。當人民意志到達一個高峰，憲政地景將產生地殼變動，進而更動政治基本文件的內涵，這種規範變化也是為了讓同一份政治基本文件得以繼續運作下去，而必須設定的彈性係數。臺灣遭遇的特殊情形，並非《中華民國憲法》不具備此種因應人民意志變化而存在的彈性係數，而是這個彈性係數的母體不存在，換言之可以發動修憲的人民並不等同於《中華民國

範上就沒有任何不應取代甚至超越原憲法內容規範之處。」蕭高彥認為依循這個思考，「下一個課題自然是如何創造廣度與深度均達『憲法時刻』的公民動員以及公共討論，藉以形塑未來的根本大法。」但他指出這種策略將遭受「兩面之夾擊」，一方面對制憲國民主權論者，這是一種「退卻與妥協」，欠缺國民明白而決斷的行使制憲權；另一方面，對於泛藍的「保衛中華民國」所運用的「保留策略」，又將觸及憲法本文「具有根本政治決斷意義」的條文。他認為，「除非真的能如二元民主論者所設想的大規模審議式民主的動員」，否則這種「準制憲」的模式未必能夠成功。參見蕭高彥，〈共和主義與臺灣的憲法政治〉，《西方共和主義思想史論》，臺北：聯經出版公司，二〇一三，頁四一〇～四一一、四〇四～四〇六。另外，請參見張文貞，〈公民複決修憲在當代憲政主義上的意涵〉，《臺灣民主季刊》三（二），二〇〇六，頁八十七～一一八。

憲法》所表徵的政治社群。因此，這份原本可以用來確認政治社群自我代表形式的政治基本文件，就和真正的人民（authentic "We the People"）之間出現了一道無法跨越的鴻溝。

如何能夠讓臺灣人民找到自我代表的方式？在這種常態民主和政治基本文件之間出現無法跨越的鴻溝時，恐怕不能端賴定期的民主選舉，最終仍須透過創建符合「同一性」（identity）要求的政治基本文件，才能讓「自我代表」的「自我」產生穩定的意義。從而這份取得「同一性」的政治基本文件才能建立憲法權威，在人民之間產生拘束自我的效力。而新的憲法權威產生後，將可消弭總統在《中華民國憲法》和常態民主之間擺盪的龐大權力，因為總統宣誓效忠的對象已經合一，不再分裂。惟其如此，憲法所預設的決策權力正當化軌道，才能夠發揮正常的作用；定期改選的民主機制，才能夠源源不絕地讓憲法權威在不同時空下取得實質正當性。一部憲法若只靠單方政治力或武裝力量的支配而產生實效，最終無法實踐自我治理，更不要說在自我治理當中培養良好的憲政互動文化，讓憲法價值在公民意識中滋長。臺灣在民主化過程中不斷迴避實質「自我治理」的問題，讓臺灣人民只能是「選舉權人」，而不可能是主權者。[19]這項根本性問題，到了三一八運動終於炸開。

三一八運動直接挑戰總統，就是要將總統的政治權力和憲法權威切割開來，讓政治權力回歸臺灣人民手上，凸顯總統代表的其實是《中華民國憲法》，而其背後的憲法權威來源竟然是「一個中國」原則（無論是中國國民黨抽象的法統或中國共產黨具體的武力）。當政治權力回到臺灣人民，下一步就逼近正式制憲的臨界點。因此，當三一八運動提出「公民憲政會議」的要求，並不是要總統再次發動修憲，也不是要陷入總統制或內閣制的體制爭議，而是要正視政治權力和憲法權威脫離的狀態，用臺灣人民的政治權力重新塑造憲法權威。

在有關憲法權威來源的討論中，最常見的就是二元論，亦即區分常態政治和非常政治。這種二元論認為，一般日常政治的運作，是在固定的憲政架構下運轉，不涉及人民集體創肇的龐大政治力湧現，唯有在非常政治的狀態下，重新打造人民集體投入公共生活秩序，才能夠給出基本規範的權力來源。近代憲政二元論的代表人物就是法國大革命時期的政論家西耶斯（Emmanuel Joseph Sieyés）。他在〈何謂第三等級〉中指出：制憲權（pouvoir constituant, constituting power），和立憲後依照憲法規定行使的各種憲政權力，亦即被制定的權力（pouvoir constitué, constituted power），是不一樣的。在西耶斯的想法中，制定憲法的權力無法透過憲法本身所涵蓋的各種組織來行使，因為這種權力先於憲法而存在，因此只能由非常

19 在蕭高彥的分析中，李登輝執政後期提出的「兩國論」其實是在論證一九九一年的修憲已經造成「中華民國憲法所預設的制憲主體同一性之變更」。他認為這種「憲法革命論」主要是為了「證立未來持續修憲乃至在一九九一年構成（或重構）的制憲主體（國民或民族），並鋪下了未來國民主權行使的基礎。」參見蕭高彥，〈共和主義與臺灣的憲法政治〉，《西方共和主義思想史論》，臺北：聯經出版公司，二〇一三，頁四〇二～三。另請參見黃昭元編，《兩國論與台灣國家定位》，臺北：新學林，二〇〇〇。

態性的國民會議來承載這種特殊權力。[20]

西耶斯認為，憲政體制出現根本危機時，無法透過體制內的管道來解決，必須由超越體制的國民會議來展現新的國民意志，而這就是制憲權昂揚的時刻。法國在爆發大革命前已經一百多年未召開三級會議，當時召開三級會議的目的就只是為了徵稅。但是，隨著社會經濟條件改變，法蘭西帝國最主要經濟運作幾乎都是依靠第三階級，但在三級會議中不事生產的貴族和教士階級卻占有比第三階級更多的席次，導致三級會議完全無法反應政治構成的實然轉變。從西耶斯的革命憲政主義來看，一旦國民構成體轉變了，所謂「構成憲法」的權力（constitutive power）也隨之產生變化。大革命就是讓這股新的政治自由意志傾瀉而出，推翻帝制，締造新的共和國基礎規範。這嶄新的開端是和「自由」這個概念緊密結合在一起。[21]在革命時刻，受到原先政治架構束縛的人們，可以重新依照自己的意願成立一個新的政治文件，以自己的意志統治自己，從而獲得政治上的自由。

制憲權和憲法權力的區分對於後來諸多政治理論家包括德國的卡爾．施密特（Carl Schmitt）或美國的布魯斯．艾克曼（Bruce Ackerman），都發揮極大的影響。但是，二元論的困難在於：如何辨識制憲權的誕生時刻？即便人們可以透過共同感知，確認現在就是所謂的「憲法時刻」，但制憲權是一個原生性的權力，在概念上，它是從野性民主的擠壓碰撞中綻現，所以究竟應該依循什麼樣的程序、由誰來行使這樣的權力？依照西耶斯的說法，既有的任何規範都不足以規範這種原生性的權力，甚至它就是規範的創造者，邏輯上當然不可能受到任何現存的立法者或舊憲法的約束。這或許正是馬基維利在《論李維羅馬史》中論及城邦腐敗衰微之後，若欲重開局面，惟有靠「當時在世的某個人的德性」才能夠創建新局。[22] 制憲權的創生與發揮，往往不可能靠群龍無首的暴民，但在極端亢奮的歷史時刻，若出現具有野心、企圖攫取個人利益的政治人物，就會讓政治陷入更大的不幸。因此，部分共和主義者往往將這種原生性憲政權力的運作托付給特別具備德性的公民領袖。[23] 在艾克曼對於「憲法時刻」

20 他曾經說明：「（國民會議）在獨立於任何憲法形態之上與國民相近。沒有必要採取預防濫權的措施，因為這些代表僅是為了單一的目標而被選認為代表，而且僅在有限的時間之內。我堅持他們不受憲政形式的約束，因為這些形式恰是他們需要作出決斷的。」此處中文譯文為蕭高彥所譯，參見蕭高彥，〈從共和主義到革命憲政主義：西耶斯的制憲權概念〉，《西方共和主義思想史論》，臺北：聯經出版公司，二〇一三，頁二六八。另有譯作：「（國民會議）在獨立於所有憲法組織形式之外這點上，它代行國民職責。這裡沒有必要採取種種預防措施以免它濫用權力；這些代表僅僅對某一項事物來說是代表，而且只是在特定時期內。我是說他們絲毫不受憲法組織形式的約束，這些形式須由他們來決定。」西耶斯（Emmanuel-Joseph Sieyès）著，馮棠譯，《論特權、第三等級是什麼？》，北京：商務印書館，一九九一，頁六十三。

21 康多瑟（Condorcet）認為：「『革命性』這個字眼，只能用在純粹是為了『自由』而發生的革命上。」轉引自漢娜・鄂蘭的《論革命》。原文：“Condorcet summed up what everybody knew: 'The word “revolutionary” can be applied only to revolutions whose aim is freedom.'” Hannah Arendt, *On Revolution*, Viking Press, 1963, p. 29.

22 馬基維利（Niccolò Machiavelli）著，呂健忠譯，《論李維羅馬史》，臺北：五南，二〇一一，頁九十九。

23 這也是施密特為何認為威瑪憲法下的總統才是憲法的守護者，因為當總統的權力和憲法權威結合在一起時，能夠發的分析中，美國建國初期的華盛頓、傑佛遜或麥迪遜，南北戰爭時期的林肯，新政時期的小羅斯福總統，都是在人格權威的光環下推動了憲法制定或翻新的重要工程。[24]

這種強調制憲權的掌握者必須具有德性的想法，恐怕過於訴諸人治。而且他們所描繪出來的理想，如美國制憲經驗，往往只是「後見之明」的分析。在政治波動極為巨大的時刻，人們很難當下確知究竟哪一位政治領袖比較具備德性，而誰欠缺了命運女神所青睞的德性。歷史發展的實際情形或許比較接近托克維爾所描述的：「必須特別注意的是，這類革命於發動初期，再偉大的領導者似乎什麼也做不成；但相反地，革命接近尾聲時，只要條件配合，即便平庸之徒也能成就所有事情。」[25]當托克維爾反省法國大革命後陷入獨裁統治、帝制復辟等惡性循環時，更指出有時候「緩慢與恆常的體制行為」反而比特定政治領袖更有影響力。[26]

的確，人類歷史的發展不太可能有明顯的斷裂。即便大革命爆發，但隨後的治亂相循，反而可能讓舊制度的弊病繼續發作。反對法國大革命卻支持美國獨立的英國政治家柏克就認為，任何憲法的正當性都來自於特定社群在歷史累積過程中逐漸形成的慣常實踐（conventional practice）。對柏克來說，靈光乍現的大革命，最終要返回日常的政治軌道，重建一切的庸常秩序，此時重新出現的，是舊社會裡面根深蒂固、無法瞬間去除的政治慣行。但當大革命摧毀原先支配這些慣行的規範，如何建立新的基本規範？而且，新的基本規範如何與舊社會遺留的慣行磨合，乃至於產生實效，不至於落入無限循環的推翻？

「占領立法院」的行動一方面像是法國大革命一樣激烈，人民直接進入國會議場，對於服貿協議以及其背後的「一個中國」陰影表達不滿。在三一八運動提出「公民憲政會議」的當下，我們似乎看到西耶斯所描繪的「構成憲法」權力呼之欲出。然而一旦退場，這股沛然莫之能禦的力量又像托克維爾和柏克所預期的，被收束到庸常的舊政治裡面。而這舊政治卻是我們花了將近三十年的民主化歷程創造出來的選舉民主。最後，總統所處的例外狀態

揮莫大的作用。但在臺灣的狀況，因為憲法本身的正當性缺位，導致總統可以在類似情形下具有最高的政治權力，將憲法置於其個人所代表的民主正當性之下，正好和施密特所描述的「憲法守護者」相反。請參見鍾芳樺，〈人格權威與政治秩序的形成：論權威與權力之區分在 Carl Schmitt 秩序理論與民主理論中的意義〉，《政治與社會哲學評論》四十七，二〇一三。

24 Bruce Ackerman, *We the People: Foundations*, Harvard University Press, 1991.

25 Alexis de Tocqueville, *The Old Regime and the Revolution*, Vol. II, translated by Alan S. Kahan, The University of Chicago Press, 2001, p.227。中文翻譯參考約瑟夫·艾普斯坦（Joseph Epstein）著，柯慧貞、傅士哲譯，《托克維爾：民主的導師》，左岸文化，二〇一五，頁一八二。

26 他曾指出「政治社會的模樣不是用法律創造出來的，而是由組成分子的情感、信仰、觀念、心靈、習慣及精神為之奠下基礎，再加上自然環境與教育共同形塑而成。」原文出自 Alexis de Tocqueville, *Selected Letters on Politics and Society*, edited by Roger Boesche, translated by James Toupin and Roger Boesche, The University of Chicago Press, 1985, p.294。中文翻譯出處同上注，頁一八五。

繼續存在，實質的自我治理仍然沒有出現在地平面上。如果三一八是一場革命，這場革命顯然沒有完成。如果三一八只是一場民主的嘉年華，很顯然我們都是時代的丑角。如果臺灣人民想要成為這個政治社群真正的主角，如果革命要繼續完成，我們還有什麼樣的選擇？

四、「公民共和」時刻的昂揚：民主開放的社會重塑憲法權威

三一八運動不靠政黨動員，也不是直接民主（公投或罷免）的實踐，純粹是一群又一群關心公共議題的公民，日以繼夜地湧向街頭、守在議場，表達內心對於臺灣這個政治社群未來走向的想法。當運動核心提出「公民憲政會議」的籲求時，它其實逼近的不是制憲，而是打開豐沛的「公民共和」（*vivere civile*）時刻，讓臺灣人民認真思考真正的憲法權威將從何而來。但後續的發展卻是在政黨彼此敷衍之下，非常形式地在立法院召開修憲公聽會，沒有人真的想要探觸憲法權威的問題，最終讓一九四七年《中華民國憲法》繼續成為「自我代表」的象徵，讓凍結在一九四七年的「一個中國」繼續合法有效統治二十一世紀初期的臺灣。既然西耶斯所描繪的制憲權並未真正出現，柏克的因襲主義又會陷入一九四七年憲法的「死人之手」，那麼，曾經對於「一中憲法」表達強烈不滿的三一八運動，究竟有何意義？

漢娜．鄂蘭在《論革命》中說：「一切會死的事物都處於變化之中。」[27]依照她的解釋，

希臘哲學家認為變動性是無從改變的事實，因為「年輕人」（νέοι）會像潮水一般不停地向前，侵蝕「現狀」（status quo）的穩固性。但羅馬人則認為城邦（res publica）可以透過教育，將年輕人和老人繫結在一起，讓年輕人為城邦的過去感到驕傲，將重要的精神理念不斷地傳遞下去。[28]在羅馬人的城邦裡，公民通過共同遵守法律，實現自我治理的精髓，因為「只有自己不會傷害自己」。當臺灣做為一個政治社群，卻無法明確界定自己在憲法上政治同一性（political identity）的邊界，我們就永遠不知道「自己」到底是什麼。這種城邦就像建立在散沙之上，隨時都可能被潮水淹沒、沖刷、消失。在三一八運動中出現的大批年輕世代，正是在挑戰「維持現狀」的不確定性，透過時間的掏洗，讓一切會死的事物，包括那早已喪失「全中華民國」的《中華民國憲法》，逐漸變成過去。然而，當我們失去了形式上得以拘束共和體制的憲法，恐怕就只剩下憑著政治意志決斷的總統，或者說，獨裁者。因此，重新塑造憲法權威，才能夠真正實踐自我治理，避免獨裁決斷，進而凝聚共和國的內在價值，讓我們更清楚自己是因為擁抱共同的民主價值而決意一起生活下去的臺灣公民。

27 "That change presides over all things mortal was of course not a specifically Christian notion but a prevalent mood throughout the last centuries of antiquity." Hannah Arendt, *On Revolution*, Viking Press, 1963, p. 27.

28 同上，頁二十八。

在重塑憲法權威的過程中，三一八運動所展現的公民共和精神是相當重要的資產。三一八期間，有不少人質疑：這些占領者和他們的支持者（就算有五十萬），憑什麼宣稱自己代表臺灣人民？雖然後續的兩場選舉已經證明多數臺灣人民的選擇是和三一八運動一致的。但選舉民主所預設的「政治代表」（political representation）理論仍舊會不斷糾纏臺灣的民主社會。「政治代表」理論其實是一項充滿許多爭議的假設。[29]透過定期的選舉，產生民意代表或行政首長來進行自我治理，無論理解為信託（trustee）或民意（mandate），都是將政治代表等同於人民，把民主化約為選舉過程。但是，以市場模型為基礎的政治代表理論沒有辦法真正傳達出選民的各種偏好，[30]甚至反而因為選舉將各種偏好的取捨簡化為一個或二個的選擇（政治人物或政黨），而讓更豐富的常民價值遺漏在開票結果之外。

選舉在當代民主社會中並未占據絕對至上的位階，在諸多具有民主意義的政治活動中，選舉只能說是規模比較龐大的民主參與形式，它不能壟斷民主政治的意義。如前所述，民主真正的意義在於自我治理，由自我治理而決定自己要成為什麼樣的人，決定這一群人要成為什麼樣的公民。[31]因此，共和主義者如佩提（Philip Petit）就認為民主政治追求的是所有公民都有「免於受宰制」的自由（freedom as non-domination），免於受其他人的宰制。因此在共和體制中的人民可以自由表達對於日常生活中各種政策的意見，構成不斷爭辯的交流過程。而這樣的爭辯與溝通可以透過選舉、直接民主、社會運動、媒體輿論、網路社群甚至是訴訟，讓不同的意見進入公共場域，讓意見分疏的人民可以發揮影響力，控制政府的運作，形成人民共同接受的方向（popular direction），最終達成自我治理的目的。[32] 同樣屬於共和主義陣營的美國法學家麥可曼（Frank Michelman）進一步將這種自我治理和法律規範結合在一起：「通過法律來追求政治自由這件事，必須建立在『我們』持續地將他者納入，將那

29 Jane Mansbridge, "Rethinking Representation," *American Political Science Review*, 97(4), 2003, pp. 515-528; Jane Mansbridge, "Clarifying the Concept of Representation," *American Political Science Review*, 105(3), 2011, pp. 621-630.

30 William H. Riker, *Liberalism Against Populism: A Confrontation Between the Theory of Democracy and the Theory of Social Choice*, W. H. Freeman and Company, 1982.

31 Cass R. Sunstein, *The Partial Constitution*, Harvard University Press, 1998.

32 佩提區分自我治理有二個層次，一個是近端（short haul）的日常政策決定過程，另一個則是遠端（long haul）的則是人民透過各種形式的民主參與發揮影響力，將人民方向（popular direction）形成共享的規範，藉以控制政治人物。透過這種「雙重面向的民主模式」（dual-aspect model of democracy），佩提將個人政治意見、日常政策、社會運動以及集體性的政治意志結合在一起，他認為共和主義下的民主模式和個體選擇未必不能相容，憲政體制和民主也不是相互脫離的。而人民在日常生活中所做成的各種決定，證明人民（constituting people）可以主導政治生活。而這種「人民構成」的政治生活終將「構成人民」（constituted people），讓權力（power, *kratos*）回歸到人民（people, *demos*）身上，而這樣的人民無論對內或對外都是最高的主權者。（"The constituted people, understood in this way, is just the state and the state is just the people: in John Rawls's words, it is 'the political organization of the people.'"）Philip Pettit, *On the People's Term: A Republican Theory and Model of Democracy*, Cambridge University Press, 2012, pp. 287, 289-290, 5-8.

些原先不受法律保障而欠缺聲音的族群逐一納入。」[33]因此，民主過程期待的是富有爭辯精神的公民（contestatory citizenship），將資訊和意見廣泛地傳布和進行交鋒，最後形成集體決策。透過資訊和知識在各種網絡上進行密集的交會，在認識論上逐漸匯聚出民主的決策權威。[34]無論是從大數法則或康多瑟陪審團定理（Condorcet Jury Theorem）來看，當代民主理論逐漸接受「認識性民主」（epistemic democracy）的主張，認為民主選擇和大量參與、理性論據不是相悖的。[35]民眾大量參與政治過程，並不是臺灣媒體刻意貶低的「民粹」，而是讓民主資訊和知識廣泛傳布後，人民可以做出正確選擇的理性機制。在此過程中，人民知道這些政策的內涵，討論這些政策的優劣，爭辯這些政策的取捨，最終經由集體審議思辯，形成人民自己的決定。這種決定可以煥發出人民的集體智慧以及政治上的最終判斷，在此意義下的人民才是共和國的主人。同時，在積極爭辯、參與影響的過程中，「公民身分」（citizenship）的範疇將逐漸打磨混同，形成包容性的民主溝通（inclusive democratic communication），最終構成「殊相團結」（differentiated solidarity）。[36]

簡單說，公民共和視野中的民主模式邀請各種不同意見的民眾提出自己的看法，透過廣泛而大量的民主溝通過程，強化思辨的內涵，同時也經由各種社會參與展現出來的豐沛影響力，融貫出政治社群的最終政治選擇，進入「規範創造的政治」（jurisgenerative politics）當中。在公民共和精神昂揚的時候，透過不斷地對話與擴大包容範圍，激發公民追尋的共善價值，進而形成「規範創生」（jurisgenesis）的時刻。

三一八運動期間，那股公民晶瑩而純粹地探問臺灣做為一個政治社群，如何能夠爭取「免於受宰制的自由」，因而在街頭、在立法院裡面集體綻放的光芒，是民主共和體制下的共同決定，也是重塑臺灣憲法權威的唯一契機。與公民共和（*vivere civile*）的曙光相比，是否召開公民憲政會議，已成為較次要的事情。當我們決心一意要活得像個有尊嚴的臺灣公民，我們擁抱彼此，我們形成一個命運的漩渦，共同奔赴屬於島嶼天光的未來，成為不再受到任何外來意志宰制的自由人。這股認識自己、認識政治社群內的所有公民、認識共和國的過程，是三一八運動帶給臺灣最珍貴的禮物。

33 Frank Michelman, "Law's Republic", *Yale Law Journal* 97: 1529, 1988.

34 David M. Estlund, *Democratic Authority: A Philosophical Framework*, Princeton University Press, 2007. Joshua Cohen, "An Epistemic Conception of Democracy," *Ethics*, 97(1): 26-38, 1986.

35 Hélène Landemore, *Democratic Reason: Politics, Collective Intelligence, and the Rule of the Many*, Princeton University Press, 2012.

36 Iris Marion Young, *Inclusion and Democracy*, Oxford University Press, 2000, p. 9。本文主要依賴佩堤的共和主義理論和賀林娜．蘭蒂莫（Hélène Landemore）的認識性民主理論來架構公民共和的論述。艾莉斯．楊的「包容性民主」（inclusive democracy）可能和麥可曼、桑斯汀（Cass R. Sunstein）這些憲法學者的公民共和主義有距離，但是和佩堤及蘭蒂莫的理論較為親近。此處無法進行詳細的論證，有待另外專文說明。

從而，未來最重要的不是去繼續由上而下地改變政府體制，而是要延續三一八運動在場內和場外的公民共和精神，不斷詢問島嶼各個角落的人們：「你期待臺灣成為什麼樣的國度？」如同柏拉圖在《理想國》當中說的，這並不是一件小事，而是關於人應該如何在這個世界上生存下去。我們希望臺灣成為什麼樣的國度，就代表著我們希望自己如何生存下去，我們的後代將如何生存下去。我們希望維持正直良善的生活，希望活在沒有恐懼中、不受他人宰制，希望可以有平等的機會追求幸福。當我們對於未來懷抱展望（aspiration），我們的城邦才能凝聚出憲法再生的方向，此時消極隱褪於選舉民主的公民，也才會展現積極的公民權能（active citizenship），在參與及包容中完善共和政治。這種出路不可能透過由上而下的政治規劃達成，必須由整個政治社群煥發出公民生命力，提高政治參與的公共性，才能進入憲法再生的實質核心，創造與公民屬性相結合的憲政民主共和。換言之，臺灣能不能有一部真正的憲法，完全取決於臺灣人有多想要成為「臺灣人」。被奴役的人們是沒有自由意志的，臺灣人要掙脫政治上或經濟上被掌權者壓迫的命運，就看臺灣人如何想要成為一個共同的政治社群，共同生活在一部符合「自我治理」意義下的憲法。這是一場向內凝聚包容，向外重新自我界定的革命。三一八只是揭開序幕，最終仍須完成於未來的臺灣公民手上。

一場重新定義法律的運動

林佳和

政治大學法律系
副教授

政治大學法律系畢業，臺灣大學法律系法學博士，德國布萊梅大學法學博士候選人。教學以勞動法、憲法、行政法為主，知識興趣則偏向國家理論、勞動為中心的政治經濟學、基本權理論與理論史，勞工運動與法的辯證，喜歡自由。

三一八太陽花學運：政治的，法律的？

三一八太陽花學運，當然是政治運動，毫無疑問，但在形式與實質之間，隱晦與溝通之中，卻處處充滿著法律的鑿斧與痕跡。法律，有時做為慘遭踐踏而應予捍衛的價值與秩序，但也經常以藐視人權，做為統治者壓制正當訴求的姿態出現。法律既可以是正義，是倫理，也不時叫做「工具化的壓迫」與「國家暴力」。有趣的是，平日同樣研究與倡導民主暨人權的法學者們，毫不猶豫地分裂為不同陣營，共同點是同樣宣稱法的體系與價值，宣稱無涉權力鬥爭的政治，但對於特定行動的評價，卻毅然分道揚鑣：學運行動者們，不是正義的合法，就是假藉正義之名的違法，而涇渭分明的相互歧異，皆是以法為名。

施密特（Carl Schmitt）曾說：將政治問題法律化，政治將所獲無幾，而法律全盤皆輸[1]。三一八學運做為政治運動，同時也在挑戰、質疑與改寫法律的定義，雖然同時面對包括政府在內之反學運者的企圖捍衛、強調與鞏固法律的規範效力與拘束性。太陽花學運，在此視角下，「法律的溝通與運用」，本身就是被觀察的對象，就像系統論學者魯曼（Niklas Luhmann）所說的：對於觀察的觀察[2]。相關的法律行動者，總是站在特定的位置上，操作著法律系統的關鍵符碼：合法與違法。雖然人言亦殊，此岸非彼岸，觀察這些行動者的觀察與行動，就是本篇短文的目的。太陽花學運，不但直接挑戰統治秩序，事實上，也在重新定義法律，爭奪法律的霸權。

Salus populi suprema lex esto：人民利益是最高的法律

學運的源頭，眾所皆知，當然是在ECFA框架下的服務貿易協議，在兩岸白手套的海基會與海協會簽訂後，究竟應如何，乃至於何時生效適用的處理。從法律角度觀察之，三一八學運所面臨的第一個法律問題是：對於涉及兩岸經濟秩序的制度安排，代表民主控制的國會，應該且如何介入？在此，做為服貿協議與反服貿協議的三大主軸：政治（國會民主程序）、經濟（自由貿易協議）、中國（臺灣地區與大陸地區人民關係條例，所謂兩岸人民關係條例），處處皆呈現法律的障礙與疑問，相互對立者的違法控訴與指摘。

先談「對於國家行為的法律拘束」吧！戴雪（Albert Venn Dicey）的「法治」（Rule of Law）之下，配合當代共和理解之「法律制定者與執行者非同一」意涵，法律所服膺的邏輯很簡單：越是爭議大、影響程度高、持續性意義濃厚的政治經濟行為，形成之法律文件越應受

1 Carl Schmitt, *Hüter der Verfassung*, 1931, Neudruck, 4 Aufl., Berlin 1996, S. 35.

2 Niklas Luhmann, *Die soziologische Beobachtung des Rechts*, Efm. 1986, S. 47.

嚴格之法律上形式與實質拘束，而非相反；再者，越是根本性、框架原則性、可做為未來進一步形成基礎之法律文件，更應透過民主監督程序，詳細評估其可能的政治經濟等各種影響，而非相反。在這些論述中，「國會代表民主參與及監督」，法律之制定者，顯然是核心角色。

在這個環節上，對立雙方的社會行動者，馬上碰到他們的第一個法律障礙：做為國家間契約行為之所謂自由貿易協定（FTA），無疑地，必須由各國行政權出面協商與締結；而拉回國內，國會之立法監督角色即成為焦點，究竟是最小程度的原則認可與批准？還是最大程度的審查監督與自我形成？這幾乎是國際法ABC：國際法上形成兩國間法律關係的條約（包括協議與協定），乃至多方合同行為之公約範疇內的貿易協議，做為人民意志主體的國會，自有當然之形成與監督權限。換言之，對於國家與其他國家間的契約與合同行為（條約與公約），立法權當然為其實體之形成主體，自享有不同程度的「全部或部分拒絕權」，包括全部否決，部分條款否決，附條件通過全部或部分內容等。這些權限來自於一個基本的法律前提：批准，為國家對外契約與合同行為的生效要件。如果這樣的理解無誤，為何在服貿協議的脈絡下，曾經從不同之法律行動者口中（包括號稱國際法學博士的總統）出現「無需國會批准」或「國會僅得做形式審查」？甚至所謂「國會修改或否決將有違國際法，影響國家正常之國際社會法律上交往」？

這裡呈現一奇特的弔詭：主張無需國會批准或僅得形式審查者，顯然是出自赤裸政治意圖的直覺式主張，未有普遍化層次的意涵。這些倡議者並未主張「內國國會對此類型的國家行為都不應介入」，只是突然說在此服貿協議上不用，然而，在法律的溝通中，亦有在此關頭雖顯突兀，但仍必須認真以對的嚴肅談法。此時，外國月亮經常跑了進來：例如就有學者提到，美國有所謂快速立法（Fast Track），其特徵無非：國會透過立法，事前詳盡的授權，同時創設大規模之產業諮詢委員會，締約前向國會報告，締約後銜接的是快速的立法程序[3]。也就是說，一旦行政權出門締結，一回家門就是立法權迅速而不再囉唆的直接認可。尤有甚者，論者進一步提出所謂幾無國會監督的法國外交之例，他們說：在法國，對外國軍事行動未超過四個月者不需國會同意。法國國民議會的內部規則（第一百二十八條）甚至規定：國會對於條約或國際協定，只有接受、拒絕或休會三種處理方式[4]，可見法國之殷鑑告訴吾人：立法權不應制肘行政權過多，特別是在條約或協定之契約與合同行為上。日本之例也不遑多讓[5]：以大平正芳首相為名之所謂大平三原則下，日本國憲法第七十三條

3 廖元豪，〈行政、立法兩權拉鋸中的對外協定——從臺灣與美國憲法政府體制談起〉，《台灣法學雜誌》二四四，二〇一四年三月，頁七以下。

4 劉孔中，〈國際協議與國會監督〉，《台灣法學雜誌》二四四，二〇一四年三月，頁一以下。

5 同前注。

稱應送請國會事前或事後承認之條約，僅限下列三種：涉及法律事項之條約，締結之條約須為新的立法或是變更現有的法律；再者，涉及財政事項之條約，對現有的預算或財政措施發生新的支出義務；最後，與締約國或其他國家基本關係具有法規範意義的重要政治性條約。只有在這三種情形，行政權與其他國家之法律行為才需要國會的事前或事後介入監督，否則，代表國家的行政權說了就算，性質上等同於某種行政權享有之特權。

美國，法國，日本，都是法治進步國家，如果服貿協議發生於該國，似乎沒有懸念，他們的國會必然知所進退，多有節制，不至於偏頗制肘，更不會純以政治目的干擾與破壞法治。弔詭的是：太陽花學運所代表的反服貿協議，要求國會實質介入行政對外之法律行為，不正是如此嗎？這裡的法律障礙在於：就像前述的國際法ＡＢＣ，國家外交行為，包括締結條約或公約等法律行為，當然需要一定形式的國會監督介入或甚至批准，但幾個國家的例子卻告訴我們，不，未必如此。人言亦殊，乃至於此等法治先進國家非彼法治先進國家，在在都使聽聞這個論辯的社會行動者，感到無比混淆與疑惑。這樣說吧：法國一九五八年第三共和憲法第五十三條，其實也說，媾和條約、商業條約、國際組織之條約或協定，凡構成國家財務義務之投入，或構成對法律條款之修改，或構成對於領土之割讓、交換與調整者，非經法律形式之授權，不得批准，於法律授權批准之後，始生效力。換言之，著眼法國，關鍵其實在於「是否構成對於法律之修改」、「是否應經法律形式之授權」，如果不是，才適用於前揭法國國民議會內部規則第一百二十八條。問題的回答，顯然必須回到此一基礎與原點。就算是美國的快速立法，前提也必須是「立法事前的詳細授權」、「協商過程中的諮詢義務」，以及「締結條約前向國會報告的義務」，否則何來立法的快速，哪有之後階段完全不需國會多所置喙的自由放行？在日本的大平三原則下，國會的角色究竟為何，關鍵在「是否涉及法律修正」、「是否涉及財政事項」、「是否涉及法規範意義的重要政治性」，不先回覆這三個提問與歸類，不先講前提與定調，又何來國會應當早早隱身幕後的結論？

西塞羅（Cicero）說：Salus populi suprema lex esto，人民利益是最高的法律。不論主張國會應如何看待行政權在外交上的法律行為，兩邊陣營同時操作著這條定律；也就是在這個最高原則與目標下，國會事後的完全介入或不介入，才是正確與正義的。也就是說，不同的主張，背地裡都意圖突顯「人民利益才是王道」，進而在此主旨之下，「不同而巧妙地」安排行政與立法在這檔事情上的權限區隔。請留意：此處跟政府體制無關，美國的總統制、日本的內閣制、法國的雙首長式半總統制，並未阻礙這個問題的共通性，說穿了，不同想法背後的思維，都是訴諸人民利益，然後再來安排行政與立法權限。當然，人民的利益，公益，誰說了算？所有法律言說的參與者必然都同意且承認：吾人皆為公益。我們的國會應或不應介入，都是為此。社會學家奧菲（Claus Offe），在一篇祝賀哈伯瑪斯（Jürgen

Habermas）大壽的文章中說道：誰的利益叫做公益？（Wessen Wohl ist das Gemeinwohl?）[6]一九四三年納粹德國時代，在一研討沙龍場合，施密特被哲學家皮博（Joseph Pieper）問到，為何在他著名的《政治的概念》（*Der Begriff des Politischen*）一書中，完全找不到對於公益的討論？公益不正是政治場域的關鍵嗎？他回答道：愛講公益，就是要騙人。（Wer bonum commune sagt, will betrügen.）[7]同樣的公益，同樣的所謂臺灣人民的利益，實踐方法卻可以南轅北轍。法律的溝通言說中，即便僅聚焦於「行政權對外法律行為的內國立法權監督介入」問題，就可完全分裂而歧異至此，法律的迷障昭然若揭。

Narrow and Shallow, in dubio mitius：窄而淺，遇有疑義，從輕解釋？

反服貿運動中的第二個法律迷障，事實上與第一個互相牽連，即是國際經貿法律秩序，所謂的國際商法（Lex Mercatoria），其脈絡中所形成的特定限制與原則。經貿法方面的識者不斷提醒，在當今以世界貿易組織ＷＴＯ為中心的全球經貿秩序下，多邊貿易談判理應嚴守授權行政原則，換句話說，既在此ＷＴＯ架構下，各會員國進行雙邊或多邊貿易談判，必須授權行政機關進行協商與締約，各內國立法權必須加以尊重。從法律效力來說，就是行政機關的締約即屬法律關係的生效時間點。論者再以一九六九年五月二十三日維也納條約法公約（ＷＫＶ）第二十七、四十六條的規範加以補強：原則上不得以內國國會未批准為由而拒絕履行條約。放諸當代經濟全球化時代下的全球／國際／區域／雙邊／多邊貿易秩序的形成，更是不能走回頭路，不能堅持「未經內國國會批准之條約／公約行為則未生效」之古典教條。[8]

Lex Mercatoria，國際商法，果真翻轉至此？做為法律人習以為常之原則－例外－例外的例外公式，國際經貿法秩序必須別有定位與座落？如果前段敘述為真，反服貿協議者豈不坐實不顧法律尊嚴，僅遂政治目的之惡名？有趣的是，ＷＴＯ架構下各會員國應如何進行雙邊與多邊談判，二〇〇一至二〇〇五年的杜哈回合談判（Doha Round Negotiations），就是最重要的嘗試。當然，杜哈回合宣告失敗收場，使得之後各國間蓬勃的自由貿易協定（Free Trade Agreement，ＦＴＡ）活動，蒙上一層奇特的色彩：自由貿易協定，非屬ＷＴＯ範疇。雖說ＷＴＯ仍不免嘟囔地，要求各會員國應行遵守其所訂之程序義務，包括早期通報與締結照

6 Claus Offe, "Wessen Wohl ist das Gemeinwohl?" in: Lutz Wingert/Klaus Günther(Hrsg.), *Die Öffentlichkeit der Vernunft und die Vernunft der Öffentlichkeit.* FS Jürgen Habermas, Ffm. 2001, S. 484f.

7 Josef Isensee, "Konkretisierung des Gemeinwohls in der freiheitlichen Demokratie", in: Hans Herbert von Arnim/Karl-Peter Sommermann(Hrsg.), *Gemeinwohlgefärdung und Gemeinwohlsicherung*, Berlin 2004, S. 95.

8 典型的論述請見：劉孔中，同注四。

會（early announcement & notification），但法學者對此之解讀通常為：FTA，「原則上」不適用WTO之「授權行政原則」。換言之，談到內國立法權的締約後介入，別無選擇，只能回歸前述條約之國會審議批准原則，套句法適用者的常見術語：此時已無例外或例外的例外，僅得回復原則適用，而這裡的原則無疑叫做「立法監督」。只是，許多論者選擇性的遺忘。

類似的邏輯同時呈現在另一面向：兩岸關係。《臺灣地區與大陸地區人民關係條例》（《兩岸人民關係條例》）第五條第二項規定，做為「中國與臺灣」或「大陸地區與臺灣地區」兩岸間之特殊協議，在臺灣行政院委託海基會，中國國務院委託海協會的雙方締結協議行為下，究竟是歸屬「雙方行政權一經締結行為即生效」，還是「必須轉請立法院做形式與實質審議」，也就是經立法院審議通過後方生效？法律的決定似乎很清楚：應以是否涉及法律制定或修正為標準，套用國內法學界暨司法院大法官慣用的德國法術語來說，叫做重要性（Wesentlichkeit）[9]，只要對於人民的基本權具有重要性與影響，藉由法律保留的中介與銜接，就必須交由國會審議，並當然需要批准通過，否則不得使之生效。相反的，只要重要性經否決，行政權之締結行為就是生效的開始，至多，僅再加上一「送請立法院備查」的通知行為即可。這裡說的是單純的資訊權與通知義務，沒有實質審查，不需要真正的介入與監督。

此時，法律人的溝通語彙再創新局，無奇不有。有人做出套套邏輯（Tautologie）的完美示範。既然《兩岸人民關係條例》如此規定，說涉及法律制定與修正的行政協議，務必送請立法院審議，接下來非常神奇：「該規定的本身，就是立法者本身的決定，亦即立法者授權行政機關可以如此做之『廣義的法律』、『廣義的立法行為』」。用白話文說就是：該項規定就代表行政權之締結，就是已經授權後的廣義制定或修正法律之行為，這個包括立法授權行政制定命令的廣義法律概念，本身就符合憲法法律保留原則的要求；這個條文的內容本身，就表示行政權所締結的兩岸協議，就等同於「本來未來該做的法律制定或修改」，所以說，不用再制定或修改法律。在此，立法院之角色與功能，自然消失殆盡。這當然令人難解，沒錯，在服貿爭議後期突然出現的所謂「行政命令說」，好似茫茫大海中突然瞥見浮木：正好就在發生「半分忠」的二〇一四年三月十七日下午，媒體出現法律專業說法，提到「法界」認為服貿協議不啻行政命令，亦即業經授權制定的行政命令，進而堅定地將此聯繫至立法院職權行使法第六十條以下，答案變成「符合廣義法律保留與授權之要求下，立法對行政之嗣後有限監督」，如確實有意見，只能「團進團出」，「全部接受或全部不接受」，不得針對個別內容或甚至試圖修正。奇怪的是，任何稍受過公法訓練的人，都知道此種講法之荒誕：《兩岸人民關係條例》既然規定「重要的兩岸協議事項，牽連到法律的制定或修改者，絕對必須送請立法院審議，方得生效，並非單純送交備查。」沒錯，必然是實質審查，

9 司法院釋字第四四三號解釋所建構之「層級化法律保留原則」，就突顯了這個重要性理論。

則服貿協議如果重要，根據該條例，就絕無不讓立法監督干預的餘地，何來「該條文本身就是授權」的荒謬論理？講得更嚴重一點，若此說法成立，該條例的立法介入與實質審查，整個憲法法治國原則下的法律保留，法律的拘束、依法行政，將被完全掏空，法律的拘束與限制形同虛設。而這，竟然是服貿爭議中所看到的嚴肅法律論述之一。

法學者桑斯汀（Cass R. Sunstein）在探討司法的正當性與角色時，提出所謂的司法極簡論：窄而淺（Narrow and Shallow），司法應該盡可能將自己的「裁判行為」自我設限得狹且薄。就像拉丁法諺：「遇有疑義，從輕解釋。」（in dubio mitius.）所教示的，有疑問時，還是微小謹慎的好。且容許作者在此隱喻式的套用，在整個服貿協議本身所涉及的法律爭議中，不斷地，包括隱晦地，有從此角度呼籲法律專業言說者應自我克制的說法出現：法律最好旁觀，因為這其中存在著重大爭議，任何試圖捍衛法之規範性的嘗試，都將意味著不當的介入政治過程。法律與政治，在此遭遇截然的對立，所有企圖扭轉現存政治現實，即便只是特定時點下尚未「生米煮成熟飯」的政治現實，都可理解為「法律應尊重此既成結果，並放任接下來發展」的自我克制。就像足球比賽中，在帶有射門威脅的距離踢自由球時，組成人牆的防守者被裁判噴擠的白色粉狀界線，沒錯，這個幾十秒之後將消失殆盡的界線，看似限制防守陣線的行動，形同法律所扮演的角色，卻等同於不再翻轉既生的事實。Narrow and Shallow，in dubio mitius，服貿協議做為行政命令說法，其誕生的脈絡無非依循如此邏輯，某些法律論述者似乎忘記了基本的訓練，焦慮的尋找解套與解釋的蹊徑，而在法律的百寶箱中，顯然不缺這種似是而非，卻又能言之成理的工具，不是嗎？

究竟是合法性，還是正當性？法律的不法，超越法律的法？

學運發生之後，服貿協議的法律爭議，進入下一個困局與障礙：如何從法律上理解，占領立法院，盤據公眾道路，乃至於進占行政院的行動？一個重要的插曲，自然是三二四行動中的警察暴力。許多的法律專業從事者，開始在言論平台提出「本人贊同學運所言服貿協議應受國會監督之訴求，但無法同意這些違法的占領行動」，甚至有地檢署檢察官直言，他支持學運占領立法院，因為「國會原本即屬人民所有」，但反對進占行政院，因為「那是行政官署」。被以「白浪滔滔我不怕」歌詠而歡迎的插花白狼，更進一步引發法律所謂公平適用，是否選擇性執法的疑問。義大利哲學家阿岡本（Giorgio Agamben）說：政治最核心之謎，不在主權，而在政府，不在上帝，而在天使，不在君主，而在部長，不在法律，而在警察，或者更準確地說，在於形成與鞏固政治的這雙頭統治機器之上[10]。也如同班傑明

10 Giorgio Agamben, *Herrschaft und Herrlichkeit*, Ffm. 2010.

（Walter Benjamin）所說的「鞏固法的暴力」[11]，警察、國家暴力，向來都不是用以保障人民，使之得以自由行使權利。不是說他們永遠不會做此事，而是要強調，就所有衍生的衝突與爭議而言，鞏固與衝撞統治秩序與體制的「暴力」，不論來自包括警察在內的何種國家機器形式，還是源於人民，或許前者的叫做「鞏固」法，後者則被稱以「產生」法，才是真正的爭執與問題所在。

換言之，在服貿協議本身的爭辯外，盤據道路、占領立法院與攻進行政院，這些「熱場」與「外場」，亦未完全脫離法律言說領域，因為運動者並非決然以公民不服從做為因應，他們並非以違法為榮，而是直接挑戰對立的法之理解；也就是說，重點不是「牴觸法規範」，而是「實踐法規範的精神」（!?）。在公民不服從的概念中，故意違法的、建立於特定原則之上的集體抗議行動，目標在於改變、防堵或甚至推動特定的法律或政治措施，容忍制裁以傳達行為正當性，強調高道德，對於規則之違反與牴觸，完全基於良心，不要求免除刑罰，甚至欣然接受制裁，基於高度政治與倫理之動機，刻意違反不正義不人道之法律等，這些典型的公民不服從意涵[12]，事實上，未必完全呈現於三一八學運中。我們所看到的是，運動者經常努力，或至少企圖，直接賦予法律不同的具體內容與適用指向，包括以正當性意涵重寫合法性內容，一言以蔽之，運動者未必直接揭櫫「以違法行為、公然違背規範以達成正當目的」號召，而是試圖「賦予法律新的、不同的、具有正當性的意涵」，不論是在法律形式下的政治、經濟或與中國相關的「法秩序」、「法規範」；運動者不想樹立合法性與正當性的衝突，而是要企圖以正當性重寫合法性。拉丁文revolutio，革命，在法國大革命之前的古典意義是，重建原先之正當狀態，而這正是在三一八學運上可觀察到之法律策略；這是一場重新定義法律的運動，在運動者的意識與行動中，不論政治所獲為幾，法律不但不想全盤皆輸，甚至要踏上光明征途，重登正義殿堂。這樣的觀察，在千千萬萬的學運直接間接參與者身上，可以看得更加清楚。

德國法哲學家拉德布魯赫（Gustav Radbruch），在二次大戰後，回憶納粹時代的國家暴力與權力濫用，提出他著名的「法律的不法與超越法律的法」[13]。法律代表國家機器的權力，法則是正義；相對的，不法意味著不正義。拉德布魯赫公式（Radbruch Formula），從抽象上理解未必困難：法律的執行有時是不正義的，就像抵抗國家的不當暴力，違背法律往往會得到正義的支持與評價。然而，在具體關係適用下，合法性與正當性這組既相互牽連，又無疑呈現微妙緊張關係的概念，如何正確解讀？從古典的「有合法性，但仍需要正當性」的

11 Walter Benjamin, *Zur Kritik der Gewalt*, 1921, Neudruck, Ffm. 1965.

12 典型的呈現，例如馬丁・路德・金恩的"Letter from Birmingham Jail", 16 April 1963；亦請參見Martin Balluch, *Widerstand in der Demokratie*. Ziviler Ungehorsam und konfrontative Kampagnen, 2 Aufl., Wien 2011, S. 11f.

13 Gustav Radbruch, *Gesetzliches Unrecht und übergesetzliches Recht*, Süddeutsche Juristenzeitung 1946, S. 105ff.

提問，到三一八學運的可能「企圖從正當性，回溯建立看似表面上違反法律形式的合法性」，做得到嗎？同樣的，要達成此目標，法釋義學工具從不欠缺，單以刑事法為例，所謂超法規的阻卻違法事由、不具可責性等，任君選取，開心操用。在此，法學言說碰到的，其實是雙重困境：任何通案性的單一原則，如何順暢而不突兀的在個案中彈性，尋求個案正義？個案中的獨特操作，又要如何避免回溯的影響通案之適用穩定性？套至太陽花學運的占領行動，這個矛盾無非呈現著：不論使用公民不服從，抵抗權或其他任何之名，要如何正當化自己的行動，緊抓住正當性，再回頭去改寫或「充實」合法性內涵；而不至於造成，今後所有類似的外觀行動，即便是不正義的，也可以自我賦予正義意涵而同樣博取正當性，乃至於合法性的結果？有不少法學者諷刺地說：如果接下來白狼或炳忠，同樣占領國會殿堂，同樣進攻行政院，學運者也要同意其合法性與正當性嗎？

不論是否承認，這確實是一艱難問題，思辨者必須面對所謂康德的矛盾（Kants Dilemma）。哲學家康德說，要在法律的基礎上，宣稱擁有抵抗權，則邏輯上必須存在一公共的法律，它規定人民擁有不遵守它之規範的抵抗權。也就是說，這個最高的法律，包含有自己不是最高的規定。在康德眼中，抵抗者必然將自己的幸福，建立在國家崩解的代價上，他主張，公共法律之下的法律狀態，恆優先於每個人自我宣稱與引導的自然狀態：「任何一法秩序，即使它來自於赤裸裸的暴力，不論其內容如何，都必然毫無疑問的優先於任何的自然狀態」[14]。尷尬了，就算倡議永遠的和平之人道主義者康德，都要對「以抵抗手段重建正義」來個當頭棒喝，那究竟什麼是馬基維利（Niccolò Machiavelli）所謂的「回到最初的原點、使混亂回到原始的秩序」？誰謂秩序，何來原點？寫出利維坦（Leviathan）的霍布斯（Thomas Hobbes）瀟灑地說：只有在主權者能保障最低程度之安全的時候，人民才有服從的義務。其實，問題不變：誰人來定義「最低程度之安全」？從法律的溝通語彙來說，太陽花學運的許多行動，除非真的主張純然的公民不服從，像馬丁．路德．金恩雖不放棄法庭爭辯，力陳無罪，但仍勇於接受刑罰，不主張自己未違背法律規範[15]。否則，至少在目前的許多法庭辯護策略中，「定義法律」，不論針對合法性還是正當性的層次，都成為法平台上重要的工作與任務。在國家法之外、之上，定義法律，充滿機會，但當然亦屬三一八學運者的法律困局。

14 Immanuel Kant, *Die Metaphysik der Sitten*, in: Kants Werke, hrsgg. von der Königlich Preußischen Akademie der Wissenschaften, Berlin, Bd. VI, 1902 ff., S. 203f.

15 同注十二。

Caesar dominus et supra grammaticam：凱撒才是老大

黑格爾在法哲學原理的前言，有段知名的話語：人不需要是鞋匠，也知道鞋子合不合自己的腳[16]；人不需要懂法律，也知道某個法律好不好。事實上，也許這裡可以對話黑格爾：人民其實未必真的知道，自己的腳是什麼樣子，而鞋子，合適的鞋子，又在哪裡？如果他們活在所謂法治社會之中，不論其中的虛幻或自我想像之程度為何。三一八學運發展歷程中，社會的觀察與反應，力持合法或違法的對立符碼在溝通著，面對同樣的行為，或許，套用黑格爾的話來說，連「人民」是何人，可能都有待定義。哲學家祁克果（Soren Kierkegaard）也說：所有哲學問題，其實都是定義問題。在這場運動中，不只正義，不單政治，不限公益，不分政治經濟社會，連做為社會最低規範的法律，本身也需要定義。

即便在所謂法治社會，法律誕生的系譜學觀察，至少政治經濟學的視野中，本身又是一則艱困的難題。如果吾人的法律秩序，來自於民主程序，具有民主正當性，至少有投入（Input）與程序（Process）的正當性，民主「統治者與被統治者同一」的基本假設未遭推翻，國家意志看似有人民同意的外觀，那麼，葛蘭西（Antonio Gramsci）所言之「霸權結構的穩固，必然來自於被統治者積極又熱情的同意」，又該如何在三一八學運的脈絡中加以參破與解讀呢？既使有半分忠的胡鬧，有之前公聽會的拖棚爛戲，有著黑黑黑連三黑的黑箱談判與協議，但運動者所面臨的嚴峻挑戰之一，仍然是試圖將這些片段的蛛絲與馬跡，現象與可能偶然的擦槍走火，順暢地聯繫到結構性的國家暴力與不正義。老實說，真的不太容易，遠比支持學運之法律言說者想像中更加困難。

在此時，參與的法律行動者必須面臨抉擇：一種嘗試，或許最為相近的是在學運期間的賤民解放區（雖然他們未必在意識上想做到法律溝通，但事實上絕無從避免），根本挑戰資本主義國家法秩序與體制的正當性，因為，如此之法的形成，在他們眼中，顯然是去人民化的、脫離人民的。他們既反黑箱服貿，其實也不同意白箱服貿，所謂剝削本質的資本主義全球化分工體系。這個層次的講法當然有其意義，甚至更指涉問題核心，但對絕大多數其他的行動者而言，無異平行時空。另一種嘗試，企圖擺脫，至少不加理會「國家結構暴力」的根本責難，而是相對和緩的表示：這次不應該，此回做得不對，諸如之類的指控套上國民黨與馬政府最是好用。然而，只要牽扯到國家法規範的不遵守，衝撞與牴觸，語意弔詭又矛盾下的理應合法，甚至「昨日他人同樣行為違法，今日吾人相似舉措卻應正義且合法」（學運前－學運中－學運後），法適用與解釋論上的捉襟見肘就會出現，就會尾大不

16 G. W. F. Hegel, *Grundlinien der Philosophie des Rechts. Naturrecht und Staatswissenschaft*, 1820, Neudruck, Frankfurt a.M. 1972, Vorwort.

掉，困局及障礙就難免。霍布斯在利維坦中說道：「如果某人因為恐懼，害怕船會沉沒，擔心落入幽暗的大海，因而以充分的意志，決定放棄自己想做的事，那麼，這當然是自由……如果我跟敵人講好，我付他保護費，幫他做牛做馬，只要他答應不傷害我，那麼必須說，這樣的約定當然有遵守的義務」，所謂「風險自擔」（volenti non fit iniuria），個人同意之事，無不正義可言[17]。那麼，如果「這個同意」，正好叫做國家法律的基礎時，又該如何是好？

說穿了，在形式法律的操作之餘，在實質法律內涵（正義吧）的找尋與填補上，法律永遠都要接受外來物的移入充實，不論稱之為價值或公平正義。三一八太陽花學運，在法律溝通的場域，就是一場形塑法律意涵之話語權的爭奪，它呈現著雙重弔詭：針對同樣一套形式法規範與體系，必須宣稱對手的不正確，自己的才是正確；而對手完全演出相同的戲碼，雙方都聲明自己「找到」，而非「發明」或「創造」一個「決然早已存在」，但可能「遲至今日才被吾人發現的法內容」。這個法內容，必然隱含在整個法體系中，一直都在，只是被不同意見者誤解與操弄隱瞞而已，卻不知，事實上可能存在著兩套或更多的意識系統，爭奪的，努力的，其實不是早已等在那邊的法內容，而是靠自己之力量賦予的新意涵，一個政治經濟社會的「法律結果」。羅馬帝國時代，語言學家關於某些文法規則爭論不休，怎麼辦呢？凱撒才是老大（Caesar dominus et supra grammaticam），關於最高文法，還是凱撒說了算，只因為他是老大。關於三一八學運，針對其中不同時期，不同階段的法律爭議與困局，追根究柢，就是尋找這裡與那裡的凱撒。接下來的問題可能是：凱撒是誰？又在哪裡？做為體制內講最後一句話的法院？學運過程中不知凡幾的法律案件，是哪個或哪幾個案件的審判法院？是施密特口中、決定例外狀態的主權者（Souverän）？何謂主權者？國民主權原則下的抽象人民，還是施密特隱喻中的決斷者？在這些所有行動與溝通者無疑都會承認的莫衷一是中，至少在理性上，卻同時呈現著弔詭：行動與溝通者，事實上自己就在扮演凱撒。

重新定義法律？法律人的美麗與哀愁

系統論大師魯曼，在《社會的法》（*Das Recht der Gesellschaft*）一書中說到：「法律系統僅會接收外來環境的知識，而非其規範，而既使如此之援引外來環境之知識，其實亦屬純粹的內部操作，而非資訊『移轉』的過程……是以，相對於法律系統之規範上封閉，所謂認知上的開放，無非意味著，系統製造以外來指涉之思考而生之相應資訊，而且是清楚的與該外來環境相區隔」[18]。魯曼的意思是說：法律系統自己有自己的邏輯與符碼，它不會任意屈

17 Thomas Hobbes, *Leviathan oder Stoff, Form und Gewalt eines kirchlichen und bürgerlichen Staates*, 1651, Neudruck, Frankfurt a.M. 1996, Kapitel 18.

18 Niklas Luhmann, *Das Recht der Gesellschaft*, Ffm. 1993, S. 85.

從於其他系統（環境），例如政治或經濟，它當然會，而且必須接受其他系統的資訊與影響，但它總是只能以自己系統內部的符碼與邏輯，進行溝通，別無其他。

落入三一八太陽花學運的具體脈絡，我們可以說，魯曼眼中做為法律系統溝通二元符碼的合法與違法，在相互對立者的眼中口中心目中，有了最極致的平行演出。學運者，試圖定義法律，他們不是，至少不是單純地藐視或牴觸法律，而是企圖賦予法律新的內容，一個不同於統治者的新意涵。在臺灣尤其特殊的，是即便做為整體社會行為框架與範圍基礎的國家性與國家稱號，都在運動的過程中不斷地被衝撞，遭質疑，經重建；「天然獨」其實不是偶然，更非口號，而是真正的重新定義法律，定義法律中的國家。當然，未竟其功，畢竟，中國與臺灣，中華民國與中華人民共和國，臺灣地區與大陸地區，再加上前述三個地理／國家／區域暨實體的混淆不堪，給了原本再簡單不過的法律定義國家，國家形塑法律，一個令人頭疼不已的夢魘。在學運與反學運中，人人都是憲法愛國主義者（constitutional patriots），只是各自說的「憲法」與「愛國」長得不太一樣，就像，套句政治哲學的術語：自由的民族主義也許更能催生共識，只要閣下先弄清楚民族在哪裡、自由又應歸屬誰？法律的言說可以創造這些難得的共識與團結嗎？顯然力有未逮，雖然，在學運的過程中，可以看到不少的推動嘗試。

三一八太陽花學運下的運動者，在不同具體關聯上，於前後相異的階段中，面對法律，定義法律，重新找回或創造自己要的法律內涵。在此，法律言說者可能要學習到：不要流於、陷落於自我的溝通場域之內，操作著自以為專業的術語及概念，意圖割裂切斷歷史與社會關聯，否則施密特所說的政治所獲無幾，雖未必為真，法律全盤皆輸則可能相去不遠。當然，或許又回到原點：如果殊人所理解的歷史、所參透的社會關聯各自不同，又要如何企求專業包裝下的法律能夠一致呢？套用黑格爾的比喻，如果法律就像腳上穿的鞋子，又要如何假設出：每個人對於鞋子的想像一定相近不遠呢？三一八太陽花，做為一個可能翻轉臺灣政治前途的社會運動，觀察其過程，如果法律的言說、溝通與互動，是一個值得觀察的場域的話，它無疑告訴了我們：事實上，這也是一場定義法律的運動，或說：遊戲。

反叛中建構的主體：三一八運動的象徵秩序傳承

彭仁郁

中研院民族所
助研究員

臺大心理系畢，巴黎狄德羅大學臨床人文科學院心理病理暨精神分析學博士，法國「分析空間」學會實務精神分析師會員。研究領域為人為暴力心理創傷及療癒、當代精神分析理論與實踐。合唱咖。試圖拓展學術多元實踐空間。

禮貌的占領、卑微的訴求

二〇一四年三月十八日，年輕的抗議群眾，堅定但有禮貌地占領國會。這是人類民主歷史上罕見，並非為了發動政變，而是要求政府遵循民主程序的占領運動。

以反黑箱服貿為主要訴求，獲得許多公民團體和群眾支持的三一八學運，可以說是繼野百合學運之後，對臺灣社會整體造成最大衝擊的一波學運浪潮。它與野百合學運在生成的政治經濟脈絡、動員管道及形式、議題訴求、面臨的挑戰等層面上，有很大的差異。[1] 此外，最明顯可見的是，這些學生或社會新鮮人，不管是進駐立院議場內，或鎮守立院外圍，絕大多數都是第一次以實際行動參與現場的「素人」。這些年輕人帶著不同的身世，以及對不同社會議題或遠或近的關注，投入這場學運，徹底改變了自身在社會網絡中置身狀態的理解，也拉開了對於個人生命史、家庭史、集體史交織糾結的重新認識。

三月二十三日晚間至二十四日凌晨的血腥鎮壓，政府過當的粗暴手段，檢測著今天臺灣社會對於國家暴力施展的容忍度與支持度，讓這些絕大部分出生在一九八〇年代末之後、視民主為日常生活理所當然基底的社會新鮮人，首度親身體驗、見證了國家機器的暴力，也見識到群眾運動內部，在面對衝撞行動所引發的媒體輿論效應時，如何戰戰兢兢、意見分歧，甚至撕裂了原本在運動特殊時空下形成的美麗想像共同體。部分衝撞者更經歷到被運動內核心決策成員切割的痛楚，或難堪地承受主流媒體及網民的抨擊與污蔑。一場振奮人心的浩大公民運動，在許多年輕人的身體和心理留下烙印。

做為一名探索心理創傷、主體化與歷史建構之間動態關聯的精神分析學家，我沒有能力針對這個史無前例的事件，探討它在社會、政治、經濟或法律制度等層面的意義與影響。本書其他章節的作者已經針對這些錯綜複雜的議題做出極為精辟的剖析。本文把關注焦點放在部分參與這場運動的年輕人，投入這場歷史性事件前後的心理轉折，嘗試捕捉促使他們從網路鄉民移動到現場參與者的臨界狀態：是什麼讓一向被視為、也自認為對政治冷感的年輕世代湧上街頭，堅守立法院內外，承受將近一個月的窒息緊繃和淒風苦雨？是什麼讓他們攻占行政院？夾在「公民不服從」的讚聲和「非法入侵公署」、「暴民」的譴責聲浪之間，這些年輕人如何理解這場與國家暴力親身搏鬥的震撼經驗？又如何看待事件在運動內部和外部掀起的分歧與衝突？

本文從精神分析主體理論中內存的「反叛」概念，來聆聽部分攻占行政院行動參與者的自我敘事，以揭露敘事中個人史與集體史的復返及相互扣連所彰顯的傳承意義；並討論這

1　相關評述可參見《學運世代：從野百合到太陽花》（何榮幸，二〇一四）一書中，不同中生代學運分子對於兩次學運的比較。《這不是太陽花學運》（晏山農等，二〇一五）則從運動引爆點至結束這段時間所涉及的局勢演變、新媒體的出現、參與者面容的刻劃、內部不同政治聲音與勢力的消長等面向，對整場運動做了相當細膩的描繪和分析。

場抗爭中所涉及的觸法行為，何以可能同時是律法的服膺。這個探問更進一步的目的在於思考主體與律法的關係，並闡述主體的根本定義必須含括在特定條件下自我授權反叛既存體制的能力。

落實到外在現實處境，這篇文章則另有一個隱含目的，即是為了思考民主體制下抗爭正當性的問題。這個問題在社會學或政治哲學的研究裡，已經圍繞著自梭羅（一八一七—一八四九）以降的「公民不服從」概念提出很多討論。其主要的論點是，在一個民主社會中，當政府制定不當政策，損害社會正義，甚至傷害民主體制時，公民藉由「違法」行動引發社會與論對特定議題的反省和討論，迫使當權者改變思維和做法，是一個合理、正當的行動，並且能夠補充代議民主運作的不足。本文希望能從精神分析的角度，討論公民不服從的主體意義。

那一夜我們一起進行政院

三二四清晨，從行政院被拖出來的人們，輕則全身四處擦傷、瘀青，重則頭破血流、全身癱瘓。年輕人手無寸鐵，僅以呼口號、靜坐的方式，要求政府正面回應訴求。他們難以理解國家為何以對付恐怖分子的陣仗，來回應和平理性的訴求，不明白做為國家機器執行者的鎮暴警察，如何能無視於群眾高喊「警察不是敵人」、「不要攻擊警察」等自制而溫柔的口號，在驅離過程中展現了全然的冷漠、嘲謔、鄙夷、殘暴。除了對身體的攻擊，更令他們驚駭的，是認識到國家宛如一道拒絕溝通的險峻高牆，一尊不分青紅皂白、不顧人命的惡神。在立法院內外，年輕人興奮的體驗彼此照應、烏托邦式的公社生活，在行政院內外，他們在鎮暴警察的盾牌和棍棒下自身難保，無力扶助身旁的夥伴。

那天夜裡，行政院主建築內的靜坐者，為了確保彼此人身安全，按照臨時指揮的建議，留下身旁夥伴的電話。驅離之後，一位大學畢業生（下文中的ＴＹ）盡可能聯繫到當時的身旁夥伴，組成臉書社團，以確認彼此狀況是否安好。不久，一位紀錄片導演為這些年輕人記錄了他們那天晚上的見證，希望在記憶仍舊鮮明的時候，留下一點痕跡，亦做為未來可能被政府興訟的證詞。拍攝過程裡，敏感度極高的導演察覺他們身上可能已經出現創傷反應（不斷哭泣、失眠、易受驚嚇、鎮壓場景反覆湧入腦海等），於是透過管道與從事心理創傷療癒研究的我聯繫。跟這群年輕人的主要聯絡人討論後，我們決定用同儕談話團體的形式，聆聽彼此的創傷經歷。我們把它命名為「三二四同儕團體」。

這個團體試圖藉由談話、彼此的聆聽和回饋，來安置這個令內在翻攪、改變自身與周遭世界關係的創傷經驗。[2]團體的參與者，除我不計，共九名。五位女性（SB、TY、SH、KW、SL）、四位男性（YH、CG、YJ、WS）。年齡介於十八到三十五歲。大部分是大學生、研究生，或甫畢業的社會新鮮人。自評家族中政治立場偏藍的有TY、YJ、SB（深藍）、SH（深藍），偏綠的有YH、CG、KW（深綠）、WS（深綠），SL的家庭則沒有特別立場。[3]他們在三月十八日公民團體進駐立法院之後，便先後到現場靜坐支援、聽公民講堂，部分參與街頭民主審議。

臨界點：社會公義、自由民主人權普世價值的連續崩壞

發起三一八學運的青年世代（如黑色島國青年陣線、捍衛苗栗青年聯盟、反媒體巨獸青年聯盟等，各團體成員有相當程度的重疊），在此之前已經參與了不少各種社會議題的抗爭運動。此外，透過批踢踢、臉書等網路媒體，陸續加入支援行動的年輕人當中，不少先前就開始關注環境正義（如反核、反美麗灣、反國光石化）、居住與耕作的土地正義（如樂生、文林苑、大埔、灣寶、士林王家、華光社區、紹興社區都更案等）、言論自由（如反旺中媒體壟斷）、軍中人權（洪仲丘案）等議題。[4]

三二四同儕團體絕大部分成員對於上述抗爭行動的關切，僅止於相關訊息閱讀，網路

人氣支援，偶爾參加遊行活動。只有正在念藝術學院碩士班的SB，曾經有過在抗爭過程中被警察扛抬的實戰經驗：

> 陳雲林二〇〇九去臺中的時候我有跑去，也是被警察擋，後來就有參與一些社會運動，但是不多，像是反核這些，至於被警察攻擊，這是第一次。

底下幾個例子，可以幫助我們窺見觸動年輕人參加這場運動的原因，以及在他們的理解中，黑箱服貿揭露了哪些臺灣當前面臨的主要問題。例如承認自己是社運素人的WS，參與三一八反黑箱服貿運動，是他首次真正關切社會議題、踏進抗爭現場，未料一舉領受了最震撼的社運洗禮，更親身體驗了國家暴力的衝擊：

2　這個晤談團體的每個成員被賦予相同的重要性，都是擁有決定權的主體，一起決議所欲探討的主題和行動，同時照顧到每個成員的差異性。由於團體成員的運動性格，共同行動不僅包括晤談，也包括室外參訪活動，如：赴景美人權園區聆聽白色恐怖受難前輩們，在戒嚴時期面對更殘酷且鋪天蓋地的國家暴力的經歷。

3　成員介紹自己時，主動以藍綠光譜上的位置來定位原生家庭和自身在投入三一八運動前的政治傾向。

4　曾經參與這些抗爭戰役，稍有經驗的年輕人，往往在三一八現場成為臨時指揮，對參與者進行非暴力抗爭教戰，說明抗爭理念和原則，及遭驅離或丟包時的技巧策略及注意事項。

我本身沒有參加過什麼學運的活動，這是第一次，結果就遇到行政院的事件，接下來，我就發現事情真的是很大條，不只是服貿的問題，它其實關係到整個人權的問題，我覺得這是最重要的。

從某私立大學歷史系畢業不久，經常忿忿不平為什麼黨國體制可以在解嚴二十年後，仍然透過黑箱課綱箝制年輕人思想的ＹＨ說：

我過去都沒有實際參加過社會運動的經驗，我關心社會議題可能都是自己收集資料，或是在網路上做評論[5]，這是我第一次到現場。

另外，甫畢業自某北區國立大學、即將赴國外菁英大學念研究所的ＴＹ分享道：

我接觸社會議題大概是從大三開始。以前我都會用一種，現在大家看都會覺得是假中立的立場，就是那時會覺得兩邊都有問題，各打五十大板之類的，覺得這樣比較理性。後來慢慢的，一開始是想用記錄，用報導的方式參加。像之前反媒體壟斷，我也是帶了相機去拍。但是這次到那邊，我就決定和大家坐在一起。……因為我以前參與社會運動都非常挑議題，就是高度選擇性，像是反媒體、反核，我會去，很多其他的我沒有這麼關心。但是最近我發現，大家都在對抗一樣的東西，大家的目標其實是一致的。

根據後來TY在團體中的發言紀錄可看出，參與三一八公民運動帶給她最深切的體悟是，她之前一路從旁觀察的社運，都在試圖扭轉基本人權和民主體制遭到公權力侵害的社會現實。

相對於TY的漸進轉變，YJ可以說在這次參與歷程中，經歷了最激烈的政治立場翻轉。YJ家族的成員都支持新黨，他自己在二〇〇六年曾參與紅衫軍倒扁行動，當時一度曾激動得想推倒三立電視台的直播車。他表示：

三一八學運剛開始的時候，我也是對這個活動抱持著比較不支持的立場，因為在那之前我是支持服貿，我說開放有什麼不好？開放是一個好事啊，讓年輕人有競爭，讓國家有競爭……後來我開始反省，為什麼這群人會放下自己的學業，衝進立法院，

5 根據YH自己的定義，他之前是用「嘴砲型網路鄉民」的方式來關心社會議題。

去做這麼激烈的行為？背後的動機是什麼？後來才了解到中國、中共背後的目的是非常可怕的，就像一個魔鬼一樣，它的目的是要併吞臺灣。我們在跟魔鬼交易，背後付出的後果可能非常大。6

從上面節錄的談話，以及三一八社運參與者在臉書和網路論壇上的留言，可清楚看出，從野草莓學運開始，政府以經濟發展之名破壞法制的種種行徑，讓這些年輕人憂心臺灣民主體制和根本價值的崩壞。在他們眼中，國家扮演的角色不再是社會資源重新分配的仲裁者，反而成為財團的附庸，處處犧牲弱勢族群以換得財團最大利益，不惜違反人權，斬斷社會基本信任關係。三一八當天，國民黨立委、內政委員會召委張慶忠，在立法院廁所旁用三十秒通過服貿的荒謬劇，引爆了已經高漲的受壓迫情緒，讓年輕世代不再信任政府有誠意扮演維護公平正義的公權角色，同時亦加重了他們面對未來不確定性業已高張的生存焦慮。這場史無前例、凝聚了許多公民團體的攻占國會的行動，在二十四天的占領行動中，為鬱積多時的焦慮、憤慨、無力感，找到了宣洩的管道。許多年輕人震驚於國會審議程序的草率，意識到局勢的嚴重性，擔憂臺灣民主體制不保，因而進入參與者的位置，不再遠觀。對另一些年紀稍長的，早已意識到臺灣累積的整體民主成果正在逐漸喪失的人們來說，成功攻占國會的不可思議，彷彿衝破了原本凝滯的宿命感，令他們重新燃起希望。

另一項值得關注的有趣現象是，三二四同儕團體中，大部分成員在三一八之前，不是特別關注「中國因素」或臺灣統獨議題。最大的原因是臺灣獨立對一九八〇、九〇年代出生的年輕人而言已是既定事實，毋需爭取。就連自認原本偏藍的ＹＪ，從小即經常與支持臺獨的同學們爭辯：「臺灣早就獨立了啊！幹麼要搞臺獨？」這一批年輕人不論從家族延續了哪一種政治傾向，皆認為中華民國是個擁有主權的獨立國家，不受中國統御。許多年輕人是因為參加了三一八學運，閱讀服貿相關資料及說帖之後，才猛然察覺到崛起的中國不僅在內部踐踏人權普世價值，對臺灣仍然存在併吞、宰制的野心。隨之重新解讀馬政府的「和平外交」政策，以及所謂兩岸關係的「加溫」，實際上是藉著拉近兩岸經貿關係，以促成中國對臺灣「以經制政」、「以經促統」的目的。於是年輕世代開始設想，現在發生在中國、甚或是香港，所有侵犯人權的狀況，倘若兩岸不管在名分上或實質層面達成統一時，亦將在臺灣發生。[7]在三一八學運中，他們明確地經驗到一個國家透過教育體制建構的謊言逐漸被

6　有趣的是，ＹＪ原本偏藍的政黨認同裡並不具有清楚的國族意識，而比較是站在全球資本主義競爭邏輯下去設想向中國開放的可能意義。但後來看到中方在簽署服貿協議背後所隱含的政治意圖之後，反而被激發出「臺獨」意識。筆者其他的受訪者，有些則是從反對資本主義經濟邏輯出發反對服貿協議，隨後在三一八運動中獲得關於當代中國侵害人權的種種訊息，才開始「反中」。

7　同年九月，香港掀起雨傘革命後，臉書上一片「今天香港，明日臺灣」的貼文，顯示了臺灣青年面對中國併吞臺灣

揭露的過程——被國民黨黨國教育欺騙而渾然不覺是談話中經常出現的主題。原本與中國因素保持距離的年輕人，卻在三一八以後，用迥異於上幾個世代的臺獨論述，延續追求獨立的戰線。[8]

非法占領行政院：公民不服從乎？暴民乎？

立院議場內學生提出「退回服貿」、「先立法後審查」的訴求。僵持四天之後，三月二十二日下午，行政院長江宜樺終於到立法院「回應」學生（學生的理解是「教訓」）。江院長當場表示不可能退回服貿，直接否定了運動的訴求。失望的學生眼看著攻占立院議場的行動逐漸「白衫軍化」，即愈來愈擔憂失去輿論支持而開始走向一種自我治理的溫和路線，包括組織糾察、進行路線管制、控管物資分配、垃圾分類等。這樣的做法的確發揮了塑造學生有禮、理性形象的效果，但是也讓抗爭遲滯不前。ＹＨ的回憶說出了當天許多走進行政院的人的心情：

> 會到行政院的原因，是因為從三一八之後，這個抗爭現場，和其他國家比起來，真的是很奇怪，就好像在辦園遊會……後來越來越奇怪的是，糾察隊越來越多，什麼

要照流程走，我就想我到底在這邊幹什麼？……二十三號那天早上我就回家了，想說算了……到晚上吧，突然從網路上看到消息，什麼七點多行政院就被攻陷。一開始我以為是假的，後來發現人越來越多，就想乾脆弄一弄過去。……我想立法院沒有用，既然有一個新的突破點，就去。當下完全沒有想過會進到行政院（主建築）裡面，本來想一定會有警察擋著。……結果去的時候很好笑，因為我沒有去過，不知道行政院入口在哪裡，就跟著人群走。聽說第一批有什麼拒馬、蛇籠，我去的時候什麼都沒有，大門開著，裡面的人跟我說進來，我就進去了……

三二四同儕團體的每位成員在選擇進入行政院時，都抱著突破僵局的希望。只是多數成員在事前並未認真考慮這個行動的違法性，在他們的想法裡，進入行政院的占領行動跟進入立法院是同樣的性質，只是這一次的擴大占領是針對閣揆的負面回應，並試圖維繫抗爭的強度。倘若進駐立法院是為了遏止國會繼續強姦民意的合理非法占領，攻占行政院只

企圖的焦慮。

8 陳為廷在接受法國世界報記者訪談時說，上個世代的臺獨被污名化，被視為反中的臺灣人嘗試建造臺灣國族主義的企圖，所以許多人不敢表態。但是對年輕世代而言，臺獨只是在臺灣已經實質獨立的形式上，表達拒絕外來勢力威嚇，尋求民主自決的渴望。這個說法，很大程度反映了三二四團體成員的想法。

不過是複製同樣的行動模式。他們在現場，透過臨時指揮不斷的提醒，以及臉書上朋友轉貼的新聞報導，認知到這個行動，即使在追討民主大原則向度上具有正當性，但是確實觸犯了法律。直至第一波北平東路血腥驅離的驚悚畫面在一隻隻手機螢幕上駭然湧現，他們才驚覺攻占行政院的行動可能付出的代價。然而即便如此，現場只有極少數的年輕人離開，絕大部分仍舊選擇留下來，只是當下對於日後可能付出代價的嚴重程度和複雜度（被警方追捕、毆打，身心受創，進入司法程序，遭起訴等），因著對警察所代表的國家力量殘留的信任，不免懵懂。

見證國家暴力：國家恢復真面貌？

我那時很天真，覺得警察不會動我們。後來有點嚇到。

──YC

在回顧三二三到三二四在行政院內的經驗時，有兩個立即可見的共通點。首先，每位成員都談到進入行政院的輕而易舉，令他們十分訝異──進入時警察相對輕鬆的態度，和後來鎮暴警察的冷酷形成極大的反差。其次，他們沒有料到政院會以如此粗暴的方式驅離，部分鎮暴警察動用盾牌、警棍、水砲車，攻擊手無寸鐵、靜坐喊口號的學生，或用圍成人牆的方式猛烈地踢踹被拖倒在地上的人們，更讓他們驚駭、崩潰。許多人都提到警方不合乎比例原則動用鎮暴警力的場景，歷史課本上輕描淡寫的威權時期對於異議者的血腥鎮壓，在眼前鮮活上演。

歷史系畢業的ＹＨ說：「我以前是透過讀這些東西（臺灣史書籍）來知道黨國體制長什麼樣子，可是這次是我親眼見到它長什麼樣子。……雖然沒有死人，可是還是很震撼……」ＹＨ從歷史系畢業之後，才開始接觸臺灣史書籍[9]，對於自己身上沒有任何傷，沒有任何可以直接記錄國家暴力衝擊的傷痕，未能「分攤別人承受的傷」一事，ＹＨ遲遲難以釋懷，倖存者的罪惡感和愧疚感，在他身上展露無遺。

念藝術的ＳＢ，因為大學時期做過關於臺灣民主化過程相關的研究計畫，行政院血腥驅離場景更是喚醒了她某種未曾具象化的歷史創傷記憶：「你從一些美麗島或者是二二八那種，其實（感覺）已經離我們很遠了。歷史課本上沒有，是我們大學自己讀一些課外的書，才讀到的東西。那種書裡面是有的，甚至我們在看紀錄影片，裡面是有鎮暴水車這種東西。看到水車出來的時候，我們有點呆滯，好像回到某個時代，是這個國家改變了，還是都沒

9　三二四之後，「我讀的大學是黨校，我讀的都是中國史」這句話，幾乎已成為他在不同場合介紹自己的開場白。

有變？」SB被水砲車強烈水柱衝撞得全身瘀青，右肩韌帶受傷。經過半年的復健，才大致恢復，但也提前體驗了老年風濕性關節炎的特有症狀，每逢天雨，身上的痠痛感便特別明顯。

某國立大學社會科的YC，沒有參加同儕團體，但因為握有關於三二四衝組內部決策過程的訊息，曾在某一次團體中前來協助澄清成員的疑惑。YC表示原本以為警察只會把抗議者一一抬走，完全沒有料想到警察會下重手攻擊。與許多夥伴一樣，在警方鎮壓行動即將開始前，她感到最絕望、憤怒的一刻，是媒體被警方趕出的剎那，因為這象徵著民主體制所保障的媒體採訪自由已經被國家踩在腳下。她描述當時場內情緒非常緊繃，許多人發抖，甚至哭出聲音，她自己的頭漲到快要爆炸。唯一能做的，是持續呼口號，演練被驅離時的自我保護技巧，臨時指揮並多次提醒不可以攻擊警察。在現場的警察清楚看見、聽見學生們的非暴力抗爭準備和態度，但是到了驅離的時刻，他們仍然使用壓制暴徒的招數對付靜坐者。YC看見有人被拖進警察圍成的人牆踢打，不論男女。[10]

目前正就讀私立大學資訊系的CG，在三二四鎮暴驅離過程中受到多位警察攻擊，被毆打至陷入昏迷，且脊椎神經受損。住院初期，CG一度全身癱瘓，極度擔憂無法恢復，又恐親友擔心，往往強作輕鬆鎮定。受傷一年後，每星期仍需復健兩到三次，絕大部分生活費都拿去付醫藥費和計程車費。每當氣候潮濕時，頸部和背部神經痛到無法起床，並且感到自己的思考和說話較受傷前遲緩許多。然而，學校多位老師不能夠諒解，他外表看來已無大礙，為何仍需要經常請假復健，處處刁難。CG因此必須延後畢業。此外，校方要求他必須接受學校安排的心理輔導，他起初以為是出自關心，十分配合，每週到輔導室報到。但根據幾次輔導下來的感受，CG參與攻占行政院的行動，在多數師長心目中留下頑劣危險分子的形象，校方更大的目的是希望改善他的「反社會傾向」。在輔導過程裡，CG明顯感到心輔師深恐他這個「暴民」會在輔導室中表現出反社會人格患者的行為。他開玩笑道：「心輔師好像比較需要被照顧和安慰。」CG同時也是在民間司法改革基金會律師協助下，控告行政院長和警察署長重傷罪的自訴人當中，遭到警方利用自訴狀書內容反告、並被起訴的受害者之一。[11]

即使以比例來說，僅有少數三二四的參與者身體遭受重創，但是有多位經歷暴力鎮壓

10　另外一名被警察毆打但未參加團體的年輕人告訴我，他身邊一位懷著身孕的年輕媽媽也被警察拖到人牆後地板上踢踹，他焦急地重複大喊「她懷孕了，不要打她！」，警察沒有停下動作，邊踢邊開罵：「誰叫你懷孕還闖進來！」

11　在類似情況中，牙醫師王心愷的遭遇，毋寧也是令人義憤填膺的案例。王醫師因為擔心學生受傷而到行政院現場觀察並希望提供協助，但遭到警方不明究理以警棍猛烈毆打致倒地抽搐，當時聯合報記者在未經查證情況下採信警方自保說法，將這次警察施暴事件報導為「自發性癲癇發作」，導致王醫師後遭「民眾」向新北市衛生局「檢舉」為不適任醫師，要求吊銷行醫執照。隨後，王醫師亦在司改會律師協助下向此次鎮暴行動負責長官提出自訴，也成為三二四受害者反被警方起訴的對象之一。

的年輕人出現為期不一的創傷後反應。[12]引發創傷的原因，除了鎮壓現場，原本期待保護人民的警察反而成為意想不到的施暴者，在部分人的情況裡，也來自被立法院內決策中心切割、背叛的感受，以及周遭人的漠視、冷嘲熱諷、誤解、指責等。[13]

多位三二四同儕團體成員談到，雖然身邊親友、師長對三一八學運表示支持，但是對於三二四則用另一套標準檢視行動者。他們在自己臉書或日常生活中，不斷讀到、聽到自己被視為「暴民」。即使有些參與運動的平面設計師，反而利用「暴民」製作T恤、貼紙等物件，企圖指出這個污名化標籤的荒謬性質，翻轉詞彙指涉的內涵[14]，但許多年輕人在事發當下實在拉不開幽默感的距離，有些更陷入憤怒和無力的情緒中。

向來予人溫和謙恭印象的TY，在走出「假中立」、參加這場運動之後，她與家人和朋友的關係發生了徹底的改變。TY說：「一旦開始行動之後，就無法回去以前那個狀態。的確會開始跟身邊原本的朋友脫節，或是出現很多不同意見。」三二三當天晚上進入行政院後，TY為了報平安打電話給家人，結果家人極力勸退。她不想爭辯掛上電話，但隨即接到父母「狂call」，試圖說服她離開。TY說她可以理解父母親擔心孩子的人身安全，只是沒有料想到，追求普世價值的行動竟會造成與家人和朋友關係的損傷。在事後的談話裡，母親說她變成了一個自己完全不認識的人，並且用不允許她出國念書為要脅，逼迫她停止參與任何政治活動。對話中充滿母親對TY原有的理性判斷能力不再信任，並且否定她的行動選擇。ＴＹ後來選擇用避開話題和不再總是透露行蹤的方式，讓衝突隨時間淡化。

兩個世界：社會運動場域與日常生活的裂縫

在同儕團體初期，我請大家分享三二四事件結束後，回到日常生活的感受。許多成員談到生活彷彿切割成兩個世界，一部分的自己活在渴望抬高抗爭層次、以迫使政府回應的積極熱情當中（許多人在四一一包圍中正一行動，和四二八反核遊行時，再次回到街頭）；另一部分則驚愕於生活周遭許多人對黑箱服貿事不關己的漠然。ＹＨ提到三二四早上被驅

12 我避免使用以生理反應為基模，進而把創傷事件等同於外在壓力的創傷後壓力症候群（Post-Traumatic Stress Disorder）標籤，來命名心理創傷現象。對於ＰＴＳＤ的批判討論，可參見亞倫・楊（Allan Young），*The Harmony of Illusions: Inventing Post-Traumatic Stress Disorder*，一九九六。

13 許多心理創傷相關臨床研究皆指出，周遭人對於創傷事件發生經歷的誤解，對受害者的質疑，可能造成二度創傷。（可參見達克沃斯〔Duckworth〕和佛雷特〔Follette〕的 *Retraumatization: Assessment, Treatment, and Prevention.*〔2012〕）三二四同儕團體當中，有一位童年期曾經遭到家暴，以致有憂鬱傾向的成員，在經歷這次暴力創傷事件之後，明顯地出現因多重創傷累積而導致暫時性社會關係信任崩潰的狀況。

14 全程記錄三一八學運和反黑箱課綱運動的周佳倫導演，在二〇一六年初以十位積極參與兩場運動的年輕人為主角，完成名為《暴民》的紀錄片，更為這個詞彙增添了價值與驕傲感。

離之後，搭上捷運回家，身旁的人仍然趕著上班上學，如常地生活著，沒有一絲一毫改變日常的規律，不僅感到剛剛經過的那個血腥的一夜，恍然若夢。[15]

許多成員離開後，無法成眠，急忙在網路上蒐集大眾對於三二四的反應，被政府否認警察暴力的說法激怒。WS連夜寫了一篇長文，報導在行政院內暴力驅離的親身經驗，試圖澄清誤解，證明暴力真正發生過。這篇文章得到上千個讚，幾百個轉貼，雖然亦招致部分網軍惡言攻擊，但絕大部分支持鼓勵的留言仍然達到了撫慰的效果。

影像工作者KW則經驗到另一種與世界無法相容的裂縫，而選擇暫時離開運動現場：

> 我覺得比較大的壓力不是我在做這件事情，而是我發現回到生活中，我沒有辦法平衡學運裡面遇到的事情。我回到生活，遇到弱勢，遇到信仰、教會，我發現這個世界上有非常多的一群人，他們其實是兩個世界，我沒有辦法平衡。所以現在我覺得我有點處在逃避的狀態，就是這陣子大家都在很熱情在做這件事，我沒有辦法，可是我又會自責……

反叛原始父權與社會契約

KW行動後的疑惑反思，以及其他同儕團體成員們返回日常生活時所經驗到的斷裂感——無論這斷裂感出現的形式是返回參與運動前生活節奏的困難，面對旁人的不解或責難的百口莫辯，或是一種必須回到不同運動現場延續抗爭動能的渴望——都象徵了參與者自身對於這場反叛行動意義的追尋和自我質問。這些質問包括，政府違法在先，是不是就真的能正當化自身的違反行徑？面對周遭親友或網友讚揚或抨擊的兩極化反應，如果不想重複抗爭對象（執政當局）自我感覺良好的逃避行徑，該如何為自身行動的意義找到適切的定位？社會運動參與者除了概括承擔集體行動的所有正負面後果，是不是還有其他承擔責任的方式？在經歷過這場歷史性的殊異經驗之後，「我」產生了什麼變化？「我」的生命史敘事將要以何種形式與「我們」的集體敘事相扣連？

從精神分析的角度來看，令我們感到興趣的提問是：帶著對三一八公民運動和三二三到三二四衝撞行政院事件的不同理解和看法的參與者之間，可不可能藉著這次衝撞法律的異質經驗，創造出嶄新的個人與集體的主體性？接下來，我們將藉由精神分析主體理論中對於律法和反叛的思考，嘗試探究違犯與服膺律法的辯證關係如何是建構主體的必經路徑，而與律法的辯證關係又如何橋接了個人與集體的主體性。

15　參見紀錄短片〈一夜之間，我長大〉（陳育青，二〇一四）。

首先，讓我們透過克里斯蒂娃（Julia Kristeva）的解析，來重新認識佛洛伊德經典文本中最著名的反叛神話。克里斯蒂娃在《反叛的意義與無意義》（*Sens et non-sens de la révolte*, 1996）中，透過《圖騰與禁忌》（*Totem et tabou*）（佛洛伊德，二〇〇一〔一九一二～一九一三〕）中原始部落兄弟弒父神話的重新解讀，彰顯佛洛伊德的伊底帕斯理論並非如外界所言囿限在個人心理發展的脈絡裡。克里斯蒂娃的延伸閱讀，著重於彰顯這個表面上看似遙遠荒誕的神話，實際上企圖捕捉主體與象徵秩序、律法之間彼此形構的關係。

佛洛伊德在閱讀了十九世紀末英國人類學家所撰寫的文化禁忌與社會制度起源的民族誌之後，將伊底帕斯情結欲望演繹腳本疊於其上，而提出了兄弟集體弒父的「科學神話」（來自佛洛伊德自評）。簡略摘要如下：

> 遠古時期，原始部落曾經由一名擁有至高無上權柄的父王統治，其自身即律法，掌握絕對仲裁權，並獨占部落中所有女性。一次打獵行旅中，欽羨父權的兄弟們決議圍勦霸王，搶奪其權柄。在血腥殺戮後的酣暢中，兄弟們分食亡父屍體（象徵著內攝其代表的一切威權）。其後，亡父之靈籠罩不去，兄弟們心中升起莫名恐懼與愧咎。於是以所見動物做為替代亡父的象徵，設犧牲祭儀以哀悼、紀念，並立下盟約，共同分享部落一切權柄，建立亂倫、食圖騰動物、殺族人的三重根本禁忌，此乃人類

社會法律制度雛形。

表面上，神話似乎指出暴力做為人類從野蠻進入文明之必然手段的弔詭性質，記錄著人類社會從野蠻走向文明的歷史時刻。但經過佛洛伊德的再詮釋，圖騰禁忌這個所謂原始社會中最早的法律形式，與伊底帕斯欲望主體的反叛行動發生了關聯；社會契約的建立和社群關係的形成過程中可能牽涉的複雜情感經驗（欽羨、憤怒、罪惡感等），成為可以被思考的面向。倘若先跳脫故事中奪權者與被罷黜者之間的親緣關係所渲染出的家族悲劇氛圍[16]，以及將女性視為擁有物而非思考主體的性別不平等層面，[17]神話描繪了社群中的男性成員被迫臣服於集權柄於一身的「父王」，他們心中積累的怨憤不平，化為群起而殺之的集體行動。然而，兄弟們既然終結了霸權獨攬的時代，勢必得發明一種能被彼此接受的新

16 對佛洛伊德來說，在主體化過程中（包括性／別認同，自我在社會網絡中的定位等），伊底帕斯悲劇結構在潛意識層次的展演，成就了主體的樣貌。但伊底帕斯結構的展演並不一定在以血緣做為連結的親子關係中發生，精神分析更著重的是象徵和想像層次的對峙、競爭與認同關係。

17 不可諱言，佛洛伊德理論的陽具中心時常遭致女性主義的抨擊，其中涉及的性別爭議需要另文處理。此外，當今社會運動中的性別平權無疑是重要議題，而三一八公民運動決策歷程與媒體追星所共構出的性別失衡也是亟待探討的現象，但礙於篇幅，恕無法在本文中進一步討論。在此僅提醒，佛氏理論的目的並非指出社會理想模式的發展目標，而是分析個體所浸泡其中的既存社會樣態，因而其理論建構乃是性別批判的起點，而非終點。

權力分配模式，以免進入無止盡的殺戮循環。如此，以男性為主的眾成員為了削減權力慾——以及伴隨出現的嫉妒、欽羨等情感——所引發的衝突，創建成員之間必須共同遵守的禁忌（律法），並以圖騰為最高的第三者象徵，做為成員們得以在規範下共享權柄的外在依歸（至高他者）。

在此，佛洛伊德重構的原始部落神話值得我們注意的有兩點。首先，兄弟集體反叛行動的目的並非複製寡頭式威權，而是藉著推翻不合乎公平正義的獨裁統治，奪回個體被壓制的需求和渴望。這個層面點出了當代精神分析觀點中伊底帕斯主體化過程的核心任務：放棄對愛欲客體擁有全能權柄的妄想，在超越嫉羨引發的攻擊衝動的同時，承認自身的需求和欲望；主體在社會關係中能夠取得屬己的位置，即取決於需求和欲望獲得自身與他者的認納（recognition）。因此，圖騰與禁忌的起源神話延伸出主體如何在社群中取得位置，以及社會成員間權力關係形構與展演的議題。

神話另一個重點是，結局指出兄弟們臣服的對象是共同制定的禁忌／律法，而不再是某個存在真實世界的王、父執輩或權威人士。佛洛伊德認為暴力所遺留的罪惡感，促使亡父被理想化、神格化，進而成為權柄的核心象徵。[18]此象徵在圖騰儀式中被圖騰動植物取代，成為避免專斷局面再次出現、維繫權柄共享共治的至高他者。這個支撐起集體信仰體系、具有規範權力的至高他者，在某些文化社會時空裡是象徵意義上的先祖（群體成員過世後在另一個世界組成的集體存在），在現代國家則可能化身為憲法、捍衛基本人權的道德信念等，但它們更可能是以混雜的方式並存在同一社會的不同行動界域當中。而至高他者指涉的律法內容，將隨著集體成員對於維繫理想社群生活應有的倫理秩序想像而變遷。可以想見，社群內部的紛爭經常來自對於至高他者指涉之象徵律法內涵詮釋權的爭奪。

這也預示著，一旦社群中部分成員試圖破壞共享的權力結構，返回從未被一勞永逸馴服的貪婪或全能妄想的驅力模式，後果必然是引爆再一次的反叛行動。當代民主國家內部的社會抗爭亦嵌在這樣的循環動力中，而其中牽涉許多不易找到簡單答案的複雜問題，比如，共享共治如何可能？在新的權力分配歷程中，權柄的意義如何隨之改變？共享者之間的關係又應如何被看待？再者，應該設想何種文化社會建置來維繫權柄的公平分配、處理衝突，並將反叛相關的創傷記憶傳承下去，以避免殺戮再演？三一八運動期間所呈顯的權柄共享共治在實際操作層面上的困難，說明了不管是運行中的民主政體、或共同組織抗爭行動的社運團體內部，都需要思考這些問題。[19]

18 Paul-Laurent Assoun, «L'anthropologie à l'épreuve de la psychanalyse: L'envers inconscient du lien social», in *Figures de la psychanalyse*, 17. 2009, pp. 43-53.

19 這反映了當代民主社會中權力運作的困境。此問題牽涉層面極廣，精神分析理論的解析當然不足以通盤涵蓋，本文只求觀照其中涉及主體的部分，力有未逮之處，仍需仰賴其他人文社會學科專家的解析。

本文無意將佛洛伊德對於禁忌、律法或社會制度起源所做的大膽詮釋——爭奪權柄的集體反叛——強加在三一八學運或三二四攻占行動上，或把集體抗爭行動的動機簡化為伊底帕斯情結的內在衝突。但佛洛伊德思考潛意識欲望如何與社會權力關係及社會文化建置的創立與變革相扣連的企圖，或許是值得追隨的方向。

底下將透過精神分析觀照主體建構與律法（權柄）間辯證關係的視角，觀看做為象徵儀式的社會運動中的集體反叛，如何是一種重新確認至高律法與建構主體的雙重行動。簡言之，參與儀式（集體行動）者在共享權柄的同時，也共同承擔破壞舊有秩序的「原罪」，或更準確地來說，儀式將反叛「罪行」的記憶制度化，使再現儀式的成員，再次確認對於反叛行動初始動機的繼承——建立共享共治的新秩序。如此，「傳承」（transmission）的真正意涵才得到彰顯：即，以身體實踐和象徵思考，重返歷史斷裂的反叛（或創傷）時刻，使之成為意識內容，並賦予其開放性意義。

在進一步討論傳承內部包含的反叛性質之前，請容我花一些篇幅來說明精神分析的主體概念，以及律法與反叛在主體建構過程中的重要位置。

主體化與象徵秩序／律法

精神分析的主體概念和律法密不可分。此處的律法（*la Loi*）並不是已建制化的法律（*des lois*或*le droit*），而是社會文化生活中種種由語言、規範、道德意識等交織而成的廣義象徵秩序。非常簡略地說，成為主體（subjectification），是將號稱百無禁忌的潛意識驅力，銘刻在象徵秩序中的過程。這個過程，使得人自原本完全浸潤在生物性需求的狀態中脫拔出來，棄絕與滿足此需求的母體合一，脫離以全能幻想鞏固自戀的混沌狀態。[20]

在此，我們有必要先釐清需求（*besoin*）和欲望（*désir*）的差異。簡單的說，需求可以被滿足，欲望則否。在生理層次可被滿足的需求，與心靈層次永不可能被滿足的欲望之間，即使存在著初始連結（前者在理論的發展時序上先於後者，亦為後者的奠基），但在心靈生活形成之後便逐漸分道揚鑣，各自的演繹遵循截然不同的邏輯。

當代精神分析把主體——及其不可分的欲望——生成的時刻，定位在尚未習得語言的孩童被迫與母體（原初客體）分離，也就是必須學習接納失去原初客體的創傷事件開始。孩童從母體的反覆缺席、從自己對母體沒有完全掌控能力的經驗中，逐漸意識到自己與母體為兩個分開獨立個體的事實。失去想像中與我合一的原初客體的空缺經驗，促使原初表徵

20 Bernard Penot, «De l'idée freudienne de narcissisme primaire à celle de subjectivation, deux approches complémentaires en psychanalyse. », *evue française de psychanalyse* 2/2009 (Vol. 73), pp. 487-503.

欲望的出現。當原本應該在的東西缺席時，心靈機制被迫製造心理表徵，代替不在場的客體，同時亦將焦慮恐懼等感官經驗，轉化為可表徵的情感或情緒，以向想像或真實的他者訴說。對於主要以需求滿足為存在模式的嬰孩來說，進入象徵界的困難在於，事實上，原初客體曾經為「我」帶來的如汪洋般的浩瀚感受（包括狂喜、全能感、完全的信任、圓滿的愛），其實是在失去原初客體之後回溯地建構出來的想像經驗，不可能在現實世界中找到替代物。換句話說，主體是在尋找傳達自身孤獨和無能為力的痛苦掙扎中生成。此即欲望／言說（表徵）／主體三重結構的開端。[21]

對拉岡（Jacques Lacan）來說，言說存有（*parlêtre*）或欲望主體的生成，即嵌在因著空缺（*Le manque*）而引發的表徵運動裡，推促著主體不斷地追尋可能重返原初的完滿合一。[22]空缺（或被期待在場者的缺席），可以是欲望對象的不在場，是語詞和物之間的距離，也可以是備受期待的仍未現身的自我。欲望主體透過言說（或生成意義的表徵行動）不斷地填補不可能被填補的空缺。因此，「欲望」和「言說」這兩個在日常概念中看似無關的向度，實際上都銘刻在同樣的表徵運動當中，成為主體的根本標記。不同的主體將以獨特的路徑，展開各式各樣填補空缺的行動，單視主體在欲望的追尋過程中，如何指認自身與他者、與集體、與律法的關係。[23]

心理表徵仍須與外於個體自身、既存於集體文化世界的符號系統相扣連，才可能形成對他者有意義的表徵，為他者所接收、肯認。孩童通常從照顧者那裡習得由文化群體共享的聲音和肢體符徵，並在不同的人際關係中操練、確認習得的表意符號系統（語言、聲調、肢體等社會符碼）。個體倘若意欲進入特定社會關係，則必須接受多重層次表意符號系統的規則限制。在其中，諸如情感、情緒的表達方式，情欲對象的選擇，自我實現的道路，倫理關係的展演，或多或少都受到某個集體約定俗成的規則所制約。這是言說／欲望主體必須臣服、承繼集體文化象徵秩序／律法的面向。

欲望在象徵界裡必然要經歷的顛簸崎嶇，將造就執爽（*jouissance*）和快感（*plaisir*）這兩

21 Julia Kristeva, *Sens et non-sens de la révolte. Pouvoirs et limites de la psychanalyse, tome I*. Paris: Fayard/Livre de poche, 1996; René Roussillon, «Corps et actes messagers», in Chouvier et Roussillon, éds., *Corps, acte et symbolisation: Psychanalyse aux frontièresp*. Bruxelles: Éditions De Boeck Université, 2008, pp. 23-37.

22 Jacques Lacan, *Télévision*. Paris, Seuil, 1973.

23 拉岡主體理論中有兩個不同層次的他者，一個是與自我（ego）以想像關係形成聯繫的他者（other／*autre*），自我與他者在彼此的眼光中指認自己的樣貌；另一個是跟欲望／言說主體具有象徵關係的至高他者（The Other／*L'Autre*），一個超越個人層次、無具體面貌的根本符指，指涉著社會文化生活中包括語言、規範、道德感在內的象徵秩序。但是至高他者並非象徵秩序本身，而是一個確保其運行、令律法發揮作用的符指。對主體而言，至高他者是揭櫫真理、度量公平正義的最後權威，它令主體願意臣服於一個先於、高於自己，並且由群體中他人共享的律法和秩序。然而臣服不同於接受宰制，比方，當主體藉著各種形式的創作，塑造具有特異性的存在時，他仍然必須繼承先於主體的文化集體遺產。創新和繼承，可以是主體化之內兩個並存而不互斥的運動。這也是反叛的意義之一。

個不同的情欲演繹範疇。相對於因接納了尋找滿足路途上的必然挫折，而能夠轉化為想像－象徵結合物（或某種程度的昇華）的快感，執爽恰好是驅力拒絕進入象徵銘刻，而在真實界不斷自我重複的遺留。資本主義刺激無止盡消費以製造滿足空缺假象的策略，及無止盡地將勞動剩餘價值轉換為資本積累的手段，即屬於維持全能幻想、拒認他我區分的執爽範疇。以此角度觀之，資本主義欲望運作邏輯以製造偽裝為可填補空缺之物來掩飾空缺（即否認象徵閹割[24]）的做法，恰是對律法的拒斥。因此，企圖強渡關山的服貿協議，可以說是當時的執政黨在政治經濟領域追求雙重執爽的體現；在其中，至高他者毫無立錐之地，或被執爽淹沒。[25]

相反地，對於受到象徵秩序銘印的主體來說，欲望表徵運動的追尋，總是已經嵌在與他者的關係之中。主體如何在與他者想像或真實的關係中安頓彼此，是欲望表徵運動和言說行動的終極視野，不論這樣的關係以什麼樣的形式展現。並且，確保言說主體與象徵秩序關係的至高他者，並非以審判、處罰的超我面貌出現（此一超我實際上強迫主體進入執爽邏輯），而是做為聆聽者，也就是主體發話抵達的所在。心理創傷的主要根源，往往發生在至高他者被遮蔽的時刻，主體即使奮力張口，卻無法發出聲音，遭到噤聲，或遍尋不著聆聽的耳朵。

綜上所言，主體化是個體經由與重要他者的認同和分離的雙重運動，進入與他者的倫理關係，而成為具有反身性思考能力的象徵存有的過程。欲望主體殊異的空缺經驗（包括缺憾，或精神分析意義下的「閹割」）必須獲得言說的權力始能發聲，並須以遵循集體共享的符徵體系或象徵秩序為前提。[26]對於象徵秩序的服膺，使得極度個人化的感官經驗在過渡到可與他者分享的符號時，原初圓滿經驗的某個部分勢必被迫遺失（拉岡主體理論中的*le reste, résidu*或*petit a*），但也因此主體得以與他人進入關係，共享做為象徵秩序能指的至高他者所賦予的律法權柄，成為社群的一分子。由此看來，在精神分析主體個人史中發揮著作用的伊底帕斯神話，某種程度也揭示了當代公民社會之間主體間際性（inter-subjectivity）的特性。

三一八運動參與者集體反叛行動所顛覆的，並非在象徵層次已涵納他者的倫理秩序，而是臣服於資本主義和政治霸權執爽命令的虛偽權柄。然而，為了捍衛更高層次的公共性

24 精神分析觀點中，閹割是主體放棄全能幻想，承認自我非世界中心，而需與他者共同臣服於象徵權柄的重要印記。

25 Slavoj Žižek, *For they know not what they do: enjoyment as a political factor*. London ; New York: Verso, 2008.

26 事實上，言說和發聲的可能仍需預設想像或真實聆聽他者的存在，在此暫時略過聆聽他者的相關條件與部署的問題。此外，這裡的集體性，指的不是個別人總和而成，並在主流意識型態下被同質化了的無人稱集體，並對於被涵納在其中的個人進行監控，這樣的集體必須是異質的，並且保留質疑至高他者（另一種說法即「神」）權柄和高位的身分參照軸。（參見克里斯蒂娃，*Cet incroyable besoin de croire*.）

和倫理秩序，許多試圖揭露虛假神祇面貌的年輕參與者，仍舊因為違犯了集體慣從的既定秩序而付出身心創傷的代價。創傷的裂口需要找到聆聽的他者，方能轉譯為集體所共享的語彙。而某些被遺忘的創傷歷史時刻，散落著未曾被納入集體表徵系統的音節，等待與下一個世代的創傷經驗，共同建構成得以訴說創傷的異質語彙。

反叛的雙重意義：質疑既定秩序、歷史記憶的復返與重新賦義

克里斯蒂娃從《詩語革命》（*La révolution du langage poétique*, 1974）開始，藉由意符（le sémiotique）與象徵（le symbolique）之間鄰近卻難以跨越的符變（signfiance）運動所建構的主體理論，更明確地討論了言說主體內存的反叛特質。她在《私密的反叛》（*La révolte intime*, 1997）一書中提出，反叛乃是主體探尋、界定自身意義的基進行動。從反叛的希臘與拉丁字源所衍生的可能意涵來看，它至少包括兩個與主體性不可或分的根本面向：一、是不斷的質問當前既定價值、秩序和權威，促使既有秩序的翻轉；二、是透過「返古」，也就是歷史的回溯，質問自身的欲望與認同（包括性別、家族、國族、階級、居住區域、政治意識形態等集體歷史與歸屬的追尋）。克里斯蒂娃認為基進的內在反叛是心靈生命之所以能夠存在、保障其存續，也是主體能獲得真正的獨立與創造性的前提。[27]

關於第一層次的主體反叛意涵（挑戰既有秩序），我想回到「惡法亦法」的古老爭論，以探討遵守法律的行為本身，是否必然占據倫理或道德優位，以及倘若將守法置於優位、壓制反叛可能，將可能引發什麼樣的後果。在此，筆者用自己多年研究的主題為例——亂倫性侵受害者被迫面臨的「秩序」與「失序」的衝突。

亂倫性侵創傷並非如一般想像的只涉及性侵本身帶來的傷害而已。[28]在大部分加害者是父親，祖父或其他握有實質權柄的父執輩的亂倫家庭裡，加害者同時會建立一套嚴苛的規則，逼迫、威嚇受害者和／或其他家庭成員切實遵守。這些規則包括：「要乖乖聽話」、「不可以讓爸爸不開心」、「父母不會錯」、「不可以信任外人」、「性是愛的表現」等等。這樣的

27 即使克里斯蒂娃的主體反叛理論經常被批評過於集中於個人內在的自我反叛，而忽略反叛的社會性質，可能成為革命性社會運動的阻力而非助力。然而我部分同意克里斯蒂娃所言，主體必須進入反叛的位置，才可能進行內在或外在的革命。然而，我比較不能同意她將內在反叛視為外在反叛先聲的看法，家內性侵受害者的行動經驗往往推翻這個先後次序。

28 某些文化相對論者酷愛以「秩序」、「創傷」為文化建構物的立場，質疑亂倫性侵創傷的真實性。立論的基礎通常引用異文化（經常是距離我們遙遠的非西方部落）將亂倫行為視為成年禮一部分（但不太清楚是否仍在當代通行），以反駁亂倫與性侵、與創傷存在內在相連的觀點。這樣的可能性當然應該在學術研究中被考慮進來，但是我們也不可能因此忽略受創者的實際創傷經驗，更不可忽視在我們的文化處境裡，成人與孩童發生性關係並不是文化脈絡下發生、嵌在象徵秩序中的意義事件，絕大多數涉及的是對孩童主體性的違犯和侵蝕。

亂倫家庭造成最嚴重的傷害或許不是性侵本身，而是受害者必須採取加害者的立場和思維來定義「秩序」、詮釋是非對錯，沒有任何權力挑戰加害者制定的「家規」（性是處罰的一部分），以至於迫使受害者不論揭露或不揭露，逃離或不逃離，對於家內或家外的律法而言，必然有一方認定她／他犯法（「我背叛家人」或「我沒有阻止它發生」）。

在很大程度上，亂倫性侵受害者承擔的「罪」，可比威權體制下政治受難者所背負的莫須有罪名。在兩種情況下，立法者、審判者和執法者的角色，皆由違反基本人權的加害者或加害結構擔綱。加害者身邊經常有幫兇，協助恐怖統治的遂行。而受害者周遭的人們，生活在極權恐怖的氛圍中，多半只求自保，難以伸出援手。未曾聽聞或察覺到恐怖統治真相的旁人，甚至可能在渾然不覺中加入指責、定罪的行列，把受害者更往火坑裡推。值得注意的是，亂倫家庭和極權政府的恐怖統治性質，不見得能夠為生活在其中的人明確察覺，即使是受害者自己，往往都需要很長的時間，透過協助，才能夠確定自己沒有犯錯。協助受害者走出罪惡感與羞愧感的最重要關鍵，是令他們能夠自我賦權，以反叛加害者及其掌控下的舊秩序：此即精神分析伊底帕斯主體化的核心。

從本文第一部分對於三一八與三二四行動參與者動機的描述，可以看見他們打破既定秩序，扳正受到扭曲的律法的意念。然而，可預期的是，受到挑戰的掌權者為了捍衛其權柄的正當性，必將挪用體制內的資源進行反撲。被加諸破壞秩序罪名的年輕世代如何能夠彰顯自身行動的正當性？除了在當代建構的人權論述之外，克里斯蒂娃雙重反叛概念中第二個層次的意涵——歷史的回溯與傳承——也提供了一個重要的提示；而我們也的確在運動現場觀察到參與者自主性的尋求與反叛先祖的歷史連結。

反叛和歷史記憶的回溯：傳承

不論是在社會運動或是在精神分析情境中，反叛，不可單純地被定義為與歷史斷裂的激烈行動。除了打破既定僵化秩序、朝向未來，反叛的運動亦朝向過去，朝向被淹沒的歷史記憶。這樣的雙重運動，實際上也區分出兩種性質截然不同的權威：一方是行嚴刑峻法統治的暴虐超我（可以存於個體或集體潛意識，可能以自身或他者為施虐對象）；另一方，是個體藉著與之認同而能步入主體化過程的象徵至高他者。反叛的歷史追溯行動所朝向的源頭，並不是由掌權著豎立、並狹以自重的樣板傳統或是官版歷史，而恰是這個傳統極力遮蔽、壓迫、噤聲的暗流。主體無法藉由認同僅憑一己好惡專斷獎懲的集權者，或歌功頌德的樣板英雄敘事，來思考如何在與他者的倫理關係中，實踐共享共治的可能路徑，它所認同的至高他者（律法參照），必須有能力涵容欲望主體間的差異，並使殊異的主體間產生繫連而成社群。可能形成社群的殊異主體，並不限於身處相同時空中的存在，亦包括其他時空，曾經以反叛行動對抗獨裁政權，卻被官版歷史污名化的主體。

關於被噤聲的歷史記憶的追尋，並非直接觸發三一八運動最重要的外顯因素。如多位政治學者和社會學者所分析，此運動肇因於國民黨政府一面倒地迎合中共以經促統策略，所引發的經濟與政治雙重恐慌。[29]然而，當立法院被攻占後不久，在議場內、及後來在立院四周圍出現的標語當中，明顯看出年輕世代從過往的反抗歷史當中，尋找可以支持、呼應眼前反叛行動的價值和信念。鄭南榕的紙面具，場內場外不少學生手裡捧著的《百年追求》、《被出賣的臺灣》等臺灣史書籍，議場內醫療團隊上方貼著蔣渭水等日治時期異議醫師的名字，年邁的白色恐怖受難者在三二四之後到議場內鼓舞、慰問學生等，處處可見反抗體制歷史記憶傳承的跡象。許多後來也投入廢核運動的年輕參與者，在同年四月林義雄決志絕食抗議、要求政府停建核四時，紛紛在臉書上表達擔憂，隨之回顧林所代表的黨外運動史，關注林家血案始末等，皆透露著年輕世代正在與反叛的歷史發生連結。

三二四同儕團體的成員，更從檢視參與學運前後政治立場的轉變開始，反思自己在家庭、學校所接受的隱性政治影響，經驗著其中的銜接或斷裂。例如，WS的家族因為曾經遭受政治迫害，一直以來極力反對國民黨，但因為學校同儕的壓力，讓他原本不太願意承接這個沉重的過去。然而，三一八學運的發生，完全翻轉了他對家族史的認識角度：

> 我們整個家族都是深綠，這要追溯到我外婆那個時期，他們有經歷過二二八事件，從那個時候就非常痛恨國民黨。據我所知，我外公的表哥表弟，還有住在他們家附近的鄰居，有很多人就是因為這些事件，莫名其妙地失蹤，或者死亡。我外婆有非常想跟我說裡面一些細節，可是當我才剛開始聽到一點（就不想聽），而且，從小到大你接受的教育……我也是歷史空白的其中一環，我也是被教育成有點像是政治冷感的感覺。……學校的氣氛會讓大家都覺得，你不要去談政治……那時候學校整個氣氛完全不能有政治色彩在，因為如果你一有，就會被班上的人排擠……那個時期，幾乎班上的人都是深藍，所以我也不太敢表態我是深綠，因為聽到有人提到臺獨這兩個字，對他們來說非常敏感，會覺得你好像是某種叛亂分子……

許多成員談到學校歷史課對於臺灣史的偏廢，以及當自己發現受到官方詮釋版本欺瞞的震驚和憤怒。比如ＳＢ說：

> 我的歷史課本原來只有中國史，一直到大學以後，我才知道二二八，才知道美麗島，

29 參見收錄於本書的兩篇文章，陳吉仲，〈太陽花運動的經濟論證〉；吳叡人，〈黑潮論〉。

才知道白色恐怖。知道就覺得，那一剎那真的是有一種被打一巴掌的感覺，原來我的國家是這樣！

YH在三二四鎮壓所留下的無法抹滅的憤怒、歉疚情緒中，體會了二二八屠殺和白色恐怖受難者及家屬的痛，理解到臺灣轉型正義的遲滯，如何令受難者和家族的生命凍結在追尋真相、要求加害者負責的永恆追索中，無法承續開展：

可以了解像是二二八，白色恐怖受難家屬，為什麼每一年都要出來抗議，每一年都要辦追思會，都要不斷地希望大家不要忘記這個東西的原因，這個東西就是國家暴力。……我可以了解他們一直執著的原因，了解他們為什麼會這麼憤怒，因為他們累積的情緒可能是好幾十年，甚至在事情不明不白的結束以後，還不能像我們這樣公開來講，來檢討，他們是封了四十年，完全不能講，之後才能重新談，但是也談得不完整，什麼真相都沒有……我經歷過這件事情，不斷在想這個問題，包括歷史空白，歷史清算，國家完全都沒有做，我觀察到很多人都是在那個（三二四鎮暴警察驅離）當下，覺得怎麼突然好像臺灣第一次發生這種事情一樣的感覺，這是一種很恐怖的現象。我一直覺得，這個東西沒有徹底清算，或讓人知道這塊土地到底發生多少殘殺、屠殺，這些東西一定會重演。因為大家不知道，覺得那個東西無所謂，會讓加害者覺得說，反正我做什麼也無所謂，我殺多少人也沒關係，因為我不會被追究，真相可以被蓋掉。

相對於大多數的社運素人是在參與三一八之後才開始有意識地思索自身家族史留在身上的政治印記，回顧臺灣集體歷史當中的民主抗爭事件，曾經參加過野草莓、反媒體壟斷、華光社區反迫遷等行動的前黑島青成員W，則因為更早開始參與社運，察覺到個人史與集體史的交互關係，因而在行動當下已然展現更高的主體意識。當被問到為何選擇進入行政院，事前是否知道有犯法疑慮時，他的回答是：

我知道我這樣違法，可是我就是要透過我這個行為告訴你，你的國家政策根本是錯誤的，是要被檢討的。其實對於公民不服從要付的代價，我們自己在運動者養成過程中，都滿清楚意識到公民不服從是知法犯法，我勇於承擔那樣的法律責任，來控訴你國家本身應該要面對的責任。……我覺得這個法律風險不算什麼……為了要達成一個更大的，或是更進步目標的時候，你勢必得扛這些風險。

發動攻占國會的運動者很清楚，他們和政府訴諸的是不同層次的律法，而且明確指出在特殊政治環境下制定的法律，和要求基本公平正義的律法，有位階上的差異。對W來說，闖入立法院和行政院的「犯罪」行為有著明確的目的：捍衛更高層次律法，逼迫意圖霸占法律詮釋權的執政黨，放下獨攬權柄的全能幻想，要求掌權者回歸民主體制權柄共享共治的原則。這可以說是佛洛伊德部落神話中眾伊底帕斯們共同推翻暴政、建構關係主體性的當代實例。[30]

然而，對絕大部分的三一八公民運動參與者來說，這是他們在運動現場學習實踐公民不服從的第一次。當初支持自己投入運動的信念，在經歷恐怖鎮壓驅離之後，面臨極大考驗。從三二四開始，國家、警察的樣貌變了，媒體對事件的評論兩極，臉書上鼓勵的話語參雜著質問、奚落，批評或謾罵。運動的結束，是另一個困難學習歷程的開始：怎麼面對異質價值體系之間的衝突？怎麼繼續捍衛自己的信念？怎麼恢復對國家和社會的信任？怎麼說服（或放棄說服）身邊的人，自己是為了民主、公平正義、集體利益等理想而上街頭？

因此，對許多參與者來說，運動並沒有真正結束，在運動現場體驗到的經歷、觀察到的現實，與返回日常生活後所察覺的社會現狀之間的巨大差異和斷裂，持續質問著他們。身體和心理上大大小小的創傷，並未完全復元，部分人身上仍帶著或重或輕的後遺症。每個人嘗試用不同的方式處理訴求未能得到真正回應的失落感，消化這場運動留下的複雜經驗感受。[31]

親身承受的國家暴力揭開了抽象詞彙下包裹的真實，促使他們重新理解國家暴力的多重面貌。許多年輕人開始關切島嶼面臨的各種危機，也和這座島嶼的過去發生聯繫。太陽花學運結束，他們參加廢核遊行，關心關廠工人、RCA羅癌女工的命運，了解美麗灣的後續，試著阻擋各個破壞環境的開發案等。他們以回溯的方式，匯入了之所以能集結成三一八運動豐沛力量的反叛傳統。部分成員開始大量閱讀日治時代和國民黨威權時期民主運動的相關書籍，探訪白色恐怖受難者，希望讓白色恐怖和人權不再只是教科書上的抽象概念。如果在三一八和三二四的運動現場，這些年輕人實踐的是克里斯蒂娃反叛主體概念中質問既存價值和秩序的向度，在運動的第二時間開展的，則是克里斯蒂娃反叛概念中歷史回溯的向度，他們開始在與過去的連結中質問自己的欲望及認同，並以全新的觀點理解其所置身的社群。

透過身體實踐理解、承繼反叛傳統的另一個面向，亦包括初次經驗尚未完全脫離黨國

30　部分統派人士將這些年輕人比為中國文化大革命時期的「紅衛兵」是謬誤至極的修辭。他們看不清紅衛兵打倒黑五類、消滅傳統的真實暴力，乃根植於對異己的仇恨，而將自我膨脹至最高權柄（毛主席）的代言位置。他們也刻意忽視了三一八公民運動的反叛暴力是作用在象徵層次上，是基於對他者的愛才可能出現的實踐。

31　參見公視新聞議題中心，二〇一五年三月二十一～二十四日【結痂三二四】系列報導。

威權思維的司法體系的追訴。七十多位在行政院驅離過程中受傷者，在民間司法改革基金會義務律師團協助下集體提出自訴，控告行政院長江宜樺、警政署掌王卓鈞等人殺人未遂及傷害罪。然而，二〇一五年二月十日臺北地檢署宣布起訴一百一十九位參與三一八占領立院、三二三闖進行政院，和四一一路過中正一分局行動的人士。[32]三二四同儕團體成員當中被起訴的就有四位，承受極大壓力[33]。很明顯地，警方向法院和醫院取得受傷自訴人的資料，拿來做為他們進入行政院的證明，以反控運動參與者。起訴理由為妨害公務、煽惑他人犯罪、無故侵入建築物等。對此，大多被起訴者表示願意承擔責任，接受司法審判，但主張進入行政院行為乃受憲法保障的公民權，他們反問濫捕濫毆的警察和破壞民主體制的政府，是否逃避自身法律責任？[34]本文出版時，全案仍在審理中，無法得知法官最後判決結果。由於民進黨主席蔡英文在二〇一六年一月的總統大選中勝出，民進黨立法委員在國會席次過半，未來司法體系是否因政黨輪替而改變對三一八運動參與者的態度，仍有待觀察。

主體永無止盡的反叛任務

精神分析對於言說欲望主體和反叛主體的思考，幫助我們釐清二〇一四年三一八公民運動中被官方語言定位成「違法亂紀」的「暴民」行為，實際上在試圖恢復更高層次的價值和倫理秩序。只是我們需要花些時間澄清違反的是哪個層次的律法？施展的是哪種形式的暴力？反叛行動者的對象和期待達成的目標為何？太陽花學運或三一八公民運動，在立法院內外的二十四天，以及後續的行動中，試圖捍衛的是在服貿簽訂過程中遭到毀損的權柄共享共治的象徵秩序，以恢復在新自由主義政商集團所建立的當前「秩序」中，被遺忘、甚至被鄙視的至高他者的權威地位。

綜合拉岡與克里斯蒂娃的主體理論，我們可以看出主體性的建構包含兩個相互辯證的運動：一方面，欲望主體的生成與象徵秩序在心靈層次的銘刻同步，主體以對象徵秩序的服膺繼承了集體文化的遺產；另一方面，為了確保心靈生命的自由和創造力，反叛是必要的基進行動，甚至是繼承歷史文化遺產唯一有效的真實行動。唯有如此，象徵秩序或集體文化律法才可能避免僵化，至高他者的超越地位才可能不被虛偽霸權恣意僭越。這意味著主體的建構，注定在反叛與秩序之間無止盡的辯證關係中延續，沒有終點。

換言之，當代精神分析主體理論的重點是，以長遠的時序看來，反叛並非秩序的摧毀，

32 參見蘋果日報二〇一五年二月十一日，〈太陽花學運，帆廷一一九人起訴〉。

33 進駐大廳內的部分年輕人，懷疑有維安人員混進人群，蒐集抗議者個資。有一份原本為了確保每個人安全的名單，後來下落不明。

34 參見公視新聞網，二〇一五年四月十七日，〈流血驅離誰負責？政院撇給北市警〉。

而是捍衛秩序的行動。由至高他者為代表的象徵秩序，並不把主體預設為執行律法命令的無腦動物，因為那樣恰好取消了主體做為主體的基礎。令主體成為主體的象徵秩序，同時賦予了主體反叛虛假權威的義務。因為當任何價值體系僵化為意識形態霸權時，它帶來的不是秩序，而是極度的失序和混淆，並強行灌輸對失序視而不見的盲目信仰。服膺意識形態霸權並要求他人同受其宰制的人們，取消了將異已者視為另一個「我」（即，與我相仿的主體）的集體律法，否定他者同屬我群，而令自己遁入了極權主義式的、以清除異己為快的全能執爽深淵。在此情況下，反叛是維繫主體象徵秩序的必要行動。

雖然大多數精神分析理論主要探討的是內在反叛的可能，但是我認為內在反叛與社會、政治上的反叛，實為一體兩面。[35]原因顯而易見，令主體成為主體、其後成為主體挺身捍衛的象徵秩序，從來不是屬於單一個人所有，而是在社會生活中被複數的主體共同實踐出來的實在。

三一八學運過程中，眾多年輕世代參與了一場超越自身利益，與臺灣歷史、社會肌理發生扣連的集體反叛行動。呼應著內裡欲望的行動，改變了他們與他人關係的想像，對原本陌生、以為無關的他者，產生了共負責任的集體感，也認識到權柄共享共治的複雜度。他們在這場運動中經歷了自身生命史與社會集體史的交錯，驚喜於與他人遭逢所迸發的火花，也經驗到齊心合力幻象破滅後的苦澀。許多年輕人擔心運動的熱情、力量會耗盡，焦慮於運動如何能持續？朝什麼方向發展？「出關播種」是務實可及的夢想還是運動支撐不下去的台階？他們不斷自問除了在網路社交媒體上響應，還有什麼是可以做的？而「接下來的事就交給我們了」的「我們」是誰？如何集結成具有續航力的群體力量抵抗國家和金權合體主導的反動勢力？[36]

就在種種問題仍待辯論釐清之時，二〇一四年九月二十六日，香港為了爭取真普選爆發了自二〇〇五年反ＷＴＯ運動以來規模最大的罷課罷工行動，蔚為舉世關注的「遮打革命」。許多太陽花運動的參與者，為感謝占領立院期間香港學運和社運人士特地赴臺支持，或跨海聲援，或親抵煙硝瀰漫的現場，形成可觀的撐傘聲浪。相較於當前的臺灣，近年來香港面對更嚴峻的國家暴力鎮壓和威嚇，風聲鶴唳的境況愈來愈接近白色恐怖時期的臺灣。兩地的年輕世代在雙方的鏡像映照中，反身地照見彼此在追尋主體性的道路上，被迫捲入與國家爭奪律法正當性的戰爭。

其後，兩地又陸續發生國家以捍衛社會秩序為名對抗爭公民施暴的事件，如二〇一五

35 參見Patrick Landman et Lippi, Silvia, éds., *Marx, Lacan: l'acte révolutionnaire et l'acte analytique*. Paris: Érès, 2013.

36 大量的太陽花世代以不同的位置投入二〇一四年年底九合一地方選舉，以及二〇一六年年初總統大選和立委選戰，可以說是這股動能的延續。

年七月臺灣高中高職生反黑箱課綱運動，二〇一六年二月大年初一香港警方取締攤販衝突事件所引爆的「魚蛋革命」。臺灣二〇一六年總統與立委大選民進黨大勝的結果，似乎改變了兩地先前的鏡像關係。然而，主體欲捍衛的關係倫理律法，與資本主義或經濟新自由主義體制所設定的全球秩序，仍將不可避免地對峙爭戰，主體的反叛運動勢將持續。在太陽花運動中扮演重要角色的民間團體，在二〇一六大選後，部分成為國會體制的一部分（以島國前進為主組成的時代力量政黨），部分企圖加入體制但失利（社綠盟），另外更有不受主流媒體眷顧的大部分堅持在體制外抗衡。就筆者曾接觸的太陽花年輕世代中，他們大多數以批判的態度選擇支持社綠盟，遠勝於時代力量。他們將與這些曾經主導反叛運動的從政者抱持何種態度？是否將成為當時反叛者的反叛者？又將以何種形式延續主體的反叛運動？值得我們長期觀察。

參考文獻

中文

何榮幸（二〇一四）。《學運世代：從野百合到太陽花》。臺北：時報出版。

吳叡人（二〇一六）。〈黑潮論〉，《照破——太陽花運動的振幅、縱深與視域》。臺北：左岸文化。本書章節。

晏山農等（二〇一五）。《這不是太陽花學運：三一八運動全記錄》。臺北：允晨文化。

陳吉仲（二〇一六）。〈從經濟學解讀兩岸貿易〉，《照破——太陽花運動的振幅、縱深與視域》。臺北：左岸文化。本書章節。

梭羅（Henry D. Thoreau, 1849）著，劉粹倫譯（二〇一二）。《公民不服從》（Civil Disobedience）。臺北：紅桌文化。

外文

Assoun, Paul-Laurent (2009). « L'anthropologie à l'épreuve de la psychanalyse: L'envers inconscient du lien social », in *Figures de la psychanalyse*, 17. pp. 43-53.

Duckworth, Melanie P. and Follette, Victoria M., Eds. (2012). *Retraumatization: Assessment, Treatment, and Prevention.* New York, London: Routledge.

Freud, Sigmund. 2001[1912-1913]. *Totem et tabou.* Paris: Éditions Payot & Rivages.

Kristeva, Julia

1984[1974], *La révolution du langage poétique*. Paris: Seuil.

1996. *Sens et non-sens de la révolte. Pouvoirs et limites de la psychanalyse, tome I.* Paris: Fayard/Livre de poche.

1997. *La révolte intime. Pouvoirs et limites de la psychanalyse, tome II.* Paris: Fayard/Livre de poche.

2007. *Cet incroyable besoin de croire*. Paris: Bayard.

Lacan, Jacques (1973). *Télévision*. Paris, Seuil

Landman, Patrick et Lippi, Silvia, éds. (2013). *Marx, Lacan : l'acte révolutionnaire et l'acte analytique*. Paris: Érès.

Penot Bernard (2009). « De l'idée freudienne de narcissisme primaire à celle de subjectivation, deux approches complémentaires en psychanalyse. », *Revue française de psychanalyse* 2/2009 (Vol. 73), pp. 487-503.

Roussillon, René (2008). « Corps et actes messagers », in Chouvier et Roussillon, éds., *Corps, acte et symbolisation: Psychanalyse aux frontièresp*. Bruxelles: Éditions De Boeck Université, pp. 23-37.

Young, Allan (1996). *The Harmony of Illusions: Inventing Post-Traumatic Stress Disorder*. Princeton : Princeton University Press.

Žižek, Slavoj (2008). *For they know not what they do: enjoyment as a political factor*. London ; New York: Verso.

紀錄片

周世倫（二〇一六）。《暴民》。臺北：唐吉軻德數位影音工作室。

陳育青（二〇一四）。〈一夜之間，我長大〉，收錄在《太陽，不遠》太陽花學運紀錄系列。

新聞

公視新聞議題中心，二〇一五年三月二十一到二十四日，【結痂三二四】系列報導。連結：http://pnn.pts.org.tw/main/?s=結痂324&x=0&y=0（擷取日期：二〇一五年八月二十三日）。

公視新聞議題中心，二〇一五年四月十七日，【追訴三二四】〈流血驅離誰負責？政院撤給北市警〉。連結：http://pnn.pts.org.tw/main/2015/04/17/【追訴三二四】流血驅離誰負責-政院撤給北市警/（擷取日期：二〇一五年八月二十三日）。

蘋果日報，二〇一五年二月十一日，〈太陽花學運　帆廷一一九人起訴〉。連結：http://www.appledaily.com.tw/appledaily/article/headline/20150211/36382705/（擷取日期：二〇一五年八月二十三日）。

太陽花的美學與政治實踐

林秀幸

交通大學
客家文化學院
人文社會學系副教授

巴黎第五大學社會學博士。喜歡漫遊在各學科當中，找尋生命的養分和自由的空間，不管在個人或是島國的層次。

談這場運動，「政治」應該是開場白，但卻是一個廣義的政治。一如哲學和人類學的邀約，詩意是政治的出口也是來源之一。[1]因此，一個完整政治行動的全貌，包含她意識前的伏流狀態，以及浮出意識後雕琢政治地景的能力。關鍵詞將是社群、日常、政治美學、詩意和空間，而此處也不限於地理的空間。

論文書寫也是一場詩意和政治的相互追逐。總是以說故事的動力為開端，因為某種感動，她驅使你開口。然而卻難以侃侃而談，因為書寫有如「占領」，生怕某些缺口成為弱點，它假想有敵人。以想表達的欲望為始，卻又立刻衍生政治鬥爭的裝備。書寫以創造為開端，卻以政治為終。可見「語言」和「政治」相互為用的能力如此卓越。太陽花本身的政治表達，一如我即將要面臨的書寫政治，皆是一場介於詩意和政治的運動和書寫。

為了更理解太陽花和她的土壤——臺灣社會，我們必須將她回歸到日常生活和長時間的論述。然而我將借用的歷史觀並非如此和線性時間相關。洪席耶（Jacques Rancière）說，歷史是一個美學政治的歷史（A history of aesthetic politics），是有意義的符號組合，有意義的故事敘述（story telling）。[2]也因此，我被啟發而要說的這段當代「歷史」，也就和給予運動「意義」是相互印證的過程，相當於將歷史的垂直敘述輔以平行軸的意義建構。如洪席耶所言：「歷史的創作，是一個歷史的『施為者』和『敘述者』的關係。」[3]因此，訴說一個讓人「理解」的「故事」，等於說一個讓人「理解」的「歷史」。

同樣要借用洪席耶的「美學政治」來談這場運動。洪席耶提出這個概念的初衷是為了翻轉普羅大眾的美學和政治位置。他從柏拉圖的政治觀談起，當年的哲學家認為社群裡的手工藝者無法成為公民，因為他們沒有時間思考「公共」的議題。然而激起洪席耶的反思是，當代藝術卻能轉而扮演公共性角色，成為思想的先驅，其中經過了什麼轉化？更確切地說：什麼政治轉化？換言之，透過思考藝術如何擺脫「模仿」之名，進入「公共」空間的過程，洪席耶開啟一個美學政治的視角——如何把普羅大眾（或說不被看到的）的美感經驗轉化成具有「社群公共性」的過程，從而改變該事物的政治位置，是一個美學政治的轉化過程，當然，也就是一個「民主化」的過程。[4]

換言之，空間的占據和感知分配，是一個高度政治的問題。當某種美感經驗失去公共性後，其他的「感知」得以被發掘並逐漸占據眾人的經驗，最終被認可為社群的「共感」，

1 Michael Herzfeld, *Cultural Intimacy: Social Poetics in the Nation-State*. New York & London: Routledge,2005, 21-32, 183-191; Alain Badiou, *Court Traité d'ontologie Transitoire*. Paris: Seuil, 1998.

2 Jacques Rancière, *The Politics of Aesthetics: The Distribution of the Sensible*. Gabriel Rockhill, trans. London: Bloomsbury, 2006, 31-38.

3 同上注。

4 同上，頁三九～四二。

就是一個「政治性重分配」的過程。這部分的論述，洪席耶承繼了席勒（Friedrich Schiller）對美學和社會性論述的啟發[5]，但卻缺乏一個動態的政治結構形塑的過程，於是他進一步推演，加進了「語言」與政治相互結構的討論。他說，政治變革的最後一道手續是「語言」。語言具有承載感知的能力，又同時具有結構形式的能力，得以形塑「新政治」。這樣的「美學轉化」和「民主政體」的形成過程是一致的。因此哲學家開啟了一個頗為挑釁的論述：「政治體」不是一個組織或共同體，形塑新的政治主體化的軌道是**語文上的分疏**（literary disincorporation），而不是「象」（imaginary）的認同。[6]。這樣大膽的論述給予語言一個決定性的角色，告訴我們「語言」的結構性可以重新打造一個新的政治秩序。然而語言所承載的「感知」從何而來呢？換言之，**空間感知的重分配**，其動力來源是什麼？這部分具有本體論的基礎嗎？此時，著名的空間現象學哲學家巴舍拉（Gaston Bachelard）的論點將可以補充洪席耶論述的空缺。

簡單整理洪席耶的美學政治論述的核心：政治是一個有關什麼可以在社群公共空間**被說和被聽**的感知性分配，以及誰有能力看和說的問題。照他的話語就是「可被感知空間中既有秩序的翻轉」的過程（Well ordered distribution of sensory experience was overturned）。[7]

由此，我們可以得出洪席耶美學政治的邏輯：

一、美感的感知是先於政治結構的。

二、要翻轉政治版圖，得先改變感知地景。

三、新的感知地景要能夠被語言敘述，並浮到意識面，不僅確立她在公共空間的位置，還進一步結構化政治意識型態。

仔細檢視這個政治過程，我們會發現，洪席耶的政治結構形塑論，照顧到感知經驗如何轉化為政治意識的社會過程和語言的關係，但是卻沒有辦法交代感知經驗的變異如何發生，新的感知經驗如何可被接受？換句話說，感知經驗和政治次序難道可以完全靠語言翻轉嗎？我們在此面臨最棘手的問題，什麼是正當性？什麼樣的經驗是美感經驗？由此，我們觸及到本體論（ontology）的問題，本體論如何影響感知的政治分配。這段洪席耶論述缺乏的空白，恰恰是詮釋太陽花和臺灣政治不可忽略的部分，也是本文最重要的目的。

太陽花是臺灣近二十年來最政治和最詩意的一朵奇葩，她的燦爛來自於她的戲劇性，她的政治能量，以及她對後續政治地景的翻轉能力。然而要理解這個能量的累積過程和背景值，必須先把她放進時間歷程和整體社會脈絡，檢視太陽花之前和之後的社會運動和現象。

5 同上，頁十九、四〇～四一。

6 同上，頁三十六。

7 同上，頁十二。

除了一直以來延續的環運、工運，近十年臺灣社會激起最大熱情的社運大概是農業運動、反迫遷、反中資媒體壟斷等。青年對社會企業的熱衷則是臺灣最新的熱潮。這裡所指的社會企業有別於其他國家由NGO發展而來，是臺灣特有的，青年的、小成本、獨立經營、與地方共生的新型態生產方式。

太陽花之後出現的社會現象有哪些呢？首先是青年參政，不少太陽花參與青年投入地方選舉，以最少的成本，一步一腳印，走遍選區每一個角落的方式參選。第二，更特殊的是臺灣年輕一代，以他們的方式，重新看見、論述和肯認「臺灣獨立」——譬如史明先生所代表的臺獨意志和革命精神被重新挖掘，和賦予新的表達形式。

以具有理論潛能的修辭，我們大概可以說，近十年來，臺灣的年輕人處於一個拒斥全球化，並回頭重新發掘親近性（intimate）空間的過程。[8]而這樣的回返動能，乃源自於對全球化「抽象性」和「界線弱化」現象的不安和棄絕。

全球化有兩個重要特徵，界線的弱化和符碼的抽象化。簡而言之，流動空間的擴大，需要的是更抽象的符碼，以及越少的障礙。抽象性削減了特殊性（特殊性只能存在於小空間），也就同時減少了障礙；而已經有的界線，也必須去除，以求更快速的流動。因此抽象性和去界線（這是站在個人的位置來看）是全球化最醒目的效應。而「中國影響」恰恰是把「全球化效應」擴張到最大。在全球化脈絡下，臺灣和中國互動的過程裡，由於某些語言和文化的相似性，界線最容易消失。而中國的巨大，中央集權的政治體制和越來越開放的市場早就體現抽象性最大的弊病——人失去了人文的特質，成為巨流的一個分子（在天安門廣場上，人的存在盡可能地化約成一個點）。

我們可以說，臺灣近十年來的社會運動，不管是農運、反徵收迫遷、反中資壟斷臺灣媒體，以及太陽花之後青年投入地方選舉和新的臺獨熱潮，最明顯的對應對象，就是全球化效應，而中國影響是其中最迫切要面對的。我之所以不使用「抵抗」，在於我認為這一代青年對全球化的態度，不自限於抵抗，有時候也進行「跳過」。

前奏：「跳過」全球巨獸，重拾「親近性」空間

「跳過」是近年來在網路上經常看到的詞，代表年輕人一種新的處世態度，卻有他耐人尋味的政治意涵。網路上的「跳過」意味著，橫在眼前的，是一個難處理、難懂或自覺沒有必要陷在其中的對象；而我不一定要與他周旋，可以跳過。得以跳過的前提是，還有其他選擇和路徑，橫在眼前的，不是唯一選項。因此當全球化帶來的抽象性（包括金融巨流）與

8 Michael Herzfeld, *Cultural Intimacy: Social Poetics in the Nation-State*. New York & London: Routledge, 2005.

複雜的經濟體，堂皇越界入境，在各地衍生出更為繁複的在地政商網絡時，這一代年輕人，除了抵抗之外，還得以「跳過」的方式處理——「我可以創造另一個世界和視野」。跳過的前提是還有其他可想像的對象，換言之，也就是洪席耶所謂的可以被聽見和看見的事物的翻轉[9]。這是近十年來，反土地徵收、保海岸與農地以及在地發軔的社會企業的背景——跳過全球化的巨大，反過來尋求一個自我可以生活與創造的空間。網路空間層出不窮的創造性語言，太陽花運動期間立法院旁的藝術創作，都可視為這一代年輕人在既有系統裡創造自我空間與延伸其他視野的企圖。這些皆可被視為太陽花翻轉既有政治地景的前奏。

反國光石化、反農地徵收、居住正義、地方社會企業等等，如果可以被視做年輕人在全球化的巨獸恣意橫行時，欲重新奪回「我可以擁有的生活空間」的企圖。這樣的空間屬於更接近生活的具體性空間——也就是赫茲菲爾德（Michael Herzfeld）所謂的「親近性」[10]：土地、農業、飲食、地方產業、地方觀光以及之後的青年地方參政……。這種回返親近性空間的趨勢，表達了意欲把被隱匿的空間經驗，重提到可被感知的政治地景的企圖。一如洪席耶所言，美學的政治，涉及的是時間與空間，以及「經驗邊界」的界定[11]，也就是對共同經驗的政治性重分配。這是太陽花運動前後一貫的一股潛流，一股迴返親近性空間的趨勢與創造新的政治地景的企圖。

占領的政治隱喻

以社群的公共性而言，政治如果是一個有關什麼是該被看到與被聽到的展演，學生對立法院的占領，則可被視為以國家未來主人的身分，把他們的焦慮、挫折轉化成翻轉的能力，跨過了那個既定秩序的門檻，重新展現一個新政治空間的企圖。魏德聖導演送給占領同學的一封信，恰恰隱喻了這個意願：

> 那一晚，當學生用力踹開立法院的大門時，我感受到前所未有的衝擊與激動。不是因為學生強烈的手段，而是我深刻體認到一種捍衛臺灣的自覺行動就此展開了！
>
> 雖然到現在，對於服貿所影響的真正範圍與程度，我仍還是霧裡看花。可是，我明白、理解，而且支持這群冷靜坐在立法院議會裡的學生所要傳達的訴求。
>
> 對於這群年輕人的勇敢，我很服氣。

9 同注二，頁三九～四二。
10 同注八。
11 同注二，頁八～九、十三、十七、三九～四二。

然而，就自己以一介生活在這片土地上的平民老百姓而言，我還有某種必須坦誠並直視的真實情緒……那就是「害怕」。

我害怕以後沒辦法再聽見屬於自己土地的歌謠。害怕以後沒人再說屬於自己土地的故事。害怕以後再也聞不到屬於自己土地的味道。

而且，我也害怕自己必須離開家鄉，依附他人才能夠繼續生存。即使，可以賺到更多的錢。

我害怕。是真的很害怕。害怕為了賺大錢而失去原本的臉孔。

我曾經問過身邊的朋友：「你會在自己家裡的陽台種上一顆巨大的大樹嗎？你會在自己家裡的後院種上一整片寬闊的森林嗎？」

「其實，只要在這裡種上適宜的小花小草，也可以吸引蝴蝶的來迎。這樣不也是一種美好的生活嗎？」

這封信以隱喻的語言說明，對政治空間的占領，不是保存，也不只是抵抗，而是營造另一個空間：雖然是小花小草，但是只要他可以被看見，並且「值得」被看見。這樣的「值得」是建立在一種「主觀」的美感經驗和價值上的。

同樣地，在立法院裡的同學，隱隱以「主人」之姿，進行空間的襲奪與創造。他們不只是抵抗，而是意欲建立一種新的政治空間，也因此他們表現出某種秩序與創造性，雖然遭到一些街頭前輩們：「那麼乖幹嘛!?」的評語。但是這恰恰是這個世代不一樣的運動語法，他們的占領不只是「抗議」，還想要「創造」。「占領」是「創造」在空間上的先備條件，「空間」又允諾了「詩意」和「創造性」。詩意，出其不意的，即興的，目的不明卻蘊生於關係中，催促一個「新世界」的創生。這是三一八運動期間臺灣的學生「占領」立法院所表達的高度政治隱喻。

網路社群延伸到運動實境

網路是近年社會運動最主要的動員途徑，太陽花運動之後，臉書的角色也被大量討論，大部分集中在它的動員功能。一如一位年輕朋友所言，近年幾次的社運並沒有過去集體動員的模式，參與者都是在臉書看到訊息後自行衝到運動現場。我認為，這樣的動員不是一次完成的，臉書在平日即維繫了一個社群空間，不僅提供互動，每個臉友也在這個空間裡操練主體建構的過程。

臉書除了網路動員的方便性，到底成就了什麼？臉書和其他社群媒體的差異在哪裡？臉書具有我稱之為：「每日的詩意創作」的功能。每天，每個人在自己的園地裡，就時事、自己的生活周遭做一次「再現」。換言之，同一則新聞，不同人的再現是迥異的。而底下臉友的留言，通常依著貼文作者的「再現」，再做出延續或出其不意的轉折。解讀和再現，目的是要擊中臉友的感知，作品本身就是目的之一。底下的留言，通常是按照樓主（原貼文者）的語境與語氣，形成一種有來有往的連續創作。這種即興、一來一往的互相捕捉、同音異義字、反諷和比喻等等的遊戲，經常出其不意的開出另一個文本的出口。

臉書維持了一個臉友社群的親近性空間。在這裡，臺灣成為一個以語言（臺灣特殊的網路語言）和政治社會事件為邊界的社群，和每一個個人的日常生活互相穿插。國事、家事、朋友和生活的趣事，做為臉書主要的創作素材，每一位作者感受到他的表達、回饋、啟發，以及合作、攻擊、讓步等等……，享受詩意、即興以及靈感的觸發，而這恰恰是一個主體建構的過程。透過經驗每一層的「社群界線」：個人的、群體的、友朋的、民族的，以及互動下建構多元觀點，感受個人和群體的距離和關連性。他們正在手工鍛造認同（Crafting their identities），以一種即興、遊戲和詩意的方式。

在這個目前堪稱自由的空間裡，詩意就是生命的出口，一個外溢於既有結構，又創造另一個結構，且不斷地創造、更新的生命過程。因此臉書的創作空間，給了作者們一個日日更新的生命，也讓作者們更有能動性地觀看、溝通和形塑社群感，理解到詩意和政治的創作性關連，體會語言在感知上的效力，以及形塑結構（或政治）的能力，……那麼可以說……太陽已經不遠了。

臉書的網絡密度分析顯示多中心的分配，讚美和挑戰是臉書的常態；臉書上百家爭鳴，各有各的風格，合者即來，不合者即去。這些經驗，延伸到實境，得以理解為何太陽花運動期間有別於過去社運的封神型態，「神」不再是唯一唯二的精神領袖，而是隨時遭到網友各種Kuso加工的暫時性注意力集中之處。一如臉書空間隨時可以開出新的出口，立法院現場也不斷加入新的議題，次團體也不斷增生，新的意義和政治空間也不斷地被生產出來。譬如原住民青年在捷運善導寺三號出口的「占領講堂」；另外，大腸花則是其中最醒目的反修辭。太陽花不只是太陽花，他增生了多重意義和多重的政治結構和政治動能，版本在個人和集體和次團體之間來回伸縮和聚焦。這是一個多重版本、互相滲透、顛覆的運動。除了焦點的監督條例之外，太陽花也生產出憲改運動，新政團投入選舉，青年的地方參政，臺灣獨立的熱情，臺灣吧，網路募資與青年創意，地方社會企業……還有最具原爆力的——原運朝向「原獨」發展（參見本書Nakao Eki Pacidal的文章）。

青年與地方的潛流

近年陸續有年輕人回到地方創建屬於他們自己的社會企業，不一定是回到自己家鄉，而是尋求一個適宜生活與創造的空間。有別於歐美的社企從NGO發展而來，臺灣年輕人的社企有幾個特點：單獨或三、五年輕人合作創業，結合地方或鄰里的公共事務，挖掘地方既有的文化和產業脈絡並進行活化再創造，和地方形成某種共生的連結。

同樣是鑲嵌在地方社群，他們和二十幾年前臺灣解嚴後的地方社區運動有哪裡不一樣呢？這些組織經常舉辦跨地域參與的活動，經由網路傳播，參與者不侷限於所在的社區，甚至來自臺灣之外。他們並非可以號召百人志工的基金會，比較是小本、少數人經營，有營利性，具公司型態與股份募資。對社區的融入不是以義工的形式，而是透過某種「交換」，譬如青年旅館提供某些打工換宿的機會，工作內容即和社區相關。舉辦活動的內容包括，深度小旅行，給背包客long stay，幫忙當地農產品升級，有機地提供社區服務，譬如幫助老人打掃，整理農田，照顧小朋友，或是提供來自各大學同學田野調查的機會和食宿，彈性多元而有機的運用資源。企業型態也會隨著對社區的涉入程度而逐漸增生組織，譬如南庄的一家青年旅館，老寮，就增生了農產品企業組織，包括種植、加工和銷售。這個供應鏈不是個體經營，而是鑲嵌在地方既有的產業和社區組織當中。其目的，不只是個人的營利，還增加了個人和社群的共享機制以及社群本身的存續性以及地方空間的適意性。

這些社企組織不僅輸出服務，也提供當地和外來者一個流動、開放的空間，讓人在那裡相遇、交換資訊與資源。有點像網路世界的開放性，允許有機而偶發的連結和生產。在那個空間，「工作」不是結構式的規畫，而是「關係性」的連結和碰撞即興生產，譬如老寮強調靠山吃山，開啟山林的豐富意象，意識到客家族群的文化特性，等待來自不同地方的人，互動出下一波的企業生產概念，一如隨創（bricolage）的生產過程。

有別於上個世紀九〇年代地方社區運動刻意避談政治話題，以求擴大地方參與，這一代的年輕人不一定排斥政治，甚至碰觸政治禁忌。不管是舉辦活動的性質（譬如老寮舉辦過和史明有約），還是歷史詮釋（舉辦二二八相關展覽和五〇年代白色恐怖座談），他們的經濟實作也勾連政治藍圖，期待地方產業鏈的完備可以留下更多年輕人在地工作，而年輕人將是政治地景更新的先決條件。他們對地方脈絡下的公民權也有一些在地的想像，而非單純概念上的政治。他們上網推展活動、募資，並推動各據點的聯合，不斷地增生組織。若親臨實境，你難以視他們是失意於全球化，而退縮到地方的魯蛇。反而感受到生產的積極性，不管是意義的、網絡的或產品的。透過網路的輔助，這些地方空間呈現出開放性和連結性，因此對這一代社企工作者而言，「地方」並非侷限的代名詞，**反而成為經濟、政治和意義的生產基地**。

就如藝術家的政治鬥爭一般，這些回返地方的工作者，企圖翻轉過去「工作」的概念（一位年輕朋友說，他的雙親甚至不大認可他做的是一份「工作」）。不僅跳過全球化的大資本結構，回返地方空間，實踐了何謂生產——除了以物質為媒介的做工，**並以此為社群意義**

的自我呈現——一個生產的真義。

透過比較，或許可以清楚地領略，這一代年輕人的「地方」經營，擺脫了過去一些評論中對「本土化」的指控。他們的世界圖像不是封閉的，而是不斷倒轉內與外的空間感。全球化的抽象性帶來的虛空和挫折，將他們震回到地方社群，在此他們經驗不同空間的質感、美感和詩意。就如同種田不只是種田，地方也不只是地方。而是回返到「內邊」，經驗「厚度」，發展特屬的修辭。他們生產意義，改變一般人的感知能力，發展不同的政治地景，這就是美學政治。臺灣特殊的屬於地方社群的社會創意正默默地開展一個新的美感經驗和政治型態，這也是太陽花得以繼續茁壯的土壤之一。

開放和本土對立的虛妄性

臺灣解嚴後興起的本土化，曾經被某些評論視為一種退縮或封閉。這一代年輕人承襲了上一代累積的知識與政治視野，具備更優厚的地方資產。而其鑲嵌在新的全球化脈絡下的表達，反而幫助詮釋了「本土」更寬廣的認識論和本體論。

雖然回到地方，這些年輕人仍舊使用網路。網路上的往外延伸和身體的回返地方同時並存，這些都提醒我們，需要一個哲學層次的空間詮釋來理解這個新現象。我借用了巴舍拉的空間現象學，他以「詩意的空間」（*La poétique de l'espace*）為名，貢獻了「在裡面和外面之間辯證」（Dialectique du dehors et du dedans）的哲學思辨，恰恰可以幫助我們理解「開放」和「本土」對立的虛妄性。[12]

他說，如果我們把裡面和外面視為一種地理上的對立，其實是一種具攻擊性的說法（La simple opposition géométrique se teinte d'agressivité）。他現象學的出發點是：當我們說「在那裡」時，重點是「在」還是「那裡」？兩者其實是互為消長的。當我們的感覺圈限在「在」（être）的時候，我們會想要「出來」，也是就要離開「那裡」。才剛從「存在」出來，我們又想回去「那裡」。所以在「在」（être）的層次，所有的事物是循環繞路的，回返的。[13]這段論述，包含了我們熟悉的關鍵字：「回返的」，「繞路的」。前者和我們即將要處理的地方政治有關，後者和現代性的抽象性引起的挫折有關（全球化的某些結構實為抽象的直線矩陣的增生）。

他又說：在這樣的迴旋存在狀態，「自我」好像是一個中心，但是卻是永遠到達不了的中心。當我們想要回返到自我時，我們無法確定我們是否比較靠近「自我」了？[14]換句話說，

12 Gaston Bachelard, *La Poétique de l'espace*. Paris: PUF, 2009.
13 同上注，頁一九一～二〇七。
14 同上。

中心就像磁場裡的中心，沒有實存，只是一個參考點。因此你從來無法擁有或占有它。他借了詩人米修（Henri Michaux）的詩：在哪個「外面」我們得以逃逸？在哪個裡面我們得以被庇護？空間就是一個介於裡面和外面的恐怖的東西[15]。

因此，哲學家進一步以「自由」和「安全感」以及「廣漠」和「深度」來逼近這個「裡面」和「外面」的辯證。他問：在自由和安全感之間，我們存在的深度是什麼？我們實需要不斷地更新「廣漠」（平行）和「深沉」（垂直）的相互辯證來進行「表達」[16]。

對於開放和本土之間的關係，這一段哲學論辯給了最貼切的詮釋。所謂「本土」和「開放」之間的切換，本來就是表達的過程，而且屬於不斷需要更新的生命狀態。透過空間的更換，我們離開慣習，進入和新空間的溝通。他說，這不是「地方」的更換，而是一個「心理屬性」的更新。一旦空間得到更新，我們需要大量的想像來活躍這個新空間[17]。就是這樣不同的屬性，以及對立想像的衝突，而產生了戲劇性。因此，在這個不斷喊開放的時代，回返地方，不是退縮到母土，更可能地是啟動想像的來源。

透過詩人的詩，哲學家得到了意象上的啟發，大意是：

> 外面的世界有多寬廣，裡面就要多深，才不致於失衡。就像你走在沙漠，一片片山、沙子，乾枯的河，小石礫，堅硬的陽光。這個宇宙，這些分散的景致，你是要如何

編進你內部空間的景深當中？是要如何把世界廣袤的景觀和內心空間的深度聯繫起來？[18]

個人內心的景深是無限的，地方的容量也因此看不到疆界，這樣的深度也不是尺量的，而是經驗的、美學與詩意的。在這裡，哲學家和詩人給了我們「開放」與「回返」的深刻啟發。因此「本土封閉」說，欠缺的是空間現象學的認識論。議題因此不在於該不該回返，而是回返與開放之間的政治過程，它是生命透過「開啟」和「回返」的藝術政治學。

哲學家又說，人的存在需要去「固著」狀態，我們甚至可以說所有的表達即是為了「去固著」。當一個表達被呈現後，你又需要另一個表達。因此「存在」即是處於不斷表達的狀態，因此去固著是生命的趨向。換言之，回返和開放不是地理的，而是心理屬性的。因此不是只有回返有固著的可能，開放和流動也可能成為「固著」。「固著」不是地理學的，而是意象的固著。因此巴舍拉引波菲利（Porphyre）詩的片段：「門檻」是神聖的，我們以不斷浮

15 同注十二，頁一九五。
16 同注十二，頁二〇一。
17 同注十二，頁一八七。
18 同注十二，頁一六九。

現的意象來更新自己[19]。

從這裡，我們可以連結到臺灣原住民神話的宇宙論，不少神話都述及了宇宙是不斷撐開的空間。其中一個神話說，天空是以米椿撐開的，就如同「裡與外的辯證」不斷撐開我們生活的空間。因此，回返與開放，是一個生命的動感與辯證，我們需要忖時度方來判斷。只有經由回返並深化景深與經驗厚度之後，**重新面對的「開放」，才是「有根」的伸展**。有如樹木的枝葉和根的互動，**一個開展與深化的辯證**。這是一個自我生命政治的判斷和行動。如果使用洪席耶的政治表達，即是：「共同的世界，是一連串行動的沉澱。是關於我們要如何生活，該活在什麼空間的論辯後的分配」。[20]

巴舍拉的空間現象學補充了洪席耶的理論，挽救了洪席耶的美學政治流於「話術」的陷阱，後者過度將轉化「政治感知」的能力置放在語言。如果我們無需任何憑藉，即以語言來改變政治地景，將使得政治失去「社群的根」。是的，不管是空間現象學的內、外倒轉，還是神話裡米椿搗出的空間，都是一個社群建構的真義。**一個既紮根又開放的互相建構**。如果某個時刻，「回返」成為社群的自我呈現的一部分，並不是因為政治語言本身的能力，而是它本屬生命政治的一部分，**是我們橫向感受社群成員的相互性義務與相應的關係性美學**。因此它能引起潮流，也能激起想像，帶給年輕人一個更新政治地景的機會。

烏托邦不是一個地方，是一股動能、一首詩……這是政治的命運

親近性空間的尋求，網路空間的詩意與認同鍛造，回返地方激起的想像動力與生命政治等，這些被我視作是太陽花的土壤和伏流的所在。人作為主體，如何啟動這些場景和所在?「好玩」是一個關鍵動力。赫伊津哈（Johan Huizinga）的《遊戲的人》（*Homo Ludens*）是少數處理「玩」與「遊戲」充滿啟發的著作。對赫伊津哈來說，詩歌是一種「玩」，透過音與意的張力，根與枝的追逐，而鋪陳它的軌跡。他舉出韋坦島（Wetan）的一種曲子，一部扮演枝葉，一部扮演根部，文字的音與意做為遊戲變項，兩段互相追逐。詩意恰恰產生於這樣的動態，這種充滿偶發的追逐和創作，溢出直線的推理，讓詩意就像一刻間的神奇、沉醉、出神……這樣的遊戲動態，寓意在根與葉的關係美學裡。[21]

而我認為在赫伊津哈的遊戲與詩意裏，「平等」是好玩的前提，也是不可或缺的因素。恰恰因為「平等的機會」所造成的不可預期性，才能激起創作動力，就像詩的追逐與對立。

19 同注十二，頁二〇〇。

20 同注二，頁四〇～四二。

21 Johan Huizinga, *Homo Ludens: A Study of the Play-Element in Culture*. Boston: Beacon Press, 1995.

這也是為何全球化一方過於強大的賽局，將手中無產的青年排除在外。年輕一代對這樣不平等的遊戲，也難興起追逐的興趣。轉而在親近性裡，尋找一個更有可能的機會，展現他們才能與創意。也是這樣的動機，讓三一八期間立法院周邊被迅速改造成一個「玩的空間」，塗鴉、嘲諷和行動劇……。

遊戲的動能，詩意的創造，開放與回返的辯證，這些都是「動能」的展現。「動」也是偶然性（contingency）和詩意的前提。巴迪歐（Alain Badiou）在「德勒茲的生命的本體論」（L'ontologie vitaliste de Deleuze）裡說，在德勒茲的哲學裡，生命本身沒有生命，而是「運動」。又說，「生命是永遠有開口的，任何封閉都不可能完全」，「真正政治的命運是壓在她對詩的態度的堅定上」……[22]

生命不斷地在開放與回返間相互震盪，更新其想像，追逐與創造，溢出結構，開出新的出口。似乎生命的意涵，不在於尋求一個「地方」，而在於他的動力、軌跡和過程，他的判斷和創造，他的結構性和解構性。我們似乎也可以說，烏托邦不是一個地方，而是一股動能，一首詩，一如語言的永無止境。如巴迪歐所言，語言肩負著開啟和關閉的辯證，透過意義的定著，它關閉；透過詩意，它開啟。這也就是為何政治的命運是壓在她對詩的堅定態度上。[23]

日常的詩意與親近性如何推擠出「臺獨意識」

透過前面的論述，我們企圖從日常找出太陽花的伏流：一個回返的美學，一個更新的政治動力，以期釐出臺灣隱藏版的歷史脈動與相位，期待從歷史的長流分辨島嶼的方向。而在這個新的路徑裡，「詩意」和「親近性」（intimacy）是當代更新政治的生命動力所在。她們不是終點，具有推擠出較為鉅觀結構的動能：在現有臺灣的地理政治與歷史向度之下的抉擇。

何謂「親近性」？這是一個在日常裡才可能展演的文化特質，在小空間裡的感知和思維同時互動下的生產。人類學家赫茲菲爾德告訴我們，談「詩意」或「親近性」，必須先理解他們在歷史上的命運。當人們因為印刷術而晶化文化或語言時，即是把「時間向度」與因應的「即興」抹除。「詩意」因此被文本化，「親近性」也從歷史上退場。這種印刷的晶化，成為西方理性的特徵。[24]也因此「親近性」和「詩意」不被擅長處理結構的學術研究所重視，

22 Alain Badiou, *Court Traité d'ontologie Transitoire*. Paris: Seuil, 1998, 61-72.
23 同上，頁一九九。
24 同注八，頁一八四。

卻是造成政治結構轉化的日常做工。我們即是要借助赫茲菲爾德的觀點，嘗試探索以詩意和親近性鋪陳的日常活動如何形塑結構。換言之，日常如何激發出太陽花，而太陽花所代言的歷史伏流又如何推擠出「民族的界線」——即臺灣新一代的臺獨傾向，表現在太陽花後，對臺獨意涵的重新詮釋和肯認。

赫茲菲爾德說，社會詩意，不是意味著社會互動在使用修辭學，而是整個互動就是一個修辭的過程……從字源學來看，詩意poetics來自Greek的動詞，是action（poieô）的意思。由此拉近了「行動」和「修辭」之間的關係。修辭就是行動的句法，因此修辭也形塑了結構。[25]如果我們記得這個詩意的字源學，就可以導向理解「詩意」（修辭）如何形塑與創造社會關係的問題。也就是行動、形式和結構的問題。

所謂的詩意與即興，是在一個小距離空間的文化展演。那裡人與人的互動，充滿著時間追逐的韻律，個人情感的波動，和生命的起伏。詩意和即興的創造性因此才有可能。這樣的小空間，我們可以在網路的媒體社群找到，也可以在地方生活裡察覺。這也是為什麼，空間越大，越是按照標準程序，結構也越嚴謹，年輕人因此只能回頭在親近性空間，在地方尋找創造場域。只有在即興的創作裡，人能夠發揮生命的創意和衝勁，找到改革更新的動力，並在多重界線當中，練習手工藝般的認同鍛造，建構主體，得以挑戰更大的權力結構。

當這一代年輕人逐漸理解全球化產業鏈對個人而言的巨大與虛空，即興與創造性不是不被允許就是不容易被看見。他們轉而尋找網路社群和地方空間，以實踐一個較為平行關係的互相激盪與創造性。這是近十年來的社會運動和社會風潮的走向。這樣的日常實踐，讓這一代逐漸產生對「巨大」的「整合市場」的警覺，捍衛自由的創作空間以及對「自我主體建構」經驗的珍視。除了反土地徵收之外，年輕人開始學種田、接近農民、學習碰觸真正的土地以及素樸地建立人與人的關係。**除了是親身經驗厚度掘開內部景深之外，也是一個體驗生命政治的追求**——社群關係裡相互性義務的必要。**也就是將過去一直朝外的垂直性離心力，翻轉為感受社群裡橫向的關係性美學的意願。**在這個集體意願的背景下，「和中國市場整合」隱含的巨大和虛空，加上中國對自由空間的箝制，帶來的不是機會的想像反而是難以言喻的恐懼。太陽花就是在這樣的趨向親近性的「經驗之流」急速碰上強行通關巨型結構的「政治暴力」的撞擊之作。這是一個有默契的集體抉擇也是歷史的分流，而這樣的正面碰撞把隱隱的日常經驗之流立刻推擠到意識面與政治面：一個尋求「界線」，庇蔭生活空間的意識逐漸成形。一個當代脈絡下的臺灣獨立意識型態也逐漸浮出於新的政治地景之上。

　　赫茲菲爾德提醒我們，「國家」經常被過度抽象表達，學術上也不例外。譬如我們經常

25 同注八，頁一八六。

說：國家vs.人民。然而忘記了，是「人」實踐出國家的樣態。[26]如果國家的制度，背離我們的生活，人的實踐和制度扞格，那麼這個國家正在流失他的實踐者。這也是為何，法律（做為一種制度）和行動的人，是一個互相追逐的關係。當國家制度無法含攝生活時，人民主體，總是可以用律法的語言，不斷地創造新的制度。公民權的真諦在此，而「愛國」的基礎也在此。這是為何太陽花之後，我們不斷地進行公民權的文化與法律的生產。而《中華民國憲法》失去含攝生活的能力也暴露無疑，衍生後來的憲法改革運動。

確保親近性和詩意空間的意願和實踐，衍生出意識型態（臺灣獨立）的鑄造，以及制度（合身憲法）的調整，這是一個創造的循環。因此國家是一直在「形成當中」，「公民」也一直在進行國家認同的意義生產。國家認同，不是一個既定的形象，是一個不斷實踐和創造的軌跡。

也因此，我們說，太陽花就是一個拿回定義國家的行動，也是聯繫制度和行動者關係的行動，並隱含一個自由創作的生活空間的確保。所謂「生命政治」的表達，就是不斷地在制度裡，體認到社群的相互性義務，以及社群和外部連結關係，以人的創造力不斷更新制度和結構，生產新的意義，表達生命力。因此太陽花無形的說服力在此：透過立法院裡面和外面的共同性創造，以及二十四天裡不斷地意義和議題的生產，他的創造性勝於抵抗性。這些無形的氛圍無法以顯性語言表達，也無法臨時製造。他是臺灣經過民主化、本土化的涵養，自由空間的創作動能，以及全球化的挫折後，累積的背景值自然生產的政治動能。

在國家制度與日常詩意之間的引路人，無非是具有文化與政治動能的「社群」，在當下也就是「民族」。當我們意欲以詩意來連結制度與日常兩個端點時，「民族」提供了最佳的橋樑。太陽花從反對一項「國家失守」的法律程序，卻開展出「民族熱情」的重新創造，有其軌跡可尋。而太陽花的意義也在日常與結構、詩意與文本這兩個端點之間，自由擺盪。生命政治的表達推擠出地理政治的界線維持，自由空間的維繫衍生出民族社群的想像，成了太陽花的震盪創造出的傑出地貌。

回過頭來看，統治者最難進入的空間也是這種難以結構性駕馭的親近性空間，難以意識型態馴服，也無法即時進入當中的互動文化。這種內向知識的親近性給予安全感和親密度，也是地方文化或網路空間必須被確保的原因。透過親近性空間生產自我的知識，也透過它自我展演，它給予主體建構最重要的操練場所。而「中國」給臺灣年輕人最大的威脅也在此——一個受管制威脅的空間。

詩意本身的顛覆性，在於它的出其不意，它的意欲精采，它的曖昧與不落入俗套。一旦允許它進行對政治的嘲弄，它將成為翻轉政治結構的前身。當我們的政府越靠近中國，

26　同注八，頁八～十四。

中國的硬性治理文化越影響政府的決策方式，國家的異化也越嚴重。這將只會引發人民以即興、遊戲和詩意推擠出的動能去顛覆它，以證明人民主體的存在。

如果社會運動是日常生活之流一個特殊的推擠，推擠出一個新的政治地景。那麼我們也在日常裡看到他的基底、伏流和背景：一個跳過全球化抽象性，回返地方空間的生產，以及空間現象學對這個回返視野的擴大。生命動能對國家制度的創造與顛覆，最後民族做為詩意和制度之間的最佳中間項。以洪席耶的話來說，就是把臺灣獨立，這個潛在的可感知事物，轉變成社群的自我呈現。而其本體論的基礎，就在我們前述的全球化結構的不平等關係所引發的挫折，生命中詩意與親近性空間的不可或缺，回返對深度和厚度的追求，生命政治協調地理政治的抉擇。「轉向臺獨」要在這個視野底下被理解，一個日常詩意的自由空間與創造對形塑制度的不可或缺。這就是這一代年輕人的「愛臺方法論」。

因此，臺灣獨立，這個「被懸置的美感」經驗的重啟，必須以不斷地回頭關照日常的、多元縫隙的、動態的、自由的和親近性空間的確保。任何教條與權威都將傷害它的基底。不需聲嘶力竭，無需害怕。這個從日常到制度，從詩意到文本的過程，在現行地理政治的結構底下，她只能推擠出臺灣民族的山。

我謹以湯湘竹導演的兩部片名：山有多高？海有多深？來做這個注解。

參考書目

Bachelard, Gaston (2009). *La Poétique de l'espace*. Paris: PUF.

Badiou, Alain (1998). *Court Traité d'ontologie Transitoire*. Paris: Seuil.

Huizinga, Johan (1995). *Homo Ludens: A Study of the Play-Element in Culture*. Boston: Beacon Press.

Herzfeld, Michael (2005). *Cultural Intimacy: Social Poetics in the Nation-State*. New York & London: Routledge.

Rancière, Jacques (2006). *The Politics of Aesthetics: The Distribution of the Sensible*. Gabriel Rockhill, trans. London: Bloomsbury.

相關大事年表

一九二〇	七月	《臺灣青年》創刊。
一九二一		臺灣議會設置請願運動。
	十月	臺灣文化協會成立。
一九六〇		設立《獎勵投資條例》。
一九六六	十二月	於高雄設立臺灣第一個加工出口區。
一九七一	十月	中華民國退出聯合國，席次被中華人民共和國取代。
一九七三		第一次石油危機，後續引發已開發國家經濟衰退。蔣經國開始推動十大建設。
一九八一		同意以「中華臺北」名稱參與國際賽事，蔣經國「彈性外交」政策逐步確立。
一九八二	一月	鄧小平提出「一國兩制」主張。
一九八五	九月	美、日、英、法、西德五國簽署《廣場協議》，影響日幣大幅升值，間接形成亞洲經濟區域化。
一九八六	九月	民主進步黨成立。

一九八七	七月	解除戒嚴。
一九八八		服務業就業人口首度超過製造業。
		承認國際現狀，加強與邦交國關係，李登輝開啟「務實外交」政策。
	六月	中國國務院公布「關於鼓勵臺灣同胞投資的規定」，為臺商赴大陸投資提供法律保障與政策條件。
一九八九	四月	開放外匯管制。
	六月	（中國）六四天安門事件。
	七月	行政院設立「公營事業民營化推動專案小組」，開啟國營事業民營化過程。
	十一月	「亞洲太平洋經濟合作會議」（APEC）成立。
一九九〇	一月	臺灣申請加入「關稅暨貿易總協定」（GATT）。
		正式公布《對大陸地區間接投資或技術合作管理辦法》，有條件開放臺商間接對大陸投資，一定程度上促進臺商對大陸投資的發展。
	二月	二月政爭；李登輝召開國是會議。
	三月	野百合學運，提出訴求為：解散國民大會、廢除臨時條款、召開國是會議、政經改革時間表。
一九九一	二月	國統會通過國統綱領。
	三月	海基會成立。
	四月	廢止《獎勵投資條例》。
	五月	第一次修憲，國會全面改選、規定兩岸人民權利義務；廢除動員戡亂時期臨時條款。

一九九二	十一月	臺灣以「中華臺北」名義加入APEC。
		通過《臺灣地區與大陸地區人民關係條例》，簡稱《兩岸人民關係條例》。
	一月	（中國）鄧小平南巡談話，重申改革開放；四月中共十四大會議中，正式提出以「建立社會主義市場經濟體制」為改革目標。
	五月	第二次修憲，總統任期改為四年；開放省長及直轄市長民選。
	十月	海基會與海協會於香港展開第一次非官方接觸，埋下日後「九二共識」爭議因子。
	十二月	萬年國會告終，立法委員全面改選。
一九九三	四月	海基會、海協會於新加坡舉行「辜汪會談」。
一九九四	八月	第三次修憲，確定總統直選、罷免案須由國民大會提出，經人民投票同意；總統發布任免命令無須行政院長副署。
	十二月	臺灣省長、北高市長首次民選。
一九九五	一月	「世界貿易組織」（WTO）成立。
一九九六	五月	李登輝當選中華民國第九任總統，也是臺灣第一位民選總統。
	七月	香港回歸中國。
	九月	李登輝提出「戒急用忍」政策。
	十二月	國發會決議凍省、取消閣揆同意權。
一九九七	七月	第四次修憲，由改良式內閣走向半總統制；取消教科文預算下限。
		亞洲金融危機，持續至該年十月。
一九九九	七月	李登輝發表「兩國論」。

	九月	第五次修憲，國民大會代表通過延長任期的「自肥案」。
二〇〇〇		「台灣原住民族政策協會」（原策會）成立。
	三月	陳水扁當選中華民國第十任總統，第一次政黨輪替；針對兩岸關係，陳水扁提出「四不一沒有」政策。大法官會議宣告第五次修憲因違憲失效。
		兩岸經濟政策鬆綁，「戒急用忍」調整為「積極開放，有效管理」。
	四月	第六次修憲，修憲提案權從國民大會轉移至立法院。
二〇〇一	八月	台灣團結聯盟成立。
	十一月	WTO杜哈回合貿易談判，持續至二〇〇五仍未達成協議。
二〇〇二	一月	臺灣與中國同年加入WTO，但後續因杜哈回合談判失敗，各國逐漸轉向多邊／雙邊貿易協定，中國開始與臺灣展開ECFA談判；東協亦與中國簽署「東協－中國全面經濟合作架構協定」，「東協加一」模式因應而生。
	八月	陳水扁提出「一邊一國」主張。
二〇〇三	六月	香港和中國簽署「內地與香港關於建立更緊密經貿關係的安排」（CEPA）。
二〇〇四	二月	青年樂生聯盟成立。
		綠營發起「二二八牽手護臺灣」活動。
	三月	陳水扁當選中華民國第十一任總統。
二〇〇五		中國首度超越美、日，成為臺灣最大貿易夥伴。
	三月	中共人大通過並實施「反分裂國家法」。
	四月	國民黨主席連戰率領代表團赴北京與當時中國國家主席胡錦濤會面，發布〈「胡連會」

		新聞公報〉，開啟國共合作關係。
	六月	第七次修憲，立委席次減半、任期改為四年、選制改為單一選區兩票制。
二〇〇六	一月	陳水扁宣布對中經貿政策為「積極管理，有效開放」。
	二月	國統會中止運作，陳水扁宣布廢除「國統綱領」。
	九月	紅衫軍倒扁。
二〇〇七	三月	陳水扁提出「四要一沒有」。
		美國次貸金融危機，引發全球金融海嘯。
二〇〇八	三月	馬英九當選中華民國第十二任總統，提出「新三不政策」；第二次政黨輪替。
	六月	海基會董事長江丙坤、海協會會長陳雲林於北京舉行第一次江陳會談，針對多項攸關兩岸交流議題達成共識，包括兩岸包機直航、大陸遊客來臺等，並將推動兩岸合作在臺灣海峽海域探勘開發油田。
	十一月	三日，海協會會長陳雲林來台參加第二次江陳會談，因過度維安導致民眾不滿並引發衝突。六日，學生於行政院前靜坐抗議，被清場後轉至自由廣場，開始「野草莓學運」，持續至翌年一月四日。
二〇〇九		歐巴馬透露「重返亞洲」企圖。
	一月	臺灣守護民主平台成立。
	三月	經濟部提出「海峽兩岸經濟合作架構協議」（ECFA）草案內容。
	四月	於南京舉行第三次江陳會談，針對共同打擊犯罪及司法互助、兩岸定期航班、兩岸金融合作等議題進行協商。

	九月	高雄電影節放映熱比婭紀錄片《愛的十個條件》，國臺辦與臺灣旅遊業者同步對市政府施壓。
	十二月	於臺中舉行第四次江陳會談，完成簽署《海峽兩岸標準檢測及認驗證合作協議》、《海峽兩岸漁船船員勞務合作協議》、《海峽兩岸農產品檢驗檢疫協議》。
二〇一〇	六月	於重慶舉行第五次江陳會談，簽署《海峽兩岸經濟合作架構協議》（ECFA）；三十日，公民團體「兩岸協議監督聯盟」（兩督盟）成立，為最早專門監督兩岸協商的單一議題組織。
	七月	苗栗竹南大埔自救會、苗栗後龍灣寶自救會、台灣農村陣線等多個團體發起「臺灣人民挺農村七一七凱道守夜行動」，夜宿凱達格蘭大道，訴求「還我土地正義」、「停止圈地惡法」。
	十一月	亞太經濟合作高峰會中，歐巴馬提案，與會九個國家同意，將於二〇一一年完成「跨太平洋戰略經濟夥伴關係協議」（TPP）綱要，成為亞太區域內小型貿易組織。
	十二月	於臺北舉行第六次江陳會談，簽署《海峽兩岸醫藥衛生合作協議》，並決定成立協議落實的檢討機制，但在經濟合作方面仍無法達成共識。
	十二月	阿拉伯之春。
二〇一一	九月	占領華爾街運動。
	十月	於天津舉行第七次江陳會談，簽署《海峽兩岸核電安全合作協議》。
	十一月	中國企圖令東協加一深化為《區域全面經濟夥伴協定》（RECP）。
二〇一二	一月	馬英九當選中華民國第十三任總統。

六月　美國國防部長潘內達在亞洲安全峰會閉幕時，再次清楚表達「亞太再平衡」的戰略。

七月　旺中併購中嘉案、旺中媒體干涉新聞言論自由、旺中負責人蔡衍明個人親中言論，引發持續至年底的「反媒體壟斷」運動；抵抗「中國因素」的論述在此運動過程中被明確提出。

八月　於臺北舉行第八次江陳會談，簽署《海峽兩岸投資保障和促進協議》及《海峽兩岸海關合作協議》；另共同發表「人身自由與安全保障共識」。

「原住民族青年陣線」（原青陣）成立。

二〇一三

年初　（香港）占領中環。

六月　二十一日，海基會代表林中森、海協會代表陳德銘，於上海簽署「兩岸服務貿易協議」，當日兩督盟與各社運團體開始舉辦抗議活動。二十五日，立法院做出結論：「服貿協議本文應經立法院逐條審查，逐條表決。」二十六日，多位出版、文化界人士聯署反對服貿黑箱作業。

七月　二十三～二十六日，陳光誠抵臺訪問，並於立法院、臺灣大學和成功大學發表演說。

月底，社運團體及學校社團分別結盟組成「反黑箱服貿民主陣線」（民主陣線）、「黑色島國青年陣線」（黑島青），要求退回服貿協議。洪仲丘事件，「公民一九八五聯盟」發起白衫軍運動，分兩次遊行：二十日「公民校召」、八月三日「萬人送仲丘」晚會。

八月　大埔強拆事件滿月，農陣等團體在凱道舉辦「把國家還給人民，八一八拆政府行動」，後續發展出「八一八占領內政部」事件。

九月　馬王政爭。

二〇一四	三月	十七日，國民黨立委張慶忠強行宣布「服貿協議」通過審查。十八日，「半分忠事件」引發民眾不滿，晚間一群學生與公民團體衝入立法院，占領議場直到四月十日；之後媒體稱為「太陽花學運」。其間，部分原運分子至捷運出口另闢「占領講堂」；二十三日晚間，數百民眾衝入行政院，警方以暴力驅散鎮壓造成多位參與者受傷，引發公眾憤怒。三十日，五十萬人聚集與總統府前，要求退回服貿、召開公民憲政會議。
	五月	林飛帆、陳為廷、黃國昌等多名學運參與者成立「島國前進」，延續反服貿及修正公投法等訴求。
	六月	國臺辦主任張志軍訪台，黑島青及數個反服貿團體發起抗議活動。
	七月	為抗議觀光局將二〇一四訂為「部落觀光元年」，原青陣月初召開記者會要求說明，並進行「觀光觀光局」活動。
	八月	花蓮縣政府逕自安排中國廣西壯族自治區團體，到阿美族祭典上進行歌舞表演，引發部落青年反彈，馬太攻守聯盟並發起網路聲援活動；最後廣西壯族團僅以觀禮身分參加。
	九月	（香港）為爭取真普選，大學生、中學生展開罷課，占中提前引爆，稱為「雨傘革命」（或稱雨傘運動）。
	十月	「民主陣線」改組為「經濟民主連合」。
	十一月	九合一大選，執政黨大敗，青年參政、第三勢力興起。
二〇一五	一月	時代力量成立。

	三月	社會民主黨成立。
	七月	反黑箱課綱運動。
	十一月	馬英九與習進平於新加坡會面。
	十二月	布農族 Tama Talum（王光祿）獵槍事件，判決出爐，引發學界、社運界連署聲援。
		《亞洲基礎設施投資銀行協定》正式生效，「亞洲基礎設施投資銀行」（AIIB，亞投行）宣告成立。
二〇一六	一月	蔡英文當選中華民國第十四任總統，第三次政黨輪替。民進黨首度立院席次過半。
	二月	（香港）農曆年間，攤商與警方爆發衝突，稱為「二〇一六農曆新年旺角騷亂」，亦稱「魚蛋革命」。

左岸時事 234

照破 太陽花運動的振幅、縱深與視域

策　　畫　台灣教授協會
主　　編　林秀幸、吳叡人
作　　者　吳叡人、蔡宏政、吳鴻昌、林峯燦、湯志傑、吳介民、廖美、何明修、
陳吉仲、Nakao Eki Pacidal、黃丞儀、林佳和、彭仁郁、林秀幸
（依文章順序排列）

總 編 輯　黃秀如
責任編輯　孫德齡
封面設計　黃暐鵬

社　　長　郭重興
發行人暨出版總監　曾大福
出　　版　左岸文化
發　　行　遠足文化事業股份有限公司
231新北市新店區民權路108-2號9樓
電話　（02）2218-1417　　傳真　（02）2218-8057
客服專線　0800-221-029　　E-Mail　service@bookrep.com.tw
網站　http://blog.roodo.com/rivegauche
法律顧問　華洋法律事務所　蘇文生律師
印　　刷　成陽印刷股份有限公司
初版一刷　2016年3月

定　　價　420元
I S B N　978-986-5727-34-5

照破：太陽花運動的振幅、縱深與視域／林秀幸、吳叡人主編
－初版. －新北市：左岸文化出版：遠足文化發行，2016.3
ISBN 978-986-5727-34-5（平裝）
1.社會運動 2.學運 3.文集
541.4507　　105003137